Angelika Pranter

Grundschule als hermeneutischer Lernort
Annäherungen an frühen Zweitsprachenunterricht in Südtirol

Grundschule als hermeneutischer Lernort

Annäherungen an frühen Zweitsprachenunterricht in Südtirol

Angelika Pranter

Hermeneutisches Lehren und Lernen
Herausgegeben von Walter Cristofoletti und Alois Weber

Pranter, Angelika :
   Grundschule als hermeneutischer Lernort. Annäherungen an frühen Zweitsprachenunterricht in Südtirol

2008 edizioni ALPHA BETA Verlag, Meran/Merano
   www.alphabeta.it – info@alphabeta.it

2008 DRAVA Verlag, Klagenfurt/Celovec
   www.drava.at – office@drava.at

© Angelika Pranter

Grafisches Konzept: Blauhaus, Bozen

Satz: A&D

Druck: Cierre Grafica, Caselle di Sommacompagna (VR)

ISBN-978-88-7223-110-4
ISBN-978-3-85435-562-5

Inhalt

Vorwort 7

Einleitung 11

I. KOMMUNIKATIVER UND HERMENEUTISCHER ANSATZ
1. Kommunikativer Lehrplan und didaktische Handreichungen ... 16
1.1 Der Lehrplan 1978 16
1.2 Der Lehrplan 1994 17
1.3 Schlüsselbegriffe der Lehrpläne aus hermeneutischer Sicht 19
1.3.1 Alltagskultur 21
1.3.2 Handelndes Lernen 26
1.3.3 Gesellschaftlicher Kontext und Zweitsprachenlernen 31
1.3.4 Kontinuität des Lehren und Lernens 38
1.3.5 Didaktische Grundlagen 41
1.3.6 Erfahrungsinhalte 44
1.3.7 Interkulturelles Lernen 49
1.3.8 Texte 54
1.4 Schlüsselbegriffe der Handreichungen aus hermeneutischer
    Sicht 61
1.4.1 Der progressional-propädeutische Aspekt 61
1.4.2 Der spielerisch-kreative Aspekt 63
1.4.3 Grammatisches im DaZ-Unterricht der Primarstufe 67

II. INDIVIDUELLE ANNÄHERUNG AN DEN
    HERMENEUTISCHEN ANSATZ
2. Arbeitsgruppe und persönliche Erfahrung 73
2.1 Der Lernweg des Lehrenden:
    die Chronologie der Arbeitsgruppe 74

2.2 Der Lernweg der Lehrenden:
     individuelle Erfahrung anderen Verstehens 83

III. HERMENEUTISCHE PRAXIS
3.   Unterricht als Verstehensgespräch 97
3.1 Projektwoche 2005 97
3.2 Reaktionen: Lernende, Lehrende, Eltern 155
3.3 Projektwoche 2006 159

IV. SPIEGELUNG UND KONTROLLE
4.   Vergleiche, Reaktionen, Standpunkte 189
4.1 Persönliche Rezeption fachlicher Stimmen von außen 190
4.2 Zusätzliche Orientierungshilfen: ausgewählte Fachliteratur 215

Literaturverzeichnis 231

Nachwort 239

Vorwort

Im September 2001 fand in Bozen die Tagung „Hermeneutisches Lehren und Lernen" statt, bei der die *Entwicklungsrichtlinien für Deutsch als Zweitsprache an den italienischen Oberschulen*, die den hermeneutisch orientierten Ansatz von Hans Hunfeld als Grundlage haben, allen Zweitsprachlehrerinnen[1] vorgestellt wurden (vgl. *Entwicklungsrichtlinien*, 2001). Ausgehend von dieser grundlegenden Neuerung[2] und der Kontinuität zwischen den Schulstufen wegen war es ein Anliegen der Verantwortlichen am Italienischen Schulamt, diesen Ansatz auch in der Mittelschule und Grundschule zu verbreiten. Zu diesem Zwecke wurden zwei Arbeitsgruppen gegründet, eine für die Mittelschule und eine für Grundschule. Hier möchte ich auf die Zusammensetzung und Aufgabe der Arbeitsgruppe Grundschule näher eingehen.

Die Arbeitsgruppe der Grundschule setzte sich anfangs aus folgenden Zweitsprachlehrerinnen zusammen: Christine Bauhofer, Verena Cassar, Cristina Paruta, Monika Sinn, Monika Stoffner, Marion Unterhofer. Im Laufe der Jahre veränderte sich die Zusammensetzung, einige Mitglieder traten aus, dafür kamen neue dazu, namentlich Christine Abram, Giulia Genovese, Irene Girotto, Alexandra Morandell und Petra Ottavi. Ich war für die Koordinierung der Arbeitsgruppe Grundschule verantwortlich. Diese Gruppe wurde vom Italienischen Schulamt zur „Ergänzung des Curriculums und zur Erweiterung der Handreichungen für Deutsch als Zweitsprache an der Pflichtschule" aus hermeneutischer Sicht ernannt.

Die Arbeitsgruppe Grundschule traf sich einmal im Monat, um den hermeneutischen Ansatz in gemeinsamen Gesprächen, Fragen und Zweifeln

---

[1] Die weiblichen und männlichen Formen – Lehrer/Lehrerin – werden in diesem Buch kapitelweise alternierend verwendet.

[2] Vgl. dazu die Homepage *Deutsch als Zweitsprache – Lehren und Lernen*: http://www.daz-hermeneutik.bz.it/

offen auszudiskutieren. Die eigentliche Anstrengung lag aber nicht in den monatlichen Treffen, sondern in dem „Sich-auf-den-Weg-machen" der Mitglieder der Arbeitsgruppe, in der Reflexion und Veränderung ihrer persönlichen Haltung in Bezug auf das Sprachenlernen, in der neuen kritischen Beobachtung und in dem In-Frage-Stellen des eigenen Unterrichts, sowie in der Auseinandersetzung mit den Kolleginnen in den Werkstätten und an den Schulstellen.

In diesem Band sind nun einige dieser Erfahrungen, Erkenntnisse und Projekte gesammelt, die im Laufe der Jahre gemacht wurden und die allen interessierten Lehrerinnen und anderen Personen auf diese Weise zugänglich werden. Dieser Band beinhaltet keine Rezepte für den Unterricht, sondern zeigt nur einen möglichen neuen Weg zur Erlernung der Zweitsprache Deutsch auf.

Ich möchte nun allen danken, die an der Entwicklung und Umsetzung dieses Buches beteiligt waren. Ein besonderer Dank gilt den Mitgliedern der Arbeitsgruppe Grundschule zur „Ergänzung des Curriculums und zur Erweiterung der Handreichungen für Deutsch als Zweitsprache an der Pflichtschule" durch den hermeneutischen Ansatz von Hans Hunfeld: Christine Abram, Christine Bauhofer, Verena Cassar, Giulia Genovese, Irene Girotto, Alexandra Morandell, Petra Ottavi, Cristina Paruta, Monika Sinn, Monika Stoffner, Marion Unterhofer.

Es ist mir ein großes Anliegen, Verena Cassar hier nochmals zu erwähnen, da sie seit 2001 unermüdlich an der Umsetzung dieses Ansatzes gearbeitet hat. Sie erklärte sich im Jahr 2003 als Erste bereit, eine Projektwoche in einer ihrer Klassen durchzuführen. Ich danke ihr ganz herzlich für den Einsatz und ihre wertvolle Zusammenarbeit.

Bedanken möchte ich mich auch bei den Zweitsprachlehrerinnen und -erzieherinnen, die sich immer wieder bereit erklärten, mit mir zusammen zu arbeiten und selbst *Didaktische Werkstätten* zu leiten: Marlies Brugger, Verena Cassar, Daniela Cavagna, Giulia Genovese, Barbara Mair, Alexandra Morandell, Cristina Paruta, Richard Pertoll, Monika Sinn, Gabi Solderer, Monika Stoffner, Marion Unterhofer, Carla Volgger, Karin Wenin (MS) und Eva Ploner und Brigitte Lusser (Erzieherinnen des Kindergartens). Ein Dankeschön auch allen Zweitsprachlehrerinnen, die engagiert und interessiert an den Didaktischen Werkstätten teilnahmen und durch ihre Impulse die Diskussionen bereicherten.

Weiters danke ich den Mitarbeiterinnen an der Dienststelle für Deutsch als Zweitsprache, insbesondere Alois Weber, der nicht nur immer zu Gesprächen und Diskussionen bereit war, sondern im Rahmen seiner Herausgebertätigkeit die gesamte Arbeit hervorragend redigiert und Korrektur gelesen hat. Seine konstruktive Kritik half mir in meinem Arbeitsprozess sehr. Auch danke ich Irene Girotto, die stets ein offenes Ohr für mich hatte und immer zur Zusammenarbeit bereit war.

Herzlich danken möchte ich dem Inspektor für Deutsch als Zweitsprache, Walter Cristofoletti, der seit Beginn meiner Arbeit am Schulamt immer offen war für neue Ideen und mich in jeder Hinsicht unterstützte. Ich danke ihm für sein Vertrauen und seine Wertschätzung.

Für die finanzielle Unterstützung möchte ich mich bei der Schulamtsleiterin Frau Bruna Rauzi Visintin bedanken.

Folgende Experten haben mich in meiner Arbeit sehr bereichert: Annette Baader, Kirsten Beier–Marchesi, Claus Claussen, Petra Hölscher, Friederike Holzbauer, Viola Keller, Michael Legutke, Karin Pernstich, Ferdinand Stefan, Erich Steiner und Renate Welsh. Frau Holzbauer möchte ich dabei besonders für ihre Arbeit als Lektorin danken.

Ein ganz besonderer Dank gilt dem wissenschaftlichen Begleiter dieses Projekts und Experten im hermeneutischen Lehren und Lernen, Herrn Prof. Dr. Hans Hunfeld, Kath. Universität Eichstätt, ohne den dieser Band so nicht zustande gekommen wäre. Sein unermüdlicher Einsatz, seine sehr kritischen Anmerkungen und die vier Unterrichtswochen, die er an den Grundschulen durchgeführt hat, haben in einer gemeinsamen Reflexion mit der Arbeitsgruppe und den Lehrerinnen in den Werkstätten sowie dem Feedback der Lernenden zu diesem Ergebnis geführt. Die Arbeitsgruppe Grundschule dankt ihm für die zahlreichen Gespräche und Auseinandersetzungen, die der Vertiefung und Erweiterung des hermeneutischen Ansatzes dienten. Ich bedanke mich bei ihm besonders für die konsequente, intensive und ausdauernde Begleitung dieses Buches von der Projektidee bis zum endgültigen Abschluss.

Herzlich danken möchte ich auch meinem Mann Andrea und meinem kleinen Sohn Simone, die mir bei der Fertigstellung dieses Buches auf ihre liebevolle Art und Weise geholfen haben.

An dieser Stelle möchte ich einfach allen danken, die sich gemeinsam mit mir in den Jahren 2001 bis 2006 für die Umsetzung des hermeneutischen Lehren und Lernens an der Grundschule eingesetzt haben und diesen Weg in ihrer täglichen Unterrichtspraxis geduldig, kritisch, verantwortungsvoll und kontinuierlich weiter gehen.

Zuletzt möchte ich als langjährige Zweitsprachlehrerin für Deutsch an den italienischsprachigen Grundschulen, als Lehrerin, die sich sechs Jahre am Schulamt für den Bereich Deutsch als Zweitsprache an der Grundschule eingesetzt hat, und nicht zuletzt als Mutter eines zweisprachigen Sohnes vor allem an die Politiker dieses Landes appellieren und hoffen, dass sie endlich die Notwendigkeit eines zusätzlichen neuen Schulmodells für unser mehrsprachiges Land sehen und dieses unterstützen: eines Modells einer bilingualen Schule (eventuell mit hermeneutischer Immersionsdidaktik), das von der Universität professionell begleitet und evaluiert werden könnte.

Herzlichen Dank!

Einleitung

Bücher können sich ihre Leser nicht aussuchen. Wenn dieses Buch es könnte, würde es nur solche Leser anreden, die in gleicher oder ähnlicher Situation sind wie die Verfasserin. Denn es spricht von Überlegungen, Erfahrungen und Problemen einiger Grundschullehrerinnen, die sich in einer Arbeitsgruppe über Jahre mit der Frage auseinandergesetzt haben, wie sich der hermeneutische Ansatz, der seit 1997 als Impuls für neue Richtlinien der Oberstufe in Südtirol wirksam wurde, auch für den Zweitsprachenunterricht an der Grundschule auswirken könnte.

Damit ist grundsätzlich das Ziel, die Methode, die Anlage und der Anspruch dieses Buches genannt. Es will nicht so sehr die wissenschaftliche Debatte um den frühen Zweitsprachenunterricht durch eine weitere konzeptionelle Anregung ergänzen. Es will vielmehr in einen Dialog treten mit Lehrern, die in der Praxis für diese Praxis dadurch lernen wollen, dass sie einen innovativen Ansatz von außen zur Überprüfung und möglichen Veränderung ihres eigenen Lehrens aufnehmen.

Das geht nicht ohne Rückbesinnung auf die Zusammenhänge, die vor der Begegnung mit dem hermeneutischen Ansatz den Zweitsprachenunterricht in den Grundschulen Südtirols bestimmten. Das erste Kapitel dieses Buches versucht deshalb, kommunikative und hermeneutische Grundlagen miteinander in Beziehung zu setzen. Es befragt also ausführlich leitende Begriffe kommunikativ orientierter Lehrpläne und Handreichungen aus hermeneutischer Sicht und kann so Verschiedenheit und Gemeinsamkeit in den genaueren Blick nehmen. Das befördert die Einsicht in den Prozess einer Entwicklung, der sich nicht einer überheblichen Abwehr kommunikativer Vorstellungen, sondern ihrer aufmerksamen Beachtung und vorsichtigen Weiterentwicklung aus hermeneutischer Perspektive verdankt.

Dieser Prozess kann nicht in Gang gesetzt werden durch den Monolog, der sich auf das Urteil eines Einzelnen stützt. Er wird ausgelöst und gestaltet durch eine dialogische Haltung, die sich in der Arbeitsgruppe durch die Addition der unterschiedlichen Kompetenzen heranbildet: Die Anstrengung der Gruppe um hermeneutische Klarheit wird also selbst von dem Grundsatz getragen, der für den hermeneutischen Zweitsprachenunterricht in der Praxis leitendes Prinzip ist.

Das zweite Kapitel dokumentiert den langen und differenzierten Lernweg der Lehrenden als Nachweis für die Erfahrung, dass hermeneutisch verstandener Unterricht nicht nur fachliche, sondern vor allem auch persönliche Herausforderung für diejenigen bedeutet, die sich auf solchen Unterricht einlassen wollen. Die aufgezeigte Chronologie der einzelnen Arbeitsschritte weist auf die Kontinuität, die nötig ist, wenn man einen solch langen Lernweg gehen will. Die individuellen Stimmen beteiligter Lehrerinnen artikulieren die persönlichen Anforderungen, die auf diesem Weg an sie gestellt werden, und geben Auskunft über die Anstrengungen einer Distanzierung vom bisher Eigenen und Vertrauten, denen sie sich unterwerfen müssen. Sie zeigen aber auch die Gemeinsamkeit einer Grundhaltung in der individuellen Verschiedenheit: Ohne die Bereitschaft zum Dialog als Mittel der Neuorientierung und die daraus resultierenden produktiven Beiträge aller Kolleginnen in der Arbeitsgruppe wäre weder der Lernweg der Verfasserin möglich gewesen noch dieses Buch überhaupt geschrieben worden.

Das dritte Kapitel gibt Einblick in die mögliche Praxis hermeneutischen Zweitsprachenunterrichts am Beispiel von protokollierten Projektwochen. Was im Unterricht wirklich geschieht, vollzieht sich ja meistens hinter der geschlossenen Klassentür und bleibt für den Beobachter verborgen. Was man von diesem Unterricht erfährt, sind oft nur die Forderungen an ihn, die Vorschläge für ihn, die veröffentlichten Verlautbarungen über ihn. Von daher laden die Projektwochen ausdrücklich ein, Unterricht im Detail zu beobachten. Diese Einladung richtet sich in der Lehrerfortbildung in Südtirol konkret an Lehrende, an den Vormittagen teilzunehmen, um sie nachmittags im wertenden Gespräch mit Kollegen zu besprechen. Sie gilt aber auch für die Leser dieses Buches, welche die Unterrichtsabläufe zwar nicht persönlich miterleben, sie aber im Wort-für-Wort-Protokoll nachlesen und so zu einem Urteil kommen können. Für beide Rezipienten meint aber das Unterrichtsbeispiel nicht Modell oder Vorbild, das zur Kopie auffordert, sondern anschauliches und deutliches Beispiel, das Möglichkeiten zur Spiegelung von Alternativen und damit zur Überprüfung je eigener Standpunkte bietet. Dafür hilfreich können zusätzlich auch die angefügten Reaktionen der den Unterricht beobachtenden Lehrer, der Lerner, ja auch einzelner Eltern sein.

Der Überprüfung und Kontrolle unterwirft sich auch die Arbeitsgruppe selbst. Das vierte Kapitel zeigt, wie sich Kolleginnen in den Äußerungen ausgewählter Fachliteratur wiederfinden, von ihnen sich bestärkt fühlen oder sich von ihnen unterscheiden. Die Verfasserin fügt diesen einige Hinweise auf solche Literatur hinzu, die den weiten Rahmen skizziert, in dem sich die allgemeinen, über die einzelnen Ländergrenzen hinausgehenden Bemühungen um frühbeginnenden Zweitsprachenunterricht bewegen. Das alles versteht sich als Hilfsangebot für den Leser, sich über die leitenden Prinzipien seiner eigenen Praxis klarer zu werden. Die Entscheidung für oder gegen den hermeneutischen Ansatz bleibt ihm aber in jedem Falle selbst überlassen, weil dieses Buch – ganz im hermeneutischen Sinne – ihn nicht überreden, sondern am Beispiel unserer Bemühungen in den fortdauernden Dialog über Möglichkeiten und Grenzen des frühen Zweitsprachenunterrichts einladen will.

Die Vorläufigkeit und Unsicherheit allen Verstehens ist grundlegende Überzeugung einer skeptischen Hermeneutik. Aus unserer Sicht hat die Annäherung an hermeneutischen Zweitsprachenunterricht erst begonnen. Weitere Anstrengungen sind selbstverständlich. Sie müssen allerdings auch von denen geleistet werden, die für die Rahmenbedingungen von Erziehung, Schule und Unterricht verantwortlich sind.

Hans Hunfeld

Kapitel I

Kommunikativer und hermeneutischer Ansatz

1. Kommunikativer Lehrplan und didaktische Handreichungen

Der hermeneutische Ansatz beginnt im Zweitsprachenunterricht der Grundschule in Südtirol nicht abrupt. Der Prozess einer langsamen und behutsamen Entwicklung hat seine Anfänge schon da, wo der eigentliche Impuls hermeneutischer Konzeption noch gar nicht wirksam wird. Die großen Veränderungen im europäischen Kontext und neuere Ergebnisse fremdsprachendidaktischer Forschung zwingen auch den Zweitsprachenunterricht in Südtirol seit langem zum Umdenken: Der frühere Beginn fremdsprachlichen Lernens, die Intensität der entsprechenden Bemühungen um Verbesserungen kindlichen Lernens überhaupt, die Professionalisierung der Lehrenden werden immer mehr als Notwendigkeit erkannt.

Die Annäherung an den hermeneutischen Ansatz in Südtirol ist deshalb nur zu verstehen, wenn man den Ausgangspunkt in Erinnerung hält, der in der besonderen historischen und gesellschaftlichen Situation dieses Landes bereits 1994 durch kommunikative Richtlinien und Handreichungen markiert wird.

Der erste Schritt dieser Annäherung verdankt sich diesen Vorentwicklungen. Sie bilden das Fundament als eine weit zurückreichende und kontinuierlich fortgesetzte Anstrengung um einen modernen Zweitsprachenunterricht. Der hermeneutische Ansatz baut auch da auf diesem Fundament weiter auf, wo er sich vom durchgängig kommunikativ orientierten Zweitsprachenunterricht unterscheidet.

Um diesen Zusammenhang detailliert deutlich werden zu lassen, zeigt diese Untersuchung in ihrem ersten Schritt die Interrelationen von kommunikativen Lehrplänen, didaktischen Handreichungen und hermeneutischen Sichtweisen.

1.1 Der Lehrplan 1978

Mit dem Inkrafttreten des zweiten Autonomiestatutes im Jahre 1972 (Dekret des Präsidenten der Republik vom 31. August 1972, Nr. 670) kam Bewegung in die Südtiroler Schule. Neben vielen wichtigen schulorganisatorischen Bestimmungen wurde der Unterricht in der Zweitsprache (Deutsch oder Italienisch) neu definiert und gesetzlich verankert. Für die italienischen Schulen entstanden in der Folge die *Lehrpläne für den Unterricht in Deutsch – als Zweitsprache – an italienischen Pflicht- und Oberschulen,* die vom Südtiroler Landtag am 13. Dezember 1978 genehmigt wurden.

Dieser Lehrplan versteht das Erlernen der 2. Sprache als einen Teil der Grundausbildung der Staatsbürgerin in Südtirol. Er betont, dass es wichtig ist, konkrete Möglichkeiten der Begegnung und Verständigung zu schaffen, damit die zweite Sprache das eigentliche Mittel wird, um die jeweils andere Sprachwirklichkeit zu erfassen. Der Zweitsprachenunterricht soll dabei im Rahmen der allgemeinen Ausbildung und im Zusammenhang mit anderen Fächern gesehen werden. Die Bereitschaft zum Dialog und zum Meinungsaustausch mit allen, die an der Schule interessiert sind, wird im Lehrplan zu einem wichtigen Aspekt.

Der Lehrplan der Pflichtschule wird in diesem Zusammenhang zum Teil von didaktischen Grundsätzen und methodischen Prinzipien des in Europa schon damals maßgebenden kommunikativen Ansatzes geprägt; eingebettet ist dieser Ansatz allerdings in ein geschlossenes Curriculum mit streng definierten Lernzielen, Hinweisen zur Methode und vorgegebenen Inhalten.

Gleichzeitig ist aber durch die Gliederung dieses Lehrplans in einen feststehenden und einen „beweglichen" Teil klar, dass die ständige Erprobung als Arbeits- und Überprüfungsmethode sowie die fortlaufende Weiterbildung der lehrenden Personen zu den prägenden Merkmalen dieses Lehrplans gehören. Dieser „bewegliche Teil" verstand sich also als Impuls, Erfahrungen der Lehrenden und die entsprechende Entwicklung fachdidaktischer Wissenschaft fortlaufend aufzunehmen.

Der Lehrplan von 1978 gibt darüber hinaus bereits Teilantworten auf die Frage, wie man Mindestziele in den vier Grundfertigkeiten erreichen kann. So werden in den methodischen Hinweisen Aspekte erwähnt, von denen ich hier auszugsweise einige nenne, da sie für den 1994 erschienenen neuen Lehrplan grundlegend sind:

1. Um den Schülern ein angemessenes Sprachmuster zu bieten, erfolgt der Unterricht grundsätzlich in deutscher Sprache. Der Rückgriff auf die Muttersprache der Schüler ist nur in Fällen absoluter Notwendigkeit zu rechtfertigen.
2. Da die bloße Kenntnis der Sprache den Lehrer noch nicht für den Unterricht befähigt, ist es notwendig, dass er neben anderen Fertigkeiten auch angemessene Kenntnisse in kontrastiver Linguistik besitzt, um Interferenzen, die sich aus den strukturellen Unterschieden der beiden Sprachen im Kontakt ergeben, zu erkennen und zu verhindern.
3. Die Natur der Sprache verlangt es, dass der gesprochenen Sprache vor der geschriebenen der Vorrang eingeräumt wird, und zwar während der ganzen Pflichtschule. [...]
9. Um in angemessener Weise und erfolgreich zu arbeiten, muss ein Lehrer gewisse Unterrichtsstrategien beherrschen. Ein solches Modell bietet die Unterrichtseinheit, die durch die Verbindung sorgfältiger Planung und einer bestimmten Offenheit eine Reihe von Bedürfnissen berücksichtigt. (*Lehrpläne,* 1978, S. 10, 12)

1.2 Der Lehrplan 1994

Im Verlauf der 1980-iger Jahre veranlasst der Siegeszug des kommunikativen Ansatzes im Bereich der Didaktik und Methodik des Fremd- bzw. Zweitsprachenunterrichts auf europäischer Ebene und die wachsende Forderung der italienischsprachigen Bevölkerung nach einem qualitativ verbesserten

Deutschunterricht die Verantwortlichen im Schulbereich, die Lehrpläne für die Pflichtschule in der Autonomen Provinz Bozen zu überdenken und überarbeiten zu lassen.

So entstehen die *Lehrpläne für den Unterricht von Deutsch als Zweitsprache an den italienischen Pflichtschulen in der Autonomen Provinz Bozen* (L. G. vom 19. Juli 1994, Nr.2), die wegen ihrer Gestaltung als „offenes Curriculum" etwas absolut Neues darstellen. Die kommunikative Ausrichtung des Lehrplans ist klar erkennbar:

> Der Lehrplan setzt sich also zum Ziel, eine neue Sprach- und Unterrichtskultur entstehen zu lassen. Gestützt auf Ergebnisse der modernen kommunikativen Zweitsprachdidaktik, des offenen Curriculums und des interkulturellen Lernens, regt er die Kreativität und die didaktische Phantasie der Lehrerinnen an. [...]
> Der Lehrplan will nicht allgemein gültige Ziele, Inhalte und Methoden festlegen, sondern Anregungen und Perspektiven zum Erlernen der deutschen Sprache und Kultur anbieten, die differenziert wahrgenommen werden müssen. Das offene Curriculum erlaubt es somit, den Lehrplan in unterschiedlicher Weise an die besondere örtliche und gesellschaftliche Situation anzupassen.
> Die Verwirklichung des Bildungszieles, die deutsche Sprache und Kultur zu erlernen und kennen zu lernen, erfordert:
> – den Erwerb einer linguistischen und kommunikativen Kompetenz, die soweit als möglich in direktem Kontakt mit den verschiedenen Erscheinungsformen der deutschsprachigen Welt entdeckt und entwickelt wird;
> – das Kennenlernen, die Deutung und das Verständnis der deutschsprachigen Kultur durch Wahrnehmung von Unterschieden und Gemeinsamkeiten in Bezug auf die kulturellen Äußerungen der eigenen Sprachgruppe;
> – die Teilnahme an der „Alltagskultur" der anderen Sprachgruppe.
> Der Erwerb des Deutschen als Zweitsprache fördert so im Einklang mit dem Sprachunterricht im allgemeinen und mit den anderen Fachbereichen Sprachbewusstheit und Persönlichkeitsbildung, die dazu befähigen, sich bewusst, verantwortlich und konstruktiv in die Südtiroler Gesellschaft einzubringen. (*Lehrpläne*, 1994, S. 10)[3]

---

[3] In den entsprechenden Didaktischen Handreichungen wird im Übrigen ausführlich dargestellt, wie man die Lernziele, die der Lehrplan vorgibt, erreichen kann. Neben praktischen Einheiten sind darin auch lesenswerte theoretische Beiträge zu finden, u. a. das Heft „Deutschunterricht als Grundschulfach" von H. E. Piepho (vgl. Piepho, 1995).

Hier sind auch die beiden im Literaturverzeichnis angeführten Publikationen zu erwähnen: Carli et al. (Hrsg.), 1995 und Baur et al. (Hrsg.), 1995.

Schon dieser kurze Blick auf die Lehrpläne von 1978 und 1994 verdeutlicht, dass der hermeneutische Zweitsprachenunterricht sich nicht in einer Tabula-rasa-Situation etabliert, sondern durchaus die Entwicklung, die sich in den beiden Lehrplänen spiegelt, für den eigenen Ansatz respektiert:
- Die Bereitschaft zum Dialog und zum Meinungsaustausch unter allen, die an Schule interessiert sind,
- die ständige Erprobung, Überprüfung und
- die Selbstverständlichkeit der Fortentwicklung und der Weiterbildung

sind Grundsätze, die auch für die hermeneutisch orientierten *Entwicklungsrichtlinien* von 2001 verpflichtend sind.

Der Rückblick auf die Relation der einander ablösenden Lehrpläne zum hermeneutischen Ansatz wird deutlicher, wenn man zum Beispiel die Schlüsselbegriffe des Lehrplans von 1994 aus der Perspektive des hermeneutischen Ansatzes überprüft.

1.3 Schlüsselbegriffe der Lehrpläne aus hermeneutischer Sicht

Damit die hermeneutische Perspektive, aus der heraus die Schlüsselbegriffe der Lehrpläne kritisch gesehen werden, für die Leserin deutlich wird, folgt hier zunächst ein Überblick über die grundlegende Konzeption des hermeneutischen Ansatzes von Hans Hunfeld[4]:

Hermeneutischer Fremdsprachenunterricht
Die Systematik
I. Grundlagen

Skeptische Hermeneutik Grenzen des Verstehens	Normalität des Fremden Deutliches Gegenüber	Sprache als Frage Literatur als Sprachlehre

II. Didaktische Konsequenzen

Spiralförmige Progression	Vorwissen	Addition der unterschiedlichen Kompetenzen
Impulsgesteuertes Lernen	Reichhaltigkeit des Materials	Relative Unbestimmbarkeit der Lernziele

---

[4] Hunfeld, 2004, S. 483.

III. Lernleitende Ziele

| Verschiedenheit als lebenslanger Lernimpuls | Normalität der Differenz | Mündigkeit als Verständigungsvoraussetzung | Toleranz als Bewahrung von Andersheit |

IV. Pädagogische Rahmenbedingungen

| Stille | Angstfreiheit | Selbstbewusstsein |
| Fragehaltung | Distanz | Respekt |

V. Orientierung

| Parallelität als leitendes Prinzip | Werkstatt als dialogisches Lernen im Beruf | Aus- und Fortbildung als Verständigungsprozess | Praxis als Ausdruck einer Haltung |

VI. Gegenwärtige fremdsprachendidaktische Entwicklung aus der Sicht des hermeneutischen Ansatzes

| Offenes Curriculum | Methodenvielfalt | Ganzheitliches Lernen |
| Binnendifferenzierung | Aufgabe/Übung | Dossier |

© Hans Hunfeld

Mit Landesgesetz Nr. 6/29. April 2003 vom Südtiroler Landtag genehmigt, treten für die Oberschule die *Entwicklungsrichtlinien*, die für den gesamten Zyklus der Oberschule nach den Prinzipien dieses hermeneutischen Ansatzes neu geschrieben wurden, in Kraft.

Mit dieser Neuerung wird der Pflichtschullehrplan – da der Kontinuitätsgedanke zwischen den einzelnen Schulstufen immer schon ein Anliegen der Verantwortlichen gewesen war – erneut aus einer anderen Sicht betrachtet und auf seine didaktischen Aussagen kritisch hinterfragt:

Bereitete etwa der Lehrplan von 1994 den hermeneutisch orientierten Unterricht im Ansatz vor? Gibt es Parallelen zwischen den Schlüsselbegriffen des Lehrplans von 1994 und der Grundphilosophie sowie den didaktischen Konsequenzen des hermeneutischen Lehren und Lernens?

Der Lehrplan von 1994 wird deshalb zur Grundlage für eine Arbeitsgruppe, die vom italienischen Schulamt im Jahr 2001 mit folgender Aufgabenstellung eingerichtet wird[5]: Gibt es – da die *Entwicklungsrichtlinien* speziell für die Oberschule formuliert wurden – im Lehrplan von 1994 Schlüsselbegriffe, die den Zweitsprachenunterricht in der Grundschule an die Grundsätze des für die Oberschule geltenden Lehrplans auch dann anbinden, wenn nicht in allen Einzelheiten Übereinstimmung herzustellen ist?

Die Arbeitsgruppe untersucht unter dieser Aufgabenstellung in der Folge den Lehrplan von 1994 auf solche Schlüsselbegriffe und kommt zu Ergebnissen, die hier aufgelistet werden.

1.3.1 *Alltagskultur*

Der wichtigste Begriff, mit dem der Lehrplan operiert, ist der der „Alltagskultur", unter dem man all jene Gewohnheiten, Traditionen und kodifizierten Normen versteht, denen die Menschen bei ihren Alltagshandlungen folgen.
Der Lehrplan geht von der Annahme aus, dass die Sprache einer Gruppe ein Ausdruck und ein Medium ihrer Kultur ist. Daraus folgt, dass Sprachenlernen auch vertraut werden mit der Alltagskultur mit einschließt, die sich in dieser Sprache ausdrückt. (Lehrpläne, 1994, S. 10)

Der Lehrplan versteht die Sprache als Ausdruck der Alltagskultur. Die Art und Weise, wie die in Südtirol gesprochene deutsche Umgangssprache klingt, wie sie Gefühle und Beziehungen zum Ausdruck bringt, wie sie das Denken und Handeln beeinflusst, macht diese Alltagskultur aus. In dieser Sprache zu Hause sein, heißt daher auch, an der von ihr geprägten Alltagskultur teilhaben. An der Alltagskultur teilhaben – so wahrnehmen, denken, fühlen können, wie alle anderen, die diese Sprache sprechen – heißt, in dieser Sprache zu Hause sein. Beides bedingt sich gegenseitig. (Civegna et al. 1995, *Orientierungshilfen/Lehrplanintentionen,* S. 9)

---

[5] Die *Arbeitsgruppe Grundschule* ist eine Gruppe von Lehrerinnen, die 2001 zur „Ergänzung des Curriculums und zur Erweiterung der Handreichungen für Deutsch als Zweitsprache an der Pflichtschule" durch den hermeneutischen Ansatz von Hans Hunfeld von den Verantwortlichen am Italienischen Schulamt ernannt wurde.

Im Glossar der *Didaktischen Handreichungen* kann man darüber hinaus folgende Definition finden: „Alltagskultur bezeichnet im Unterschied zur Hochkultur diejenigen Gewohnheiten, Regeln und Normen, die für das tägliche Zusammenleben bestimmend sind" (Civegna et al. 1995, *Orientierungshilfen/Glossar*, S. 6).

> Alltagskultur bezeichnet Gebräuche, Gewohnheiten und Gegenstände des Alltags, die nicht als Kultur im Sinne von bildender Kunst, Musik und Literatur in der Sinngebung durch eine definierende Elite (Hochkultur) wahrgenommen werden. Umgangssprachlich ist auch von Massenkultur die Rede.
> Die Erforschung der Alltagskultur ist ein zentrales Thema in der Volkskunde, den Cultural Studies und der Soziologie.
> Der Begriff erfuhr in den 60-iger Jahren im Umkreis semiotischer, strukturalistischer, soziologisch-philosophischer Debatten insbesondere durch Roland Barthes große Aufmerksamkeit. Gegenstände alltagskultureller Untersuchungen sind unter anderem: Kino, Fernsehen, Autos, Esskultur, Mode, Design, Werbung, Sport. Solche Themen oder Gegenstände der Alltagskultur wurden von Barthes als Texte gelesen, die eine Oberflächen- und eine Tiefenstruktur aufweisen, d. h. ähnlich wie literarische Texte codiert und interpretierbar sind.
> Eine zeitgenössische Alltagskultur ist die Popkultur. Mit dem Wachsen der Definitionsmacht der Popkultur wurde die Dichotomie „Alltagskultur/Hochkultur" auch kraft der öffentlichen Meinung in Frage gestellt. (*Wikipedia*: „Alltagskultur". Elektronisches Dokument. http://de.wikipedia.org/wiki/Alltagskultur, 24. 07. 2008)

Warum sollte aber die Lernende zunächst die Alltagskultur, also Esskultur, Mode, Design und anderes der anderen Sprachgruppe kennen lernen?

Seit jeher versucht man im Fremdsprachenunterricht die Kultur und die Tradition fremder Menschen im Fach Landeskunde kennen zu lernen; dabei läuft Landeskunde immer Gefahr, das Verstehen der sprachlich und kulturell Anderen auf ein Bild zu reduzieren, das dieser anderen Person wenig Möglichkeiten gibt, sich als Individuum zu bewahren. Die subjektive Wahrnehmung der Dinge und die jeweilige Lebenserfahrung der je Anderen werden so ausgeklammert.

Die Aufgabe der Landeskunde, so heißt es zum Beispiel bei Herbert Christ und Andrea Schinschke *besteht* „nicht darin, objektive Wissensbestände didaktisch aufzubereiten, vielmehr gehe es in einem lernerzentrierten Fremdsprachen- und insbesondere Landeskundeunterricht um die je subjektiven Perspektiven der Lerner auf der einen, der Angehörigen der Fremdkultur und ihrer Manifestationen auf der anderen Seite. (Altmayer, 1997, S. 9)

Wenn man sich dem anschließt, wie kommen dann aber diese subjektiven Perspektiven im hermeneutischen Fremdsprachenunterricht zur Geltung?

Dem Individuum soll im Verstehensgespräch die Möglichkeit gegeben werden, sich über seine Lebensweise, sein Fühlen und Denken selbst zu äußern. Durch das langsame Kennenlernen der Person, welche über ihre eigenen Erfahrungen berichtet, kann sich ein erstes Verständnis gegenseitiger Verschiedenheit anbahnen. Allerdings führt der sprachliche Verständigungsversuch nicht immer zum Erfolg:

> Die Komplexität des Verständigungsprozesses zeigt sich aber immer erst auf der konkreten Ebene der Begegnungssituation, auf der mannighafte Missverständnisse schon in einer Sprach- und Kulturgemeinschaft nichts Außergewöhnliches sind, geschweige denn in interkultureller Kommunikation. Denn auch unterschiedliche Interaktionsstrukturen und Ausdrucksstile können die Verständigung erschweren. Nicht jeder versteht die Intendierung durch den „Wink mit dem Zaunpfahl" und das „durch die Blume sagen". (Oksaar, 2003, S. 34)

Diese Einsicht mahnt zur Vorsicht. Deshalb sieht der hermeneutische Fremdsprachenunterricht diese Blockaden als normale Bedingungen des angestrebten Verstehensgespräches und fasst im Übrigen die sprachliche und kulturelle Verschiedenheit – schon der Lernerinnen wie auch ihrer fremdkulturellen Äußerungen –
  nicht als Störfaktor [auf], den es einzuebnen gilt, sondern richtet das dialogische Verstehensgespräch so aus,
  – dass die Individualität des Lernenden zur Anerkennung kommt,
  – dass der Lernende sich in seiner besonderen Eigenheit wahrnimmt,
  – deren Bedeutung für den Lernprozess der Gruppe erkennt,
  – aber auch zu der Einsicht gelangt, dass die Verschiedenheit des Ande-

ren für ihn einen Impuls darstellt, seine eigene Sicht der Dinge und seine eigenen Kompetenzen zu erweitern und dass gerade durch diese Verschiedenheit lebenslanges Lernen möglich und notwendig ist. (Hunfeld, 2004, S. 493)

Eine solche Haltung ist allerdings noch nicht in Schule und Gesellschaft selbstverständlich und fordert, über den Kontext von Fremdsprachenunterricht hinaus, weitere Anstrengung der Distanz vom bisher Vertrauten:

> Wo Vokabeln wie Völkerverständigung, Toleranz, interkulturelle Kommunikation in die Alltagssprache eingegangen sind, muss sich derjenige, der vom Verstehen und Missverstehen des anderen reden will, auf das Einrennen von halboffenen Türen einstellen. Leichter wäre es, sie wären noch geschlossen. Denn am schwierigsten ist, das kennen zu lernen, was man schon zu kennen glaubt. Und so wäre der erste Schritt zurück: dass diese Vokabeln aus dem scheinbar Vertrauten wieder zu Fremdwörtern würden; dass uns was sie eigentlich sagten, noch unverstanden wäre. (Hunfeld, 2004, S. 366)

Interkulturelle Verständigung braucht als Grundlage Menschen, die nicht nur mit den kommunikativen Normen und Konventionen der Interaktionssituation vertraut sind, sondern auch durch aktives Zuhören den Wertvorstellungen und Einstellungen der fremdkulturellen Partnerin Raum lassen, ohne zu werten. Das entspricht der Grundausrichtung des hermeneutischen Lehren und Lernens. Daher ist ein Verstehensgespräch unter erschwerten Bedingungen der erste Schritt zum gegenseitigen unvoreingenommenen „Sich-Kennenlernen", der schon an der Grundschule und sogar im Kindergarten in Ansätzen umgesetzt werden kann.[6]

In einer nach den Grundprinzipien der Hermeneutik vorbereiteten Umgebung lernen die Kinder in ihrem Alltag, dass es normal ist, anders zu sein, anders zu denken und dennoch miteinander friedlich zu leben. Wichtig dabei ist, dass auftretende Konflikte in einer von Angstfreiheit geprägten Atmosphäre gemeinsam ausgetragen werden: „Denn Angst blockiert jedes Verstehensgespräch; Angstfreiheit erreichen wir nur durch ständige Einübung der

---

[6] Vgl. Pilotprojekt „Annäherung an die deutsche Sprache und Kultur im italienischen Kindergarten". Italienisches Schulamt Bozen, 1998.

Anerkennung der Verschiedenheit, des Respekts vor anders als gewohnter Artikulation" (Hunfeld, 2004, S. 496).

Die Grundschulkinder lernen so schon früh, einander ziemlich unvoreingenommen zuzuhören, ohne gleich zu werten. Hier zeigt sich für uns ein Weg, fremdenfeindliches Verhalten möglichst früh abzustellen, da man die je Anderen selbst und nicht so wie in der traditionellen Landeskunde üblich, etwas über sie und ihre Lebensweise kennen lernt. Auch wenn die verschiedenen Arten und Weisen des Seins nicht immer verstanden werden können, so wird dennoch versucht, die Anderen als eigenständige Individuen wirklich ernst zu nehmen und zu tolerieren.

An den Grundschulen in Südtirol hat sich die Situation überhaupt sehr verändert. Es handelt sich inzwischen um multikulturelle Klassenverbände, die von den Lehrenden sehr viel Professionalität im interkulturellen Bereich voraussetzen. Durch diese veränderte Wirklichkeit an den italienischsprachigen Schulen ist es nicht möglich und auch nicht nötig, alle Sprachen zu lernen und zu verstehen und sich mit den Alltagskulturen aller Kinder vertraut zu machen. Wichtig ist es, die Fremde neben sich als Person und damit auch ihre kulturellen Besonderheiten kennen zu lernen. Dabei sollten die Lernenden die Möglichkeit haben, über ihre Alltagserfahrungen zu erzählen. Beim Erzählen ist das unvoreingenommene Zuhören ohne Wertung das wichtigste Moment.[7]

Der hermeneutisch orientierte Unterricht legt den Schwerpunkt deshalb sowohl auf das Individuum, das in seiner Andersheit und Fremdheit belassen und respektiert werden soll, als auch auf ein positives Gruppenklima, das die Basis für einen erfolgreichen Lernprozess aller Beteiligten ist. So kann man die Kinder schon an der Grundschule in der Heranbildung einer offeneren Weltsicht unterstützen.

---

[7] Vgl. Czisch, 2004, S. 146: „Zuhören können die wenigsten Menschen besonders gut, eigentlich wollen wir alle lieber reden – obwohl das ohne Zuhörer nicht besonders sinnvoll ist. Mit Kindern ist das nicht anders. Alle wollen ganz viel erzählen. Zuhören müssen sie lernen. In kleinen Dosen. Mit Regeln. Und ich darf konsequent nur dann sprechen, wenn alle zuhören, was am Anfang immer mühsam und aufreibend ist (…) Zuhörübungen ab und zu: Bevor jemand etwas sagen darf, muss er erst mit eigenen Worten wiederholen, was der andere gesagt hat. Oder: Ich erzähle eine Geschichte – einer nach dem anderen fassen sie sie Schritt für Schritt zusammen und setzen sie dann fort. […] Das muss geübt werden, damit Kinder überhaupt wahrnehmen können, wie Zuhören geht, was Stille ist und wie wunderbar es ist, wenn andere ihnen zuhören, ohne sie zu hetzen, ohne andauernd dazwischenzureden. Ihnen einfach zuhören. Beim gegenseitigen Zuhören erfahren sie etwas über gegenseitigen Respekt."

Grundbedingung ist jedoch die veränderte Haltung der Lehrerinnen, eine solche Weltsicht offen zu leben und die Lernenden zu Wort kommen zu lassen. Dabei werden verschiedene Erfahrungen und Meinungen zum Ausdruck gebracht, die gleichwertig nebeneinander toleriert, d. h. nicht gewertet werden. Das ist eine Möglichkeit schon an der Grundschule, einen wesentlichen Beitrag in Richtung Friedenserziehung zu leisten.

1.3.2 Handelndes Lernen

Als Grundlage für das sprachliche Lernen wird im Lehrplan handelndes Lernen der SchülerInnen gefordert. Im Sinne dieses handelnden Lernens sind die SchülerInnen in einer realen Kommunikationssituation imstande, sich selbständig zu orientieren, wenn sie mit Zeichen, Symbolen und Äußerungen einer neuen Sprache konfrontiert sind. Beim Erwerb der Zweitsprache stehen Tätigkeiten im Vordergrund, die authentische, kommunikative Erfahrungen erleichtern, bei denen man mit der Sprache in die Wirklichkeit eingreifen kann. (*Lehrpläne*, 1994, S. 11)

Genauere Erläuterungen finden sich in den *Didaktischen Handreichungen*. Zum Beispiel ist ein ganzes Kapitel dem Projektunterricht als entdeckendem Lernen und der sogenannten Szenario-Technik gewidmet.

[Projektunterricht geht] von einem konkreten Problem in der Lebenswelt aus und sucht Lösungen, Antworten, Ergebnisse mithilfe systematischer Verfahren. Da Probleme der Lebenswelt sich meist nicht mit den Fragestellungen eines einzelnen Schulfaches (auch nicht einer einzelnen wissenschaftlichen Disziplin) decken, erfordert Projektarbeit fächerübergreifende Organisation des Lernprozesses (Miteinbeziehung der Klassen-, Religions- und FachlehrerInnen). Das Ergebnis ist nicht vorgegeben, sondern muss in einer gemeinsamen Anstrengung von SchülerInnen und LehrerInnen entstehen. Das Wesen des Projektunterrichts besteht im methodischen Verfahren, Erforschen und Reflektieren von Wirklichkeit. Erfahren heißt, mit den Sinnen und dem Geist die Wirklichkeit empfinden, wahrnehmen, in Frage stellen ... Das kann unter Umständen bedeuten, dass der Rahmen der Schule überschritten werden muss. Die Grenzen zwischen Schule und Lebenswelt werden aufgehoben, die Grenzen zwischen den Schulfächern werden durchlässig. Projektunterricht eignet sich vor allem für die Zusammenarbeit von Partnerklassen. (Civegna et al., 1995, *Werkzeugkiste/Projektunterricht,* S. 1)

Aus hermeneutischer Sicht nutzt diese Unterrichtsform die Verschiedenheit der Lerner für den Lernprozess, wenn die Lehrenden die Potentiale der Lernenden wirklich ernst nehmen und wahrnehmen und bereits in die Planung der Projekte einbauen; d. h. die Projekte werden gemeinsam mit den Lernenden ausgesucht und erarbeitet. Je mehr Verantwortung die Lernenden übernehmen, desto intensiver ist ihre innere Beteiligung am Arbeitsprozess.

Die gemeinsame Arbeit an einer Sache, diese Anstrengung von Seiten aller Beteiligten ist das Fundament eines zukünftigen sinnvollen Lernprozesses.[8]

Bei den Projekten ist die Lebensnähe zur Welt der Lernenden meist so groß, dass sie die zweite Sprache nicht für eine angenommene Rollen-Situation in der Zukunft lernen, sondern sich über Lösungen von Fragen im Hier und Jetzt unterhalten. Es findet ein Gespräch statt, das im Idealfall die Stärken aller Lernenden in den Lernprozess einbaut. Wenn wir in den *Entwicklungsrichtlinien* lesen, dass „ganzheitliches und impulsgesteuertes Lernen Freiräume braucht und sich dafür besonders Projekte eignen, da sie Probehandeln und Eigeninitiative, Argumentation und Kreativität steuern" (*Entwicklungsrichtlinien*, 2001, S. 20), so kann das aus den oben genannten Gründen nur nochmals hervorgehoben werden. Hier wird auch deutlich, wie innovativ das Curriculum für Deutsch als Zweitsprache von 1994 ist.

Außerdem wird in den Handreichungen die von Di Pietro in den USA entwickelte „scenario"–Technik ausführlich dargestellt:

> Er ging hierbei von der Erfahrung des „community language learning" und vom Interaktionslernen aus. [...] Wesentlich hierfür ist die Zusammenarbeit der SchülerInnen in Gruppen bei der Erarbeitung der sprachlichen Handlung. Im Kollektiv sind die verschiedenen sprachlichen Kompetenzen der einzelnen TeilnehmerInnen gleichberechtigt. Das Lernen, sowohl der schwächeren TeilnehmerInnen als auch derer, die über eine höhere Sprachkompetenz verfügen, wird durch die Kooperation und die intensiven dramatischen Erlebnisse der Interaktion verstärkt. Die sprachliche Produktion der Gruppe ist intensiv und der Lernprozess direkt.
> Diese kollektive Tätigkeit funktioniert aber nur, wenn jede Gruppe einen präzisen Auftrag hat, der für alle Gruppenmitglieder gleich ist. Der/die Gruppensprecherin, der/die im Auftrag der Gruppe im Scenario intera-

---

[8] Vgl. dazu ausführlich Hunfeld, 2004, S. 491: „Addition der unterschiedlichen Kompetenzen".

giert, bezieht seine/ihre sprachlichen Realisierungen aus der Gruppe. Das macht ihn/sie sicher und hilft ihm/ihr in der dramatischen Intensität. Gerade diese Intensität des Erlebnisses bringt es mit sich, dass während der Durchführungsphase nicht so sehr in der Zweitsprache „gesprochen" als vielmehr „gehandelt" wird. Dabei liegt der Schwerpunkt weniger auf der formalen Korrektheit (diese wird mehr in der Aufarbeitungsphase im Anschluss daran diskutiert), sondern vor allem auf der Angemessenheit der Sprache innerhalb der Interaktion. (Civegna et al., 1995, *Werkzeugkiste/„Scenarios"*, S. 1)

Bei diesem methodischen Prinzip wird die Sprache zum Instrument des Handelns. Zwei Gruppen bekommen also einen präzisen Auftrag. Es gibt eine Gruppensprecherin, die im Auftrag der Gruppe im *„Scenario"* interagiert. Es geht hierbei um handelndes Lernen in einer Zweitsprache, bei dem eine genaue Struktur vorgegeben wird; die Lösung der Situation muss aber von den Lernenden im Verlauf der Interaktion gefunden werden. Dadurch lernen diese Strategien, gemeinsam Probleme und Aufträge zu lösen. In einem zweiten Moment erarbeiten die Lernenden die „Scenarios" selbst.

Bei den *„Scenarios"* wird deutlich, dass hier – wie auch im Projektunterricht – durch den Schwerpunkt des gemeinsamen Lernens das zum Tragen kommt, was der hermeneutisch orientierte Unterricht „Addition der unterschiedlichen Kompetenzen" nennt. Es wird hier eine Hinführung zur Mündigkeit angestrebt; eine konkrete Teamarbeit findet statt.[9] Dadurch werden die *„Scenarios"* für das hermeneutische Verstehensgespräch interessant und wichtig; d. h. konkret: Ich kann einen Auftrag, so wie er in den *„Scenarios"* vorgeschlagen wird, passend zum Unterrichtsgespräch als Impuls einbauen, aber die Weiterführung des Gesprächs kann sich durch die verschiedenen Lernermeinungen in mir unbekannte Richtungen entwickeln. Der Weg zum Ziel wird gemeinsam mit den Lernenden gegangen.

Auch Dialoge, die mit den Lernern handelnd, also im Rollenspiel oder als szenische Darstellung eingesetzt werden können und so in die Wirklichkeit eingreifen, haben einen wichtigen Stellenwert im Lehrplan der Grundschule.

---

[9] Vgl. Hunfeld, 2004, S. 491: „Jeder Lerner bringt in seiner Individualität bestimmte Kenntnisse, Fertigkeiten und Kompetenzen mit in den Lehrgang. Im Dialog mit den anderen Lernern wird sich der Einzelne dieser Kompetenzen bewusst, erkennt gleichzeitig deren Begrenztheit und erfährt, dass durch ihr Zusammenwirken in der gemeinsamen Arbeit eine neue Kraft entsteht, die gegenseitiges Lernen anregt."

Dabei stellt sich aber die Frage, von welcher Wirklichkeit man überhaupt spricht. Ist es die Wirklichkeit in der Klasse, in welcher die Lehrende den Schülerinnen vorgefertigte Dialoge für das Später anbietet? Ist es eine Wirklichkeit, die in der Klasse geschaffen wird, um verschiedene Situationen, in die die Lernenden vielleicht einmal in ihrem Leben kommen könnten, miteinander durchzuspielen?

Auf diese Frage geben die bereits erwähnten und in den *Didaktischen Handreichungen* im Detail beschriebenen Unterrichtsformen einigermaßen eine Antwort. Es geht um lebensnahe Situationen, die die Lernenden in der Schule erleben, um impulsgesteuertes Lernen, das Fragen bei den Lernenden auslöst, deren Antworten die Lehrende nicht schon kennt. Es geht um Eigenverantwortung beim Lernen, das aber an der Grundschule dennoch eine starke Steuerung der Lehrenden verlangt.

Eine weitere Art des Lernens, die die Lernenden zu Selbständigkeit und Mündigkeit erzieht,[10] sind die teilweise an der italienischsprachigen Grundschule von den Zweitsprachlehrerinnen eingesetzten kreativen „Offenen Arbeitsformen", wie Freiarbeit, Stationenlernen, Wochenplanarbeit.[11]

Dem „Handelnden Lernen"[12] wird also – bereits vor dem Impuls des hermeneutischen Ansatzes – sehr viel Aufmerksamkeit geschenkt. Dabei wird das Ziel angestrebt, die Lernerinnen behutsam dahin zu führen, sich mit dem Lernstoff auseinanderzusetzen, um ihren eigenen Lernweg zu planen, zu systematisieren, zu koordinieren und zu organisieren.

Das Vertrauen in die Fähigkeit, eigene Ideen zu entwickeln, das Suchen nach eigenständigen Lösungswegen in einem offenen Unterricht, der Fehler

---

[10] Vgl. Beeler, 1999, S. 109, 110.
[11] Vgl. Badegruber, 1999, S. 77f.
[12] Vgl. *Gemeinsamer europäischer Referenzrahmen für Sprachen, 2001, Kapitel 2: „Der Ansatz des Referenzrahmens"*, S.21: „Der hier gewählte Ansatz ist im Großen und Ganzen *handlungsorientiert*, weil er Sprachverwendende und Sprachlernende vor allem als *sozial Handelnde* betrachtet, d. h. als Mitglieder einer Gesellschaft, die unter bestimmten Umständen und in spezifischen Umgebungen und Handlungsfeldern kommunikative Aufgaben bewältigen müssen, und zwar nicht nur sprachliche. Einzelne Sprachhandlungen treten zwar im Rahmen sprachlicher Aktivitäten auf; diese sind aber wiederum Bestandteil des breiteren sozialen Kontextes, der allein ihnen ihre volle Bedeutung verleihen kann. Wir sprechen von kommunikativen *Aufgaben*, weil Menschen bei ihrer Ausführung ihre spezifischen Kompetenzen strategisch planvoll einsetzen, um ein bestimmtes Ergebnis zu erzielen. Der handlungsorientierte Ansatz berücksichtigt deshalb auch die kognitiven und emotionalen Möglichkeiten und die Absichten von Menschen sowie das ganze Spektrum der Fähigkeiten, über das Menschen verfügen und das sie als sozial Handelnde (soziale Akteure) einsetzen."

als notwendigen Bestandteil des Lernens zulässt,[13] fördert das Individuum. Es lernt Probleme zu lösen und selbständige Entscheidungen zu treffen.

Eine solche Arbeitsweise entspricht also den generell an die moderne Schule gestellten Forderungen, ihre Lernerinnen in das lebenslange Lernen einzuführen und sie zu aktiven Persönlichkeiten zu bilden, die imstande sind – sowohl im Team als auch alleine – selbstbewusst und selbständig zu arbeiten.

Diesen Prinzipien des „Offenen Lernens"[14] ist der hermeneutische Ansatz ausdrücklich verpflichtet: Handelndes Lernen entsteht also aus der dialogisch ausgerichteten Arbeit im Jetzt. Von daher werden die Redemittel und Sprachmittel in dem Moment gegeben, in dem sie für die Verständigung untereinander gebraucht werden.

Hier wird ansatzweise versucht, das Prinzip des ganzheitlichen Lernens im Sinne von Lernen mit „Kopf, Herz und Hand", wie Pestalozzi es in seiner ganzheitlichen Pädagogik formuliert hat,[15] umzusetzen, ohne das Prinzip der Mitbeteiligung der Schülerinnen an der Planung von Unterricht zu vernachlässigen und Schülerinteressen im Voraus selbst zu definieren. Denn durch die gemeinsame Erstellung von *Lernszenarien* und die eigenständige inhaltliche Füllung wird den Kindern Eigeninitiative abverlangt. Dabei wird eine Festlegung der Ergebnisse im Voraus beinahe ausgeschlossen.

---

[13] Vgl. Czisch, 2004, S. 270: „Wer viel und selbständig denkt und arbeitet, macht natürlich mehr Fehler als einer, der Lückentexte ausfüllt. Kümmert er sich dann selbst um seine Fehler, gehört die Beschäftigung mit dem Fehler selbstverständlich zum Arbeitsprozess dazu, lernt er am meisten genau über diesen ‚Umweg'. [...] Notendruck und Zeugnisse in der Grundschule lehne ich inbrünstig ab, muss sie am Ende aber geben und leide darunter, dass ich sie nicht vollkommen vermeiden kann."

[14] *Lernszenarien* sind eine weitere Form des offenen Unterrichts, bei dem Redemittel und Sprechhandlungen erst im Moment des Gebrauchs gelernt werden: Die Lehrende fordert die Lernerinnen auf, sich auf ein Thema zu einigen. Die Gruppe wählt z. B. das Thema „Tiere" aus. Die Lernenden nennen Aktivitäten, die sie anhand des Themas auswählen würden. Sie schlagen vor: eine Tiergeschichte vorzulesen, ein Bingospiel zu machen, von Haustieren erzählen zu lassen, Tierstimmen zu hören und zu erraten, Plüsch- und Gummitiere in die Klasse mitzubringen, ein Lied zu singen, Sachtexte zu lesen und zu besprechen, einen Bauernhof zu besuchen, ein Theaterstück aufzuführen, z. B. die Bremer Stadtmusikanten ... Diese Vielfalt an Möglichkeiten lässt eine natürliche Differenzierung zu. Am Exempel der Herstellung von Lernszenarien wird so etwa deutlich, dass die Alternative zum traditionellen Vorgehen in der Tatsache besteht, dass nicht die Lehrende die Themen bestimmt und ausgestaltet, sondern die Lernerinnen selbst miteinander das Thema und die Materialien auswählen, anordnen, inhaltlich füllen und in der Reihenfolge bestimmen. Die Verständigung über diese Organisation ist selbst schon Sprachlehre, da man sich untereinander über Details des Lernwegs einig werden muss.

[15] Vgl. dazu ausführlich Kubanek-German, 2001, S. 53-57.

1.3.3 Gesellschaftlicher Kontext und Zweitsprachlernen:

Der Begriff des „gesellschaftlichen Kontextes als Lernwelt" verweist auf die räumliche und zeitliche Nähe der italienischen und deutschen Sprache im Lande, die sowohl den direkten Kontakt mit SprecherInnen der anderen Sprachgruppe als auch den täglichen Gebrauch authentischer Sprache erlaubt. Dies erfordert, dass im Zweitsprachunterricht andere Wege als im Fremdsprachenunterricht beschritten werden.
In der Gesellschaft gibt es wertende Haltungen gegenüber der anderen Sprache und der Gruppe, die sie spricht. Werden sie positiv bewertet, sind sie die beste Grundlage für das Erlernen der Sprache.
In diesem Sinne ist auch der erzieherische Auftrag der Familie von Bedeutung. Aufgabe der Schule ist es, dazu beizutragen, die Eltern mit einzubeziehen und ihr Interesse zu wecken, um das Entstehen derartiger positiver Haltungen zu fördern. (*Lehrpläne*, 1994, S. 11)

Wie sieht der „gesellschaftliche Kontext als Lernwelt" in Südtirol heute aus? Handelt es sich immer noch um ein Zusammenleben zweier bzw. dreier Sprachgruppen? Oder haben wir es nicht schon seit einigen Jahren auch in unserem Land mit einer mehrsprachigen Gesellschaft zu tun?[16]

In der Zeitschrift *info*, Februar 2008, des Deutschen Schulamtes heißt es: „Südtirol – ein Land mit drei Sprachgruppen. Das war einmal. […] Heute leben Menschen aus mehr als 100 Nationen und über 150 Sprachen zwischen Salurn und Brenner. Sie haben die Ladiner in ihrer Stärke bereits überholt. Damit steht fest: Südtirol ist ein Einwanderungsland" (Grießmair, 2008, S. 11).[17]

Mit dieser großen Herausforderung, Bereicherung und pädagogischen Verpflichtung müssen sich die Lehrpersonen und die Verantwortlichen an

---

[16] Vgl. Krumm, 2001, S. 4: „Im *Europäischen Jahr der Sprachen 2001* ist Mehrsprachigkeit gleichfalls DAS Thema. All das klingt so, als sei unsere Gesellschaft heute ein- oder bestenfalls zweisprachig. Übersehen wird, wie viele Sprachen bereits in allen europäischen Großstädten, in vielen Schulen und Schulklassen vorhanden sind und – aller Nationalstaaterei zum Trotz – waren."

[17] Vgl. Grießmair, 2008, S. 11 weiter: „Im Jahr 1990 lebten hier 438.918 Personen. Nur 5.134 davon, das sind 1,2 Prozent (Quelle: ASTAT), waren Ausländer, darunter vor allem Deutsche und Österreicher: Inzwischen sind es mehr als 25.000. Die größte Gruppe sind Albaner und Deutsche. Das sind zirka 5,3 Prozent der Gesamtbevölkerung. In Deutschland liegt der Ausländeranteil bei 8,8 Prozent."

unseren Schulen nun wohl auseinandersetzen. Die Mehrsprachigkeit ist auch in Südtirol Realität.

Ob der italienischsprachigen Südtirolerin und den Menschen anderer fremder Kulturen wirklich der tägliche Gebrauch authentischer Sprache erlaubt wird – wie es in der Lehrplanaussage steht –, bedarf einer näheren Betrachtung. Die Realität in Südtirol sieht nämlich so aus: Die italienischsprachige Südtirolerin und die Kinder anderer Kulturen hören meist nur den Dialekt und nicht die Hochsprache. Das liegt daran, dass die Südtiroler Kinder mit deutscher Muttersprache diese erst mühsam erlernen müssen.

> Sprachenlernen in Südtirol ist in den meisten Fällen Fremdsprachenlernen. [...] Das autochthone Deutsch ist so stark mundartlich gefärbt, dass es mit der Verkehrssprache gleichen Namens zwar verwandt, aber eher weitschichtig verwandt ist. [...] Zu Hause sprechen sie [die Kinder] Dialekt, nicht nur in der Familie, sondern auch in der Nachbarschaft und in der Dorfgemeinschaft bzw. im Stadtviertel, an den Orten der Öffentlichkeit sprechen sie ebenfalls Dialekt. (Larcher, 1995, S. 68)

Für die Südtiroler Kinder ist es eine Überforderung, mit ihren italienischsprachigen Freundinnen Hochdeutsch zu sprechen, da dieses Deutsch – wie bereits gesagt – eine Fremdsprache für sie ist.

Wie kann man nun an den Schulen diese sprachliche Vielfalt entsprechend unterstützen, den Dialekt der Südtiroler Kinder pflegen, gleichzeitig die Hochsprache aber entsprechend fördern?

Eine Antwort auf diese Frage hat das Pädagogische Institut für die deutsche Sprachgruppe mit der Einführung eines für die deutschsprachigen Schulen und Kindergärten verbindlichen Sprachenkonzeptes gegeben, aus dem hier Folgendes erwähnt wird:

Der Dialekt ist in der Bevölkerung stark verankert und wird von vielen Menschen als Identität stiftendes Element gesehen. [...]

Für die meisten deutschsprachigen Südtiroler und Südtirolerinnen erfolgt der erste Kontakt mit dem Hochdeutschen über die Medien, das Singen von Liedern, das Vorlesen von Kinderbüchern und das Erzählen von Geschichten.

Der Kindergarten bahnt den Zugang zum Hochdeutschen an und erweitert diese Kompetenz bei Kindern, die mit dem Hochdeutschen bereits vertraut sind. Die Sprache der Pädagoginnen und Pädagogen ist dabei ein wertvoller Maßstab. Ihr Vorbild ist besonders wichtig für die Kinder, die in der alltäglichen Kommunikation nur selten auf das Hochdeutsche treffen.

Die Schule erweitert gezielt und systematisch die hochdeutsche Kompetenz der Schüler und Schülerinnen. Das Festigen des Hochdeutschen ist nicht nur Aufgabe der Deutschlehrer und –lehrerinnen, sondern muss in allen Unterrichtsfächern vorangetrieben werden. Hochdeutsch soll zur selbstverständlichen Unterrichtssprache in allen schulischen Situationen werden. Da sprachliche Lernprozesse viel Zeit brauchen, ist eine wirksame Förderung des Hochdeutschen nur möglich, wenn im Unterricht konsequent in allen Situationen Hochdeutsch gesprochen wird. […]

Der konsequente Gebrauch des Hochdeutschen im Unterricht fördert die Sprachentwicklung. Dem Einüben des hochdeutschen Sprechens wird in der Schule besondere Beachtung geschenkt, da die Schule für viele Kinder und Jugendliche der einzige Raum ist, in dem sie dies lernen können. Hochdeutsch wird so die selbstverständliche Sprache des Unterrichts: für den Aufbau von Beziehungen ebenso wie für die Arbeit an inhaltlichen Fragen. (*Sprachenkonzept*, 2004, S. 11f.)

Werden die Ziele aus dem Sprachenkonzept umgesetzt, haben diese Kinder, die jetzt die deutschsprachigen Grundschulen besuchen, die beste Voraussetzung, sich in Zukunft miteinander besser zu verständigen. Anzumerken wäre noch, dass in diesem aktuellen Sprachenkonzept nicht erwähnt wird, dass der Gebrauch der Hochsprache die Verständigung zwischen der italienisch- und deutschsprachigen Bevölkerung sowie den Fremdsprachigen teilweise erleichtern würde. Denn in Südtirol sprechen viele Italienerinnen Hochdeutsch, aber die deutschsprachigen Südtirolerinnen benützen lieber die italienische Sprache mit ihren Nachbarn. Warum das so ist, hat mehrere Gründe, die hier aufzuzählen den Rahmen sprengen würden. Aber ein Grund ist der, dass auch heute noch die Realität an unseren Grundschulen wie folgt aussieht und es einige Hindernisse gibt, welche die Kommunikation nicht fördern. Wir wollen hier nur auf zwei Aspekte hinweisen:

a) An der italienischsprachigen Schule wird der Dialekt und die Umgangssprache kaum in den Unterricht miteinbezogen: der Sprachwissenschaftler Kurt Egger unterstreicht, dass

> die Schule den Schülern die Fertigkeit vermitteln sollte, die Alltagssprache der deutschsprachigen Südtiroler zu verstehen. Dies ist auch

bereits eine Einschränkung: zu wünschen ist eine passive, nicht eine aktive Dialektkompetenz: die Schüler und Schülerinnen werden dazu geführt, auf Unterschiede zwischen den Sprachen, die sie in der Schule hören, und der Sprache, die sie draußen hören, zu achten. Dabei würde man im Grunde von Kenntnissen der Schüler, die sie in größerem oder kleinerem Ausmaß mitbringen, ausgehen. Dadurch würden zugleich Haltungen der Toleranz gegenüber den verschiedenen Sprachvarietäten (und ihren Sprechern) gefördert. (Egger, 1994, S. 114)

b) An der deutschsprachigen Schule wird vielfach der Dialekt im Unterricht verwendet, so dass die Kinder das Hochdeutsche kaum gebrauchen: Deutschsprachige Kinder werden oft nicht genügend sensibilisiert, mit ihren italienischsprachigen Spielkameradinnen Hochdeutsch zu sprechen. Das wiederum kann nur geschehen, wenn die Südtiroler Kinder in der Schule und bei Unterrichtstätigkeiten am Nachmittag so oft wie möglich diese verwenden können und so eine gewisse Sicherheit in der Hochsprache bekommen.

Aufgabe der Lehrerinnen und Erziehungsberechtigten ist es, zunächst selbst Beispiel zu sein, also die Hochsprache zu benutzen und die verschiedenen Sprachvarietäten (Hochsprache, Dialekt, Fremdsprachen) zu thematisieren, um die Kinder vorzubereiten und zu sensibilisieren, damit sie beim direkten Kontakt mit den Anderssprachigen angemessen kommunizieren können. Ohne große Anstrengung von Seiten der Lehrerinnen und aller daran Beteiligten kann das nicht gelingen.[18]

Eine sehr passende und realistische Aussage hinsichtlich der neuen Herausforderung für Lehrerinnen und Verantwortliche können wir bei Ohlsen finden:

Einmal erkannt, kann die heterogene Klassenzusammensetzung zu einer Quelle der Inspiration und des Reichtums werden. Sie fördert ständige Kreativität und die Erarbeitung eines Spektrums von pädagogischen Aktivitäten, die sich nach den Eigenarten der Kinder richten. Die Ausschöpfung des Reservoirs an Kenntnissen, Fertigkeiten und Erfahrungen, die

---

[18] Vgl. Portmann-Tselikas, 1998, S. 52: „Daraus ergibt sich von selbst: Ein bewusster und konsequenter Umgang mit der Hochsprache ist nötig. Gefragt ist hier in erster Linie der Lehrer oder die Lehrerin: Ihr Vorbild ist wichtig."

die verschiedenen Kinder mitbringen, eröffnet neue Möglichkeiten des Lernens und Handelns. Doch ist es nicht immer leicht, die von den neuen Gegebenheiten verlangten neuen Unterrichtsformen im Schulzimmer im Alleingang umzusetzen. Teamarbeit wird zu einer Notwendigkeit. (Ohlsen, 1995, zitiert nach Schader, 2000, S. 23)

Dabei geht es – wie wir oben versucht haben zu erläutern – auch in Südtirol nicht mehr nur um eine positive Bewertung der anderen Sprachgruppe, sondern um die Bereitschaft zu einem offenen Dialog mit den Fremden aus den vielen verschiedenen Kulturen, die jeden Tag gemeinsam den Alltag meistern sollen.[19] Es geht um ein tägliches Verstehensgespräch, in dem man voneinander lernt, einander zuhört und verschiedene Sichtweisen kennen lernt. Dieses Gespräch ist ein Weg dahin, mit den Kindern an der Grundschule die an sich abstrakten Begriffe Frieden und Toleranz im alltäglichen Unterricht zu leben. Denn oberstes Ziel des hermeneutisch orientierten Unterrichts ist die Friedenserziehung und die Erziehung zur Toleranz, die in einer mehrsprachigen Gesellschaft einen wichtigen Platz einnimmt.[20]

---

[19] Vgl. Holzbrecher, 2004, S. 16: „Fremdes fasziniert und macht Angst. Im Umgang mit dem Fremden werden in hohem Maße unbewusste Ängste und Fantasien mobilisiert, die einerseits individuell biografisch bedingt sind, andererseits aber stark durch das vorgeprägt sind, was der Ethnopsychoanalytiker Mario Erdheim das 'gesellschaftlich unbewusst Gemachte' (Erdheim 1990) nennt, in dem sich historisch bedingte Herrschaftsansprüche niederschlagen."

[20] Vgl. Donaldson, 2004, S. 15f.: „Ich schlage hier einen Ansatz vor, der sich radikal von früheren augenblicklichen Ansätzen unterscheidet. Ich gehe davon aus, dass Kinder eine ganz reale Hilfsquelle für den Frieden sind. Die Kindheit bietet grundlegend andere Möglichkeiten als die Wege, die wir als Erwachsene eingeschlagen haben. Nachdem ich 34 Jahre mit Kindern gespielt habe, weiß ich aus Erfahrung, dass sie tatsächlich Träger eines Friedensversprechens sind. […] Zu Anfang des Jahres kniete ich in Athlone, in Kapstadt, Südafrika, auf einem Spielplatz einer Schule, umgeben von schwarzen Kindern, die amüsiert und aufgeregt waren – und neugierig darauf, den großen weißen Mann mitten unter ihnen auf dem Boden zu sehen und mit ihm zu spielen. Aus den hinteren Reihen der Gruppe zwängte sich der kleinste Junge durch all die anderen Kinder durch und krabbelte auf meinen Schoß. Er breitete seine Arme aus, umschlang mich damit, so weit sie reichten, und hielt mich. […] Wir blieben zusammen, bis die Glocke klingelte und die Kinder in die Schule zurückrannten. […] Als ich ebenfalls zur Schule zurückkehrte, fragte mich eine der Betreuerinnen, die mich durchs Fenster beobachtet hatte, ob ich über den kleinen Jungen in meinem Schoß etwas wisse. Ich verneine. Sie sagte, man habe ihn hierher gebracht, nachdem man ihn gefunden hatte: gefesselt in einem schwarzen Plastiksack, irgendwo abgestellt. Ich wandte mich ab und schaute unter Tränen zurück zum Spielplatz. Ich glaube, dieser kleine Junge ist, was Elie Wiesel 'Hoffnungsträger' nennt. Dieser kleine Junge ist ein Botschafter. Er verkörpert das lebendige Versprechen, Ghandis Überzeugung zu verwirklichen: Dass wir, um in dieser Welt wirklich Frieden zu finden, bei den Kindern anfangen müssen. Ich nahm bei diesem Jungen weder Ärger, Angst

Toleranz wird aus hermeneutischer Perspektive als Bewahrung von Andersheit gesehen, denn

> nicht nur das Verstehen des jeweils Fremden braucht Toleranz – eine qualitativ entsprechend erweiterte Toleranz muss auch demjenigen zukommen, der nicht verstanden wird. Skeptische Hermeneutik akzentuiert stärker als bisher die Grenzen des Verstehens und begreift hermeneutischen Unterricht von daher als mühsamen Prozess der Einübung einer Toleranzhaltung, die der Vielfältigkeit und auch der Rätselhaftigkeit entspricht, welche die Normalität des Fremden ausmachen. Hermeneutischer Zweitsprachenunterricht wird also durch die Frage nach den Möglichkeiten und Grenzen einer erweiterten Toleranzhaltung bestimmt. (Hunfeld, 2004, S. 495)

Das bedeutet, dass schon das Kind an der Grundschule in seiner mehrsprachigen Klasse im Dialog mit den Anderen lernt, dass es nicht jeden verstehen kann, aber trotzdem die andere Person in ihrer Eigenart, mit ihrem ganz individuellen Charakter neben sich respektiert.[21] Da im hermeneutischen Unterricht jedes Kind ein wichtiges Mitglied der Gruppe ist, im Team mit seinen Stärken und Schwächen mitarbeitet, wird die Toleranz dem Fremden gegenüber täglich erlebt.

Interkulturelle Erziehung kann also kein Harmonisierungskonzept sein, darf sich nicht auf Kochen, Singen und gemeinsame Feste beschränken, sie muss vielmehr auf individuelle, auch problematische Erfahrungen und auf die Situation der Gesellschaft reagieren. Sie umfasst nicht mehr nur eine Anpassungsleistung der ausländischen Schüler, sondern richtet sich an alle Schüler gleichermaßen. Sie geht davon aus, dass unterschiedliche

---

noch Rache wahr, vielmehr weckte er in mir ein ganz elementares Gefühl von Zugehörigkeit und Liebe."

[21] Vgl. dazu den Entwurf der Landesrichtlinien für die Festlegung der Curricula der Unterstufe an der italienischsprachigen Schule: „Die INDICAZIONI PER IL CURRICOLO stellen die Schule in den Rahmen des neuen europäischen Szenario und leiten ihre vielfältigen methodischen und didaktischen Vorschläge und Empfehlungen insgesamt aus den folgenden Grundsätzen her: […] sie stützen das interkulturelle Miteinander, das die europäische Gegenwart bereits bestimmt und sich in der Zukunft als alltägliche Erfahrung etablieren wird, durch den Respekt vor dem jeweils Anderen, der die je eigene Identität auch dadurch sichert und zugleich erweitert, dass der konkret Andere, schon im engeren Schulkontext, zum Lernimpuls für das Eigene wird.

Menschen und Kulturen in gleichberechtigter Weise existieren und dass man voneinander wissen und lernen kann und sich so gegenseitig bereichert. (Hölscher, 1994, S. 10)

Um die Sprachenvielfalt als Chance und Hinweis zu erleben, sollte man nicht vergessen, den Lehrerinnen entsprechende Hilfe, wie z. B. Fortbildungskurse, Materialien und Literatur anzubieten.[22]

Lehrerinnen können durch gezielte Unterrichtsaktivitäten versuchen, das friedliche Zusammenleben der verschiedenen Kulturen in einer Klasse zu fördern, indem sie den Lernerinnen dadurch auch helfen, Ängste vor dem Fremden zu verlieren. Dabei leisten sie einen wesentlichen Beitrag zu einem friedvollen Zusammenleben.

Im täglichen Unterricht ist die bewusste Umsetzung der pädagogischen Rahmenbedingungen[23] – Respekt, Angstfreiheit[24], Distanz, Stille, Selbstbewusstsein, Fragehaltung – aus unserer Sicht zuallererst vor allem von Seiten der Lehrerinnen die Grundlage für ein friedvolles Zusammenleben der verschiedenen Kulturen.

Da aber nicht nur die Lehrerinnen Erziehungsarbeit leisten müssen, sondern in diesem Bereich des sozialen/interkulturellen Lernens besonders die Eltern und die Erziehungsberechtigten der Lernerinnen einen großen Beitrag zum gegenseitigen Verständnis leisten können,[25] zählen wir noch einige Möglichkeiten auf, wie man Eltern sinnvoll in die Arbeit mit einbeziehen kann:

---

[22] Im Handbuch *Sprachenvielfalt als Chance* (Schader, 2000) gibt es einen theoretischen und einen praktischen Teil. Der Praxisteil beinhaltet 95 Unterrichtsvorschläge für die Arbeit in multikulturellen Klassen vom Kindergarten bis zur Sekundarstufe I.

[23] Vgl. Kapitel III : Projektwoche 2005, S. 97f.

[24] Vgl. Gribble, 2002, zitiert nach Czisch, 2004, S. 280-281: „Dora Russell, die zusammen mit ihrem Mann, Bertrand Russell, in Beacon Hill eine Schule gründete, schreibt: Kinder von Ängsten zu bewahren oder ihnen die Ängste zu nehmen, gehört wohl zu den wichtigsten Erziehungsaufgaben."

[25] Vgl. Czisch, 2004, S. 92-94: „Ich werde sie nicht, wie das sonst üblich ist, zu Hilfslehrern machen, werde selbst die Verantwortung übernehmen für den Lernprozess ihrer Kinder. Ich werde ihnen nicht die Schuld an den Schwierigkeiten der Kinder geben, sondern gemeinsam mit ihnen nach Lösungen suchen. Sie werden die wohltuende Erfahrung machen, dass ich ihre Kinder wert schätze und mich an ihnen freue. Als Eltern haben sie andere Aufgaben, als meine Hausaufgaben zu überwachen oder das Einmaleins abzufragen, […] die Eltern können als Verbindung von Schule und Familie eine wichtige Rolle spielen. Für das Lernen selbst sind Lehrerin und Kinder zuständig. Wenn die Eltern sich gut mit der Lehrerin verstehen, hat das Kind den Rücken frei, muss nicht ständig Partei ergreifen. Ein Grundschulkind braucht dringend beides: eine zugewandte Lehrerin, der es vertraut, und Eltern, die es beschützen. Deshalb möchte ich die beiden Welten miteinander

- Eltern können durch ihre positive Einstellung zur anderen Sprachgruppe, zu anderen Kulturen sehr viel beitragen, denn die Haltung ist ausschlaggebend für ein friedvolles Zusammenleben;
- Eltern können gebeten werden, Märkte zu organisieren, deren Erlös zum Teil für die Anschaffung fremdsprachlicher Materialien verwendet wird;
- Eltern könnten Kinder anderer Kulturen am Nachmittag nach Hause zum Spielen einladen;
- Eltern könnten bei Elternabenden Speisen aus den verschiedenen Kulturkreisen mitbringen, gemeinsam essen und sich direkt kennen lernen;
- Eltern können über ihre Kontakte Muttersprachler in den Kindergarten oder die Grundschule bringen;
- Eltern können von Urlaubsreisen Materialien mitbringen;
- Eltern können selbst eine Fremdsprache lernen.[26]

1.3.4 Kontinuität des Lehren und Lernens:

Der Begriff der Kontinuität des Lernprozesses bezieht sich auf die notwendige Verbindung der didaktischen Erfahrungen im Bereich der Zweitsprache Deutsch innerhalb der verschiedenen Stufen und Grade der Pflichtschule. Eine wirksame Verbindung der Erfahrungen im Pflichtschulbereich mit der Oberschule ist in sprachlicher und methodisch–didaktischer Hinsicht ebenso wünschenswert.

Diese Kontinuität verwirklicht sich in der Differenzierung der Inhalte und in der Komplementarität der verwendeten Methoden, die den verschiedenen psychologischen und sprachlichen Entwicklungsstufen der SchülerInnen Rechnung tragen müssen.
Einheitliche Linie des Spracherwerbsprozesses wird für die Verwirklichung der Kontinuität für die gesamte Dauer der Schulzeit die Entwicklung einer kommunikativen Sprachkompetenz sein. (*Lehrpläne*, 1994, S. 11)

---

verbinden. Die angenehmste Art, Menschen zusammenzubringen, sind für mich Feste [...] Die Eltern bringen Speisen und Getränke mit [...] Auf diesen Festen lernen sich alle besser kennen: die Eltern andere Kinder, die Kinder andere Eltern, die Eltern einander und mich, ich die Eltern [...] Ich lege den Eltern ans Herz, sich auch um andere Kinder zu kümmern, vor allem Kindern zu helfen, die besondere Hilfe brauchen."

[26] Vgl. dazu die Vorschläge für Elternarbeit in: Kubanek-German & Edelenbos, 2004, S. 127f.

Zwischen Grund- und Mittelschule gibt es seit 1994, also seit Erstellung der gemeinsamen *Lehrpläne für den Unterricht von Deutsch als Zweitsprache,* mindestens von gesetzlicher Seite eine einheitliche Linie für den Zweitsprachenunterricht.

Durch ein dreijähriges verpflichtendes Fortbildungsprogramm im Anschluss an den neuen Lehrplan versuchte man den Kontinuitätsgedanken mit den Lehrenden in den *Didaktischen Werkstätten* und bei gegenseitigen Hospitationen gemeinsam zu vertiefen.

Mit der Erstellung der *Entwicklungsrichtlinien* der Oberschule wurde es nötig, auch die Programme von 1994 zu diskutieren und auf den neuesten Stand zu bringen.[27]

Die intensive Auseinandersetzung mit den Prinzipien der *Entwicklungsrichtlinien* in den beiden Arbeitsgruppen (Grund- und Mittelschule) hat die beteiligten Lehrerinnen an eine neue Haltung zum Zweitsprachenunterricht herangeführt – sie sind grundlegenden didaktischen Fragen und Zweifeln, aber vor allem ihren eigenen Sprachlernbiografien auf eine neue Art und Weise näher gekommen. Durch diese veränderte Haltung haben die Gespräche in den Werkstätten einen anderen Charakter erhalten.[28]

Um die Kontinuität zwischen Kindergarten und Grundschule zu unterstützen, wurden 2002 eigens *Didaktische Werkstätten* für Erzieherinnen aus dem Kindergarten und für Grundschullehrerinnen eingerichtet.

Schon seit den 1980er Jahren gibt es in Südtirol Elterninitiativen, die eine Frühförderung der deutschen Sprache im Kindergarten fordern. Das Pilotprojekt des Italienischen Schulamtes „Annäherung an die deutsche Sprache und Kultur im italienischen Kindergarten" wird seit 1998 an einigen italienischsprachigen Kindergärten durchgeführt. Damit auch die Grundschullehrerinnen ausreichend über die Inhalte dieser Projekte und über die konkrete Arbeit der Erzieherinnen informiert werden konnten, intensivierte man die Gespräche darüber in den Werkstatttreffen.

Ausgehend von dem gemeinsamen Wunsch, die hermeneutische Grundhaltung im gemeinsamen regelmäßigen Dialog zu vertiefen und einander näher kennen zu lernen, trafen sich die Lehrerinnen und Erzieherinnen.

---

[27] Vgl. Debiasi & Gasser, 2004, S. 13-16.
[28] Vgl. Hunfeld, 2004, S. 76: „Ein gegenseitiger Austausch. Dagegen zeigt sich die Karikatur deutscher Referendarausbildung in festgefahrenen Regeln einer kleinschrittigen, bis ins Detail vorgeschriebenen und vorgeplanten Methodik. […] Hier kann man von der Arbeit der Südtiroler Lehrenden viel lernen."

Dabei wurden Unsicherheiten, Zweifel, didaktische Grundsätze und weitere wichtige Aspekte der täglichen Spracharbeit mit den Kindern ausgetauscht. Sowohl die Erzieherinnen als auch die Grundschullehrerinnen wussten sehr wenig über die konkrete Arbeit der Kolleginnen. Dieser Einblick in die Arbeit der Lehrerinnen der verschiedenen Schulstufen und der Erzieherinnen des Kindergartens ist für einen kontinuierlichen Spracherwerbsprozess der Kinder von grundlegender Bedeutung.

Die Kontinuität des Lehrgangs zwischen allen Schulstufen wird vor allem in den stufenübergreifenden Fortbildungsveranstaltungen gefördert und von den Lehrerinnen begrüßt.[29] Durch die gemeinsame Auseinandersetzung mit wichtigen Begriffen des Sprachunterrichts in den Werkstätten, Arbeitsgruppen und schulinternen Fachgruppen kann zwischen den Erzieherinnen des Kindergartens und den Lehrerinnen aller Schulstufen eine wirksame Verbindung stattfinden, die im Sinne einer spiralförmigen Progression unbedingt erforderlich ist.[30]

So versucht man den Lernenden einen möglichst sanften Übergang von einer Schulstufe in die andere zu garantieren und der im folgenden Text von Schmid-Schönbein beschriebenen Entwicklung etwas entgegenzuwirken:

Auf der Grundlage der Ergebnisse und Empfehlungen der Forschung, die Blondin et al. 1998 zum Fremdsprachenlernen in der Grundschule in einem Überblick vorlegten, konnten die Autoren die Kontinuität beziehungsweise den Mangel daran beim Übergang von der Primar- zur Sekundarstufe als ausschlaggebenden Faktor für die Qualität der fremdsprachlichen Entwicklung identifizieren. Negativ wirkten sich dabei in allen untersuchten Situationen im europäischen Raum die folgenden fünf Charakteristika aus:
- mangelnde Kommunikation zwischen dem Personal (sowohl der Schulleitung wie den Lehrkräften) in der Primar- und Sekundarstufe;
- mangelnde Feinabstimmung und Kompatibilität der Ziele in den verschiedenen Stufen;
- abweichende Ansätze, abweichende Themen und ein unterschiedlicher linguistischer Kenntnisstand;
- zögerliche Anerkennung des in der Primarstufe Gelernten in der Sekundarstufe;

---

[29] Vgl. dazu ausführlich *Orizzonti Scuola*, 2002, 9/10, November/Dezember.
[30] Vgl. dazu Hunfeld, 2004, S. 489.

- Versäumnisse, diese Probleme in der Ausbildung und Weiterbildung von Lehrkräften anzusprechen. (Schmid-Schönbein, 2001, S. 139)

Die Dienststelle für Deutsch als Zweitsprache fördert die Kontinuität, indem sie den Zweitsprachlehrerinnen jährlich ein reichhaltiges stufenübergreifendes Fortbildungsangebot erstellt. Auch die Frage des Ansatzes ist – wie anfangs berichtet wurde – geklärt. Seit der Erstellung der *Entwicklungsrichtlinien* an der Oberschule im Jahre 2001 versuchen die Lehrerinnen der anderen Schulstufen den kommunikativen Ansatz, dem sie verpflichtet sind, unter hermeneutischer Perspektive zu sehen, damit der Kontinuitätsgedanke weiter erhalten bleibt. Die Lehrerinnen werden herausgefordert, ihre Unterrichtspraxis andauernd zu reflektieren und in Frage zu stellen.[31]

1.3.5 Didaktische Grundlagen

Spracherwerb heißt hier vor allem, in einer Kultur mitspielen lernen, ihre Zeichen und Symbole interpretieren und benützen können, sodass man aktiv am Alltag teilnehmen kann. [...]
Kopf, Herz und Hand" sollen beim Zweitspracherwerb beteiligt sein, sodass er zu einem kognitiven, affektiven und motorischen Erlebnis wird. [...]
Die in der Klasse durchgeführten Tätigkeiten und die Zweitspracherfahrungen in Situationen außerhalb des Klassenraumes stehen in enger Wechselbeziehung und ergänzen sich gegenseitig. So können zum Beispiel Untersuchungen, Simulationen, Übungen in der Klasse als Vorbereitung für Erfahrungen in realen Situationen dienen; diese wiederum bieten Anreize für sprachlich-kulturelle Tätigkeiten in der Klasse. [...]
Der Lehrplan geht von der Annahme aus, dass das Sprachenlernen ein Ergebnis von Erfahrungen ist, die sich an den Interessen und Bedürfnissen der SchülerInnen orientieren. Deswegen werden auch nicht von vorneherein spezifisch sprachliche Strukturen und Wortschatz definiert und eine Progression vorgegeben. [...]
Damit wird gezeigt, dass der Lehrplan es erlaubt, auf unterschiedliche Kompetenzen der SchülerInnen sowie auf Sprachvarianten Rücksicht zu nehmen.

---

[31] Vgl. Chan, Wai Meng, 2001, S. 241: „Die Reflexionsfähigkeit des Lehrers stellt meines Erachtens eine wesentliche Voraussetzung zum Erfolg curricularer Innovation dar, denn die Bereitschaft und Fähigkeit des Lehrers zur bewussten Reflexion ermöglicht erst das Hinterfragen und die Revidierung des eigenen subjektiven Wissens."

Dies ermöglicht es aber auch, bei Vertiefung und Erweiterung der Sprache immer wieder auf bereits behandelte Themen zurückzukommen. Es entspricht dem Prinzip der spiralförmigen Progression, demzufolge sprachliche und kulturelle Inhalte, die den SchülerInnen schon bekannt sind, in nachfolgenden didaktischen Phasen in neuen Zusammenhängen und Situationen wieder aufgegriffen und erweitert werden. (*Lehrpläne*, 1994, S.12f)

Deutlich wird, dass die didaktischen Grundlagen des Zweitsprachenunterrichts im Lehrplan von 1994 vorsahen, dass Sprachunterricht lebendig und schülerorientiert sein und sowohl zu einem kognitiven, wie affektiven und motorischen Erlebnis für die Lernerin werden sollte.

Wie muss das Lehrerprofil aussehen, damit alle diese wichtigen und anspruchsvollen Ziele im Sprachunterricht erreicht werden? Was muss eine Lehrerin der Grundschule können?

Feruzan Akdogan meint dazu ganz richtig:

Der Lehrer, der in der Grundschule eine Fremdsprache unterrichtet, braucht neben einer sehr guten fachlichen Kompetenz in der Fremdsprache fundierte Kenntnisse in der Grundschulpädagogik, der Pädolinguistik und eine grundständige Ausbildung im Bereich frühfremdsprachlicher Didaktik. Diese fachlichen Schwerpunkte sind grundlegend für das Funktionieren einer kindgemäß geprägten Interaktion zwischen Lehrer und Schüler. [...] Der kompetente Lehrer/die kompetente Lehrerin weiß, dass all diese Faktoren in seine/ihre tägliche Unterrichtsarbeit mit einfließen. Das bedeutet, der Lehrer/die Lehrerin weiß von dem derzeit erreichten allgemeinen Lernentwicklungsstadium des Kindes. Er/sie weiß, was die Bedürfnisse und Interessen des Kindes sind. Er/sie weiß, welche Schwächen das Kind hat und wann es zu welchem Sachverhalt gefördert werden sollte. Hinzu kommt, dass diese vielfältigen Lehrkompetenzen durch eine ebensolche gute fachliche Kompetenz angereichert werden müssen, sprich der Lehrer/die Lehrerin für das Fach Deutsch als Fremdsprache in der Grundschule braucht auch differenzierte Kenntnisse zur Morphologie und Syntax der Zielsprache im Vergleich zur sprachgrammatischen Struktur der jeweiligen Muttersprache. (Akdogan, 2005, S. 53-59)

Zum Lehrerprofil im hermeneutisch orientierten Unterricht hat sich die Arbeitsgruppe der Grundschule folgende Gedanken gemacht:

- die Lehrerin versucht die pädagogischen Rahmenbedingungen[32] selbst umzusetzen;
- die Lehrerin ist eine Sachautorität, sie hat eine klare Aufgabe, nämlich den Kindern qualitativ hohen Sprachunterricht zu bieten;[33]
- die Lehrerin handelt professionell; sie macht die Kinder nicht von sich abhängig, sondern versucht mündige Bürger auf eine Zeit vorzubereiten, die sie selbst nicht kennt;
- die Lehrerin hat klare Grobziele und sie steuert an der Grundschule noch sehr stark den Lernprozess, wobei sie Reaktionen und Impulse der Kinder aufnimmt. Der Lernweg wird von den Kindern mitbestimmt (Relative Unbestimmbarkeit der Ziele);
- die Lehrerin hat Respekt vor den Kindern, hört ihnen zu und nimmt sie in ihren Äußerungen ernst;
- die Lehrerin traut den Kindern sehr viel zu, sie vertraut auf ihre Fähigkeiten und ihre natürliche Wissensbegierde;[34]
- „[sie] nimmt auch bei Fehlern die Kinder als Person ernst; [sie] verändert notwendige Korrekturen von Signalen des Scheiterns zu Hilfestellung; [sie] hört intensiv auf jede Schüleräußerung; [sie] zieht die Schüler als Partner in [ihre] Reflexion ein; […] [sie] sieht Unterricht als Verstehensge-

---

[32] Vgl. Hunfeld, 2004, S. 397-398: „Deutlicher lässt sich jedoch zu den allgemeinen Rahmenbedingungen sprechen: Das authentische, das einfache (nicht vereinfachte), das zugleich normale und rätselhafte Fremde kann nur angeboten werden von einem Lehrer, dessen fremdsprachliche Fähigkeiten sehr groß sind. Dass in dieser Hinsicht sowohl die Ausbildung als auch die Fortbildung der Lehrer intensiviert werden muss, steht für mich außer Frage."

[33] Czisch, 2004, S. 299: „Wenn mich die Studentinnen und die wenigen Studenten fragen, wie sie es anstellen können, ihren künftigen Beruf zu einer erfüllenden Aufgabe zu machen, antworte ich sinngemäß: „Mach dich breit im Leben, interessiere dich für die Menschen und die Welt, lerne ein Instrument und spiele in einer Band oder einem Orchester mit. Gehe ins Theater, lerne kochen und jonglieren, tanzen und Theater spielen. Lies Zeitungen und Bücher, lerne neue Sprachen, […] Gehe deinen Neigungen nach, auch zusammen mit anderen, mache Reisen, finde Freunde, lade sie zu Festen ein, […] Du musst eine Menge können, damit du als Person viel anzubieten hast. Und mache dir ein ideales Bild von deinem zukünftigen Beruf!"

[34] Ebenda, S. 324: „Vertrauen ist ein Grundelement jeder Beziehung und für Kinder Lebenselixier. Vertrauen in die Menschen hat zunächst jedes Kind, dessen Grundbedürfnisse nach Nahrung, Liebe und Sicherheit erfüllt werden. Im Laufe des „Erziehungsprozesses" verlieren viele Kinder dieses Vertrauen, wenn sie auf unzuverlässige, egoistische, lieblose Erwachsene treffen. […] Vertrauen hat eine magische Kraft. Zwischen dem Erfolg von Kindern und der Erwartung der Erwachsenen an sie besteht ein unausgesprochener, aber direkter Zusammenhang. Der Dokumentarfilm „Rhythm is it!" lässt uns die Entfaltung eines Haufens unmotivierter und verunsicherter Jugendlicher aus sozial schwachen Berliner Familien verfolgen. […] Das Vertrauen der Lehrerin in ihre Fähigkeiten gibt den Kindern die Chance, ist die Basis für ihr Selbstvertrauen."

spräch; [...] [sie] weiß Geschichten, Fabeln, Verknüpfungsmöglichkeiten, Texte unterschiedlichster Art; [sie] kann selbst erzählen, veranschaulichen, verbildlichen; [sie] ist immer auch – nicht nur in [ihrer] Rolle, sondern als Person – konzentriert anwesend" (Debiasi & Gasser, 2004, S. 113f).

Aus diesem Profil ergeben sich die entsprechenden didaktischen Konsequenzen für den Zweitsprachenunterricht im Detail – z. B. die Addition der unterschiedlichen Kompetenzen, die Nutzung des Vorwissens, die spiralförmige Progression. Diese sind an anderer Stelle so ausführlich beschrieben worden, dass hier ein Hinweis auf die Quellen genügt.[35] Wie sie sich in der Praxis auswirken, zeigt Kapitel III dieses Buches.

1.3.6 Erfahrungsinhalte

> Der Lehrplan enthält eine Reihe von Anregungen und Vorschlägen, mit denen die Lehrerinnen selbstverantwortlich und kreativ einen Zweitsprachunterricht entwickeln können, der sich an dem orientiert, was für die SchülerInnen bedeutungsvoll ist, um so schrittweise die Erweiterung ihrer sprachlich-kommunikativen Kompetenz und ihres kulturellen Reifungsprozesses zu fördern. Damit sind nicht nur die klassischen Fertigkeiten wie Hören, Sprechen, Lesen und Schreiben gemeint, sondern vielmehr die Fähigkeit, den Kommunikationsakt als eine komplexe Handlung zu betrachten, die auf der Grundlage von Netzwerken des individuellen Wissens und der kollektiven Erfahrungen entsteht. In Übereinstimmung mit diesen Überlegungen wurde das Organisationsprinzip der „Erfahrungsinhalte" gewählt, die die Erfahrungswelt der SchülerInnen zum Inhalt des Unterrichts machen. (*Lehrpläne,* 1994, S. 13)

Liegt hier nicht die Gefahr nahe, dass die Lehrerin bei der Planung eines solchen Unterrichts die Erfahrungsinhalte ihrer Lernenden vorausbestimmt, dass sie also nicht die je spezifischen Interessen und Bedürfnisse einzelner unterschiedlicher Lernerinnen zur Rede kommen lässt, sondern die Erfahrungsinhalte aus ihrer Sicht schulstufengemäß und altersspezifisch vorbestimmt? Vor allem deshalb, weil die Gefahr besteht, dass der kommunikativ orientierte Unterricht für vorbestimmte Situationen Sprechhandlungen und die dafür nötigen Redemittel vorgibt.

---

[35] Vgl. Hunfeld, 2004, S. 485-501.

Dieser Gefahr begegnet der hermeneutisch orientierte Unterricht durch ein durchgängiges Verstehensgespräch, das die Lernerinnen als Einzelpersonen in ihrer Verschiedenheit ernst nimmt; entsprechende Impulse versuchen Dialoge so zu initiieren, dass nicht die Rolle in der simulierten, sondern das Individuum in der konkreten, je gegenwärtigen Situation zum Sprechen kommt.

Das heißt, die Lehrerin bereitet nicht schon die Redemittel und Sprechhandlungen genau vor, sondern erarbeitet gemeinsam mit den Lernern die für das Gespräch im Hier und Jetzt notwendigen Redemittel.[36] Dabei bestimmen die Schülerreaktionen deutlich den gemeinsamen Lernweg. Die Schülerimpulse sind wesentlicher Teil zur Weiterentwicklung der Lernprozesse und bestimmen gemeinsam mit den Impulsen der Lehrenden die Unterrichtsinhalte.

Das kann man auch deutlich in den *Didaktischen Handreichungen* der Grundschule nachlesen, wo es heißt:

Ein weiteres Moment, das berücksichtigt werden muss, ist das Hier und Jetzt, die augenblickliche Situation in der Klasse. Manchmal können im Augenblick entstehende Einfälle und Ideen wichtiger werden als das Geplante. In solchen Fällen gehört es zum didaktischen Feingefühl, das sichere Terrain der Planung zu verlassen und sich auf das Glatteis zu begeben, in dem man sich auf die Spontaneität der Schüler einlässt. (Civegna et al., 1995, *Orientierungshilfen/Planungshilfen*, S. 8)

---

[36] Vgl. Dines, 2000, S. 72-80: "Dialoge sind häufig relativ belanglos, weil sie sich nach allgemeinen Sprechabsichten in Alltagssituationen richten (z. B. 'asking the way', 'shopping' usw.), mit anderen Worten, nach Sprechakten, die in der Regel von Erwachsenen getätigt werden und wenig Spielraum für persönliche Mitteilungen lassen. Sie werden anhand von floskelhaften Redemitteln sprachlich umgesetzt und realisiert. Dagegen ist an sich nichts einzuwenden, da wir über den handlungsorientierten Ansatz unsere Kinder letztendlich auf die Wirklichkeit außerhalb des Klassenzimmers vorbereiten wollen und wichtige Bereiche des kommunikativen Diskurses eben aus Standardsituationen bestehen. Kinder haben darüber hinaus Äußerungswünsche, die sich nicht anhand von vorgegebenen Redemitteln realisieren lassen und kreativen Sprachgebrauch erfordern. Hierfür müssen sie aber erst über vielfältige Strukturen verfügen, die eine individuelle Kommunikation ermöglichen. […]
Im themenorientierten Ansatz geht es darum, die Fremd- bzw. Zweitsprache nicht direkt als Schulfach zu unterrichten, sondern als Medium zu verwenden, um Inhalte zu vermitteln; tatsächlich ist es so, dass Kinder, die eine Fremdsprache über den Kontakt mit ihr (z. B. in Immersionsprogrammen) erwerben, in vielen Fällen eine hohe fremdsprachliche Kompetenz erwerben."

Hier stellt sich nun die Frage, wie die Lehrende spontane Einfälle der Lernenden aufnimmt und in welcher Häufigkeit sie darauf eingehen kann. Was bedeutet es im Klartext „sich auf das Glatteis zu begeben?" Im Lehrplan 1994 spricht man immer wieder von den Bedürfnissen der Schülerinnen, die in das Unterrichtsgeschehen eingebaut werden sollten, man weiß nur nicht genau wie.

Diesen und anderen Fragen sind wir in der Auseinandersetzung mit der Hermeneutik etwas näher gekommen: Im hermeneutischen Verstehensgespräch stehen die Individualität und die Spontaneität des Lernens im Mittelpunkt. Ideen und Einfälle der Schülerinnen leiten den Lernprozess. Die Lehrenden „begeben sich nicht nur manchmal aufs Glatteis", weil sie auf die Spontaneität der Lernerinnen reagieren sollen, sondern arbeiten kontinuierlich mit den Schülerreaktionen.

> Gerade den nicht planbaren, nicht vorhersehbaren Momenten im Unterricht muss unsere Aufmerksamkeit gelten. Am ehesten, würde man meinen, glückt es dem erfahrenen Pädagogen, mit ungeplanten Situationen zurecht zu kommen. Doch zählt gerade Lehrerfahrung zu den großen Gefahren für Lehrer. Allzu oft hindert sie ihn daran, die geforderte notwendige Beweglichkeit aufzubringen. Sobald der Unterrichtende die Reaktionen seiner SchülerInnen „aus Erfahrung" vorherzusehen glaubt, werden seine Erfahrungen Methode. (…) Will ein Lehrer wirklich mit den Schülerreaktionen arbeiten, muss er sich jeden Augenblick, hier und jetzt, für jede Situation offen und verfügbar halten; die Fähigkeit des Sich-selber-loslassen-Könnens besitzen, den Mut haben, sich auf die Reise nach neuen Erfahrungen zu begeben. (Jungmair, 2003, S. 229f.)

In der Folge betrachten wir zum besseren Verständnis als Beispiel den Auszug eines Erfahrungsinhaltes genauer und versuchen, den Unterschied zum hermeneutischen Verstehensgespräch aufzuzeigen:

ALLTAGSBEGEGNUNGEN – RITUALE UND BRÄUCHE
Informelle Begegnungen von Personen an verschiedenen öffentlichen und halböffentlichen Orten
[…]
Es werden folgende exemplarische Schwerpunkte vorgeschlagen:
- **Begegnungen mit Bekannten**
- **Geplänkel**
- **Tratsch Gespräche über den Gartenzaun/im Stiegenhaus**
- **Alltagskatastrophen und kleine Sensationen**
- ....

[…]
Zum Erwerb angemessener zwischenmenschlicher Verhaltensweisen in diesem Bereich trägt der Zweitsprachenunterricht besonders dadurch bei, dass er zeigt, dass Sprachrituale und Kommunikationsstrategien kulturspezifisch sind. Dies gilt auch für den nicht-verbalen Aspekt der Kommunikation. Eine Haltung der teilnehmenden Beobachtung gegenüber den verschiedenen kulturellen Gruppen ermöglicht das Aneignen dieser Kompetenzen.
[…]
In der Milchhalle:
Eine Geschäftsfrau erkundigt sich bei einem Kind nach dem neugeborenen Geschwisterchen:

Begrüßen, sich nach dem Befinden erkundigen, fragen, Grüße ausrichten, verabschieden, …	Grüßen, antworten, sich verabschieden, …
Grüß dich, Karin!	*Grüß Gott, Frau Mayr!*
Na, wie geht's denn deinem Schwesterle?	*Danke, gut.*
Schreit sie oft in der Nacht?	*I hör sie net.*
Bringe sie einmal mit!	*Ja, nächste Woche.*
Sag deiner Mami einen schönen Gruß!	*Ja, danke.*
Pfiat di!	*Auf Wiederschaun!*

(*Lehrpläne*, 1994, S. 21)

Im hermeneutischen Verstehensgespräch geht es genau um das „Sich-Verstehen-Wollen" im Hier und Jetzt zu einem Thema, das die Kinder interessiert und nicht um ein Auswendiglernen vorgefertigter Dialoge. Dialoge finden dort einen Platz, wo sie für das Gespräch sinnvoll sind. In der Projektwoche[37] kann man genau nachlesen, wie sich der Unterricht verändert, wenn man versucht, wirklich themen- und schülerorientiert zu arbeiten.

Deshalb ergeben sich ganz von selbst folgende Fragen:
- Wann werde ich in die oben beschriebene Situation kommen?
- Treffe ich in der Milchhalle sicher eine deutschsprachige Verkäuferin an oder ist es nicht auf Grund der multikulturellen Gesellschaft wahrscheinlicher, dass ich einen Italienisch oder Deutsch sprechenden Pakistaner oder Spanier oder Kroaten treffe?
- Kann ich wirklich schon im Voraus wissen, was mich jemand fragt und wie ich darauf antworten werde?
- Wozu lerne ich einen vorgefertigten Dialog, den ich aller Wahrscheinlichkeit nach nie brauchen werde?

Sicher kann man mit den Kindern mögliche Situationen üben und im darstellenden Spiel praktizieren. In den *Didaktischen Handreichungen* wird vertiefend gesagt, dass

> Sprachlernen soziales Lernen ist, da Sprache immer in sozialen Situationen verwendet wird. Im Lehrplan wird jedoch besonderer Wert darauf gelegt, das Bewusstsein zu fördern, dass soziale Situationen bestimmen, wie die Sprache zu verwenden ist. Das heißt letztlich, dass man Sprache niemals ohne Beziehung zu einer Situation lernen kann. Die reine, losgelöste, abstrakte Sprache gibt es nicht. Es gibt immer nur die Sprache in einer Situation. (Civegna et al., 1995, *Orientierungshilfen/Zusammenfassung der Lehrplanintentionen*, S. 13)

Aber die Sprache sollte im Unterricht sinnvoll gebraucht werden, um die wirkliche Kommunikation zu fördern. Beim täglichen Gespräch mit den Kindern über Dinge, die im Hier und Jetzt geschehen, erleben diese, dass es kaum Lebenssituationen gibt, die man im Voraus bestimmen und auf die man sich sprachlich vorbereiten kann.

Daher ist es wichtig, die Kinder in der alltäglichen Klassensituation ganz natürlich kommunizieren zu lassen. Sie lernen in der Klasse Sprache, die sie im Moment, zur Bewältigung realer Situationen, zum gemeinsamen Gespräch brauchen.[38] Die Protokolle der Projektwochen zeigen im Detail auf,

---

[37] Vgl. „Projektwoche 2005", Kapitel III, S. 97f.
[38] Vgl. dazu „Projektwoche 2005", Kapitel III, S. 97f.

wie ernst die hermeneutische Orientierung im Zweitsprachenunterricht der Grundschule grundsätzliche Ausführungen des Lehrplans von 1994 und der Handreichungen in der konkreten Unterrichtspraxis nimmt.

1.3.7 Interkulturelles Lernen

> Beim Erlernen der Zweitsprache wird auch eine andere Kultur gelernt. […] Das soziale Lernen im Bereich der anderen Kultur wird zum „interkulturellen Lernen". […]
> Interkulturelles Lernen macht vertraut mit den sozialen Spielregeln der anderen Kultur. Es bemüht sich, die Verschiedenheiten und Gemeinsamkeiten zwischen den Kulturen bewusst zu machen, sowie Interesse und Verständnis dafür zu wecken. (*Lehrpläne,* 1994, S. 14)

> Interkulturelles Lernen soll die eigenen und die fremden kulturellen Regelungen des Lebens bewusst machen. Es hilft, Differenzen zu verstehen und die aus ihnen erwachsenden Konflikte auszuhalten. Es lehrt, die eigene Kultur zu relativieren und die andere zu schützen. Es zielt aber nicht darauf ab, die eigene kulturelle Identität aufzugeben und sich der anderen Kultur anzupassen. (Civegna et al., 1995, *Orientierungshilfen/Interkulturelles Lernen,* S. 11)

„Soziales Lernen wird zu interkulturellem Lernen": Was ganz einfach klingt, ist in der Realität in der täglichen Umsetzung an den Schulen nicht so simpel. Sehen wir uns zunächst die Definition der Begriffe „Kultur und interkulturelles Lernen" in den *Didaktischen Handreichungen* etwas genauer an. Darin wird „Kultur" mit „Alltagskultur" gleich gestellt:

> Damit ist die Regelung des gesamten Lebens gemeint. Zum Beispiel regelt jede Kultur ganz elementare Umgangsformen: Ob man jemanden beim Sprechen anschauen oder zu Boden blicken sollte, ob man beim Besuch ein Geschenk mitbringen muss/soll/darf, […] Sie besteht auch aus Vorschriften, die wir als „Tradition, Sitte, Brauch, Lebensregel" schon in der Kindheit lernen. (Civegna et al., 1995, *Orientierungshilfen/Interkulturelles Lernen,* S. 11)

Kultur schließt auch Werthaltungen und Wahrnehmungsgewohnheiten von Personen und Gruppen mit ein, d. h. dass also unser Denken, unsere Urteile und unser Handeln mehr oder weniger unbewusst durch die jeweilige Umgebung und Sprache geprägt sind. Kultur ist nicht ein fest umrissenes, einheitliches, ein für alle Mal bestimmbares Gebilde, sondern ist so vielfältig und veränderlich wie die Menschen, die Kulturen leben, schaffen und erleben.

Geht man von dieser Prämisse aus, so kann „Interkulturelles Lernen" nicht bedeuten, eine Vorstellung von einer einheitlichen Kultur des jeweiligen fremden Landes zu gewinnen. Die Lehrenden stehen im Bereich des Interkulturellen Lernens vor einer großen Herausforderung: „Früher wurde Kultur als ein System von Mustern und Werten, als eine Sphäre verstanden, die für bestimmte Gesellschaften eine prägende Funktion verkörperte. Seit ungefähr 20 Jahren ist Kultur als ein Aspekt von menschlicher Aktivität anerkannt, die Möglichkeiten zur Äußerung, Kommunikation, Organisation des Lebens, wie auch den Sinn des Lebens, bestimmt" (Boatcă et al., 2004, S. 85).

Es geht täglich um ein Zusammenleben verschiedener Kulturen im gleichen Klassenraum und daher ist eine interkulturelle Erziehung nicht in die beliebige Wahl einer einzelnen Lehrenden gestellt, sondern eine notwendige Selbstverständlichkeit: „Erziehung ist heute als Vorbereitung auf eine kreative Teilnahme am Kulturleben zu verstehen. Eine gute Gelegenheit, um die Offenheit gegenüber der kulturellen Fremdheit zu entwickeln, bietet den Kindern der schulische Fremdsprachenunterricht" (Boatcă et al., 2004, S. 86).

Durch den alltäglichen lebensnahen Kontakt mit Menschen aus anderen Kulturen lernen die Schülerinnen bereits außerhalb der Schule verschiedene Kulturen und Sprachen kennen. Die Fähigkeit zur interkulturellen Kommunikation in unserer zunehmend mehrsprachigen Gesellschaft wird dadurch aber noch lange nicht automatisch erworben.[39]

---

[39] Vgl. *Gemeinsamer europäischer Referenzrahmen für Sprachen*, 2001, S. 17: „‚Mehrsprachigkeit' unterscheidet sich von ‚Vielsprachigkeit', also der Kenntnis einer Anzahl von Sprachen oder der Koexistenz verschiedener Sprachen in einer bestimmten Gesellschaft. Vielsprachigkeit kann man erreichen, indem man einfach das Sprachenangebot in einer Schule oder in einem Bildungssystem vielfältig gestaltet oder indem man Schüler dazu anhält, mehr als eine Sprache zu lernen, oder indem man die dominante Stellung des Englischen in internationaler Kommunikation beschränkt. Mehrsprachigkeit jedoch betont die Tatsache, dass sich die Spracherfahrung eines Menschen in seinen kulturellen Kontexten erweitert, von der Sprache im Elternhaus über die Sprachen der ganzen Gesellschaft bis zu den Sprachen anderer Völker (die er entweder in der Schule oder auf der Universität lernt oder durch direkte Erfahrung erwirbt). Diese Sprachen und Kulturen werden aber nicht in strikt voneinander mentalen Bereichen gespeichert, sondern bilden vielmehr gemeinsam eine kommunikative Kompetenz, zu der alle Sprachkenntnisse und Spracherfahrungen beitragen und in der die Sprachen miteinander in Beziehung stehen und interagieren."

Da wir in einem dreisprachigen Land sind, haben wir im Bereich des interkulturellen Lernens schon einige Vorarbeit geleistet. Im Sinne der Begegnungspädagogik[40] werden in Südtirol seit 1994 Partnerschaften initiiert, um den Kindern konkrete lebensnahe Kontakte zu ermöglichen. Denn obwohl die drei Sprachgruppen im selben Land nebeneinander leben, ist es nicht immer selbstverständlich, dass sie sich auch treffen und miteinander Erfahrungen austauschen.

Auf der Grundlage eines Beschlusses der Landesregierung[41], der vor allem die bürokratischen Voraussetzungen für Klassenpartnerschaften und Schülerinnenaustausch regelt, befasste sich ein Forschungs- und Fortbildungsprojekt der beiden Pädagogischen Institute mit der konkreten Planung und Durchführung von Partnerschaften zwischen Klassen deutsch-, italienisch- und ladinischsprachiger Schulen in unserem Lande.[42]

Dass trotz der Möglichkeit konkreter lebensnaher Kontakte Missverstehen, Nichtverstehen und Verstehen sich abwechseln und warum das so ist, erläutert Els Oksaar ausführlich:

Unter interkultureller Kommunikation verstehe ich den gegenseitigen Verständigungsprozess durch Senden und Empfangen von informationstragenden Zeichen unter Beteiligten aus unterschiedlichen Kulturen und Sprachgemeinschaften. Letzteres bedeutet, dass die Kommunikationssprache für mindestens einen der Teilnehmer nicht seine Muttersprache ist. [...]

---

[40] Vgl. Kubanek-German, 2003, S. 115: „Begegnungen können das Fremdbild der Kinder differenzieren und ihnen Aufschlüsse über ihre seelische Verarbeitung des Ungewohnten geben. Insofern bewirken sie einen Bildungsprozess. Wenn solche Bildung möglichst vielen Schülern zukommen soll, ist es richtig, Auslandsfahrten bzw. Gegenbesuche bereits in der Grundschule durchzuführen. Denn sie wird von allen Schülern besucht, ihre Bildung ist Allgemeinbildung. Freilich bedeutet die Ausweitung nach unten einen finanziellen Luxus für ein Gemeinwesen, den sich zu leisten in einer Epoche relativen Wohlstandes leichter fällt. Diejenigen Gleichaltrigen, für die eine pädagogisch begleitete Begegnung eigentlich notwendiger wäre, weil sie kaum außerschulische Kontaktmöglichkeiten haben, nämlich Schüler aus öffentlichen Schulen in EU-Randregionen, Osteuropa oder der Dritten Welt, bleiben ohne Chancen."

[41] Beschluss der Landesregierung vom 02. Mai 1994, Nr. 2427.

[42] Vgl. Civegna, K./Guggenberg, I. von: „Klassenpartnerschaften". In: Baur, et. al., 2005, S. 205: „[Die Partnerschaften] streben echte Begegnung an, die Fremdheit – das Fremde im Eigenen und das Eigene im Fremden – zum Thema macht. Im Spiegel der Fremdheit sollen Selbst- und Fremdbilder reflexiv bearbeitet und ansatzweise revidiert werden."

Genaue Beschreibungen der Initiativen und Auswertungen der Ergebnisse einiger Klassenpartnerschaftsprojekte kann man bei Baur, 1997 nachlesen.

Die Verständigungsprozesse in interkultureller Kommunikation umfassen und resultieren in Verstehen, Missverstehen und Nichtverstehen des kommunikativen Handelns, die aber keine statischen Größen sind. Aus einem anfänglichen Verstehen kann sich im kommunikativen Akt das Gegenteil ergeben und umgekehrt. Das Gelingen in direkter Interaktion hängt in großem Maße von der interaktionalen Kompetenz der Beteiligten ab. (Oksaar, 2003, 32ff.)

Genau diese Prozesshaftigkeit kann man im hermeneutischen Verstehensgespräch wieder erkennen. Die Lernenden sprechen miteinander, lernen auf die verschiedenen Sichtweisen zu hören und versuchen diese zu verstehen. Allein aufmerksames und unvoreingenommenes Zuhören verlangt von den Schülerinnen nicht nur eine hohe Konzentration, sondern auch die Fähigkeit, einander wirklich ernst zu nehmen. Trotz aller Anstrengung bleibt aber die Einsicht, dass ein Verstehenkönnen des Fremden Missverständnisse nicht ausklammert. Trotz Sprachbeherrschung kann es also zu Missverständnissen kommen und trotz geringer Sprachkenntnisse kann es Verständigung geben. Wie komplex und gefährdet Verständigungsprozesse tatsächlich sind; zeigt sich schon an der alltäglichen Erfahrung, dass Missverständnisse schon in einer Sprach- und Kulturgemeinschaft nichts Außergewöhnliches sind, in interkultureller Kommunikation steigert sich noch die Gefahr vielfältigen Missverstehens.

Was bedeutet „Interkulturelles Lernen" nun unter dem Fokus des hermeneutischen Ansatzes für die Grundschule?

Seit 1994 ist interkulturelles Lernen eine selbstverständliche Reaktion auf die veränderte Wirklichkeit geworden, steht nicht länger in der Beliebigkeit einzelner Lehrplanautoren oder Lehrer. Aus hermeneutischer Sicht bedeutet aber interkulturelles Lernen nicht nur die jeweilige Alltagskultur der sprachlich und kulturell Anderen möglichst genau kennen zu lernen, sondern aus der Anerkennung der Normalität des Fremden eine anders als bisher verstandene Haltung der Toleranz zu entwickeln. Diese Haltung kommt nicht nur jenen Fremden zu Gute, dessen Sprache und Kultur jeweils gelernt wird, sondern entspricht der vielfältigen und nahen Fremdheit, die zum Merkmal moderner europäischer Gesellschaft geworden ist. Von daher haben die jeweiligen Erfahrungsinhalte der Lerner nicht mehr die Dominanz wie 1994 angenommen, sondern werden durch Selbstdistanz, Kontrolle, Neugierde und veränderte Sichtweise als nur eine mögliche Erfahrung von Welt begriffen und durch die Addition der unterschiedlichen Sichtweisen im Zweitsprachunterricht gerade durch ihre jeweilige Verschiedenheit zu Impulsen des Sprachlernprozesses. (Debiasi & Gasser, 2004, S. 15f.)

Interkulturelles Lernen als selbstverständliche Reaktion auf veränderte Wirklichkeit zielt also nicht darauf ab, den Anderssprechenden zu verändern, sondern den Umgang mit dem jeweils Fremden ohne Vereinnahmung, aber auch ohne den Zwang zur Aufgabe je eigener Identität einzuüben. Aus der Tatsache ergibt sich, selbst wenn das Fremde als inzwischen alltägliche Erscheinung in der Nachbarschaft immer noch nicht als Normalität angesehen wird, die leitende Zielsetzung des hermeneutischen Zweitsprachenunterrichts.

In diesem Zusammenhang konnten die Mitglieder der Arbeitsgruppe und die Mitglieder der verschiedenen Werkstätten[43] feststellen, dass sich durch die intensive Auseinandersetzung mit der Hermeneutik ihr Blick geschärft hat, das Fremde in ihren Klassen als Reichtum zu erkennen und für den Unterricht zu nutzen, um mit dieser Vielfalt konstruktiv umgehen zu können.[44]

Das verlangt von allen Beteiligten eine offene Haltung[45] und Bereitschaft zur Kommunikation. Es geht hier um eine neue Haltung dem Fremden gegenüber.[46]

Den anstrengenden und von Zweifeln und Fragen gezeichneten, mühsamen Weg der Lehrenden beschreibt Kubanek-German sehr treffend:

---

[43] Vgl. Debiasi & Gasser, 2004, S. 27-40.
[44] Vgl. dazu Hunfeld, 2004, S. 396: „Was will, angesichts der hier nur skizzierbaren Zusammenhänge, also der frühbeginnende Fremdsprachenunterricht? Er will – aus meiner Sicht jedenfalls – über seine selbstverständlichen pragmatischen Absichten hinaus das Kind vor allem an die doppelte Normalität des Fremden gewöhnen: Daran nämlich, dass die Existenz des kulturell und sprachlich Fremden in seiner unmittelbaren Nachbarschaft normal ist; und dass dieser Fremde trotz seiner spezifisch anderen Ausprägung als ebenso normal wie die eigene Identität angenommen werden muss."
[45] Ebenda, S. 77: „Ein Kind will eine Sprache lernen, dann werde ich ihm helfen, diese Sprache zu lernen. Ich werde ihm aber auch das vermitteln: dass Sprache allein nicht ausreicht, dass eine andere Haltung nötig ist, schon bei der Sprache, die es lernt. Es muss lernen, dass die Welt so vielsprachig ist, dass es sie – mit den wenigen Sprachen, die es lernen kann – nicht verstehen kann. Dass es sie aber auch im alten Sinne nicht zu verstehen braucht, es muss vielmehr eine Haltung der Neugier, des Respekts, des lebenslangen Lernens – mit seinem jeweiligen Gegenüber – entwickeln."
[46] BMW hat zur Unterstützung der Lehrenden sehr anregende und interessante Materialien für den Unterricht in multikulturellen Klassen ausgearbeitet, die ein großes Spektrum an praktischen Möglichkeiten aufzeigen: vgl. LIFE, 1997.

Die Lehrerinnen, die sich auf den hermeneutischen Ansatz einlassen, definieren also ihre eigene „language awareness" neu. Sie befassen sich mit ihrer eigenen Sprachlernbiographie und sind sich der vielen Blockaden und Missverständnisse, trotz guten Willens, in ihren eigenen interkulturellen Dialogen bewusst: des Zwiespalts zwischen optimistischer Formulierungen in Handreichungen und der politischen und privaten Realität. (Kubanek-German, 2003, S. 92)

1.3.8 Texte

Der Lehrplan legt größeren Wert auf authentische Texte als auf didaktisierte. [...]
Schrittweise wird auch die Arbeit mit schriftlichen Texten, seien es alltagspraktische wie auch literarische, eingeführt.
Wenn sich letztere auf die konkreten Erfahrungen der SchülerInnen beziehen und eine Antwort auf die Interessen und die Erfahrungen des Alltagslebens geben, haben die literarischen Texte die Aufgabe, die sprachliche Phantasie und Kreativität zu beflügeln. Sie stellen nicht nur eine ideale Verbindung zur Lektüre Gleichaltriger der deutschen Sprachgruppe dar, sondern spiegeln kulturelle Muster wieder, die den Zugang zur deutschsprachigen Kultur ermöglichen. (*Lehrpläne,* 1994, S. 15)

Authentische Texte dienen der Kommunikation im wirklichen Leben. Gebrauchsanweisungen, Gedichte, Straßenschilder, Romane, Werbeplakate, Fahrpläne, Balladen, Briefe usw. sind Texte, deren Sinn darin besteht, etwas mitzuteilen, ein Gefühl zu erwecken, eine Information weiterzugeben, zu etwas zu überreden, die Schönheit der Sprache zur Geltung zu bringen.
Eine gängige Unterscheidung ist die zwischen literarischen und alltagspraktischen Texten. Ein weiterer Textbegriff umfasst nicht nur Geschriebenes, sondern auch Audiovisuelles, z. B. Radio- und Fernsehsendungen, Schlager. [...]
In der neueren Sprachdidaktik setzt sich immer mehr die Überzeugung durch, dass authentische Texte (und zwar sowohl literarische wie alltagspraktische) für das Lernen wichtiger sind als didaktisierte Lehrbuchtexte. (Civegna et al. 1995, *Werkzeugkiste/Authentische Texte,* S. 1)

Im Lehrplan von 1994 wird die Wichtigkeit des Einsatzes literarischer Texte zwar erwähnt, aber im Detail nicht ausgeführt. Es wird angemerkt, dass der

Einsatz von Gedichten, Romanen, Balladen für den Sprachunterricht von sehr großer Bedeutung ist. Diese Texte haben die Aufgabe, „etwas mitzuteilen, ein Gefühl zu erwecken, eine Information weiterzugeben, zu etwas zu überreden, die Schönheit der Sprache zur Geltung zu bringen" *(Didaktische Handreichungen/Werkzeugkiste/Authentische Texte,* 1994, S. 1).

Der hermeneutische Ansatz geht im Umgang mit Texten über diese Aufgabe hinaus und versteht literarische Texte als unmittelbare Sprachlehre mit den entsprechenden konkreten didaktischen Konsequenzen.

Vor der Tradition des in der Geschichte wiederholt veränderten Literaturbegriffs setzt er die Begegnung mit Literatur[47] in den Mittelpunkt des Verstehensgesprächs. Der Text soll dazu dienen, jede einzelne Lernende zur Rede kommen zu lassen. Dieses „Zur-eigenen-Rede-kommen-lassen" ermöglicht ein Mündigwerden jeder Schülerin mit ihren besonderen Kompetenzen. Daher bietet die Lehrende im hermeneutischen Unterricht bereits in der Grundschule literarische Texte an, die allerdings weder analysiert noch im Einzelnen auf bestimmte Ziele hin ausgenutzt werden. Sie stellt die Einzelstimme der Literatur den verschiedenen einzelnen Leserinnen vor als eine fremde Sprache, die zur jeweils Fremden spricht, die auf ihre spezifischen Reaktionen ein Recht hat. Dieser hermeneutisch orientierte Literaturbegriff, wie er in den *Entwicklungsrichtlinien* der Oberschule ausführlich beschrieben wird, wird deshalb für die Grundschule wesentlich, weil die Grundschülerinnen im Kontext ihrer Muttersprache bereits ausführlichen Kontakt zur Literatur hatten und haben:

In der eigenen Kultur erfährt der Heranwachsende den sprachlichen Ausdruck von Andersartigkeit und Fremdheit zunächst in der muttersprachlichen Literatur. Zum Beispiel im Märchen, in der Sage, in Lyrik und Lied, im fantastischen Abenteuer und im kind- und jugendgemäßen Roman und Theater erfährt er die Normalität sprachlicher und erlebnishafter Grenzüberschreitung von Konvention und Norm des Alltags. Man hat deshalb Literatur zu Recht eine Fremdsprache genannt. Die distanzierende Kraft dieser Fremdsprache bereitet – wenn Zweitsprachendidaktik sie entsprechend nutzt – die Aufnahmebereitschaft für andersartige Fremdheit vor, wie sie die authentische Fremdsprache anbietet. Fremdsprachli-

---

[47] Vgl. dazu Hunfeld, 2004, S. 397: „Von muttersprachlicher Literatur, die man mit Recht eine Fremdsprache genannt hat, erwartet das Kind, wenn Literatur von Anfang an in ihrem Sinne angeboten wird, nicht die Alltagsrede, sondern die Verfremdung in der Form des Märchens, des Gedichts, des Rätsels."

che Literatur ergänzt und erweitert so die muttersprachliche Fremdbegegnung mit der eigenen Literatur. Fremdsprachliche Literatur vergrößert die Distanz zum Leser durch die fremde Sprache und den fremden Kontext, den sie thematisiert, und stellt entsprechend Fragen an den Leser als seine muttersprachliche Literatur. (*Entwicklungsrichtlinien*, 2001, S. 17f.)

Im Unterschied zum Literaturbegriff des Lehrplans von 1994 sieht die Arbeitsgruppe die zwingende Notwendigkeit einer Begegnung mit fremdsprachlichen literarischen Texten deshalb, weil
- sie zum Mündigsein der Lernerinnen beitragen: Durch Literatur entdeckt das Kind, dass eine andere Version der Welt möglich ist;
- sie Überraschungseffekte, Verfremdungen und Provokationen beinhalten;
- sie Leerstellen enthalten – also Appellcharakter haben und dadurch zur Diskussion anregen –, die von den Lernerinnen durch eigene Gedanken und Assoziationen ergänzt werden können, sofern die Lehrerin eine abwartende Haltung einnimmt und nicht alles sofort erklärt;
- sie als Einzelstimme zum Individuum sprechen;
- sie das Vorwissen der Lernerinnen evozieren;
- sie den Kindern verschiedene Möglichkeiten der Sprachverwendung anbieten, da literarische Texte im Gegensatz zu den Sachtexten eigene Sichtweisen zulassen und nicht alles auf eine allgemeingültige und für alle richtige Lösung vereinheitlichen;
- sie die Lernerinnen fordern und sich dadurch aus dem anfänglichen Nichtverstehen die Motivation zum „Verstehenwollen" entwickelt, das anfängliche Nichtverstehen Fragen auslöst, die von den Lernerinnnen an die Lehrerin gestellt werden (vgl. dazu den traditionellen Literaturunterricht, in dem Fragen von der Lehrerin an die Lernerinnen gestellt werden, deren Antwort die Lehrerin bereits schon kennt).

Hingewiesen sei hier vertiefend auf das narrative Prinzip, über das Angelika Kubanek-German in ihrem Buch *Kindgemäßer Fremdsprachenunterricht* ausführlich berichtet:

> [...] denn Erzählen ist universal, traditionell und elementar. Es ist ästhetische Form und Element des alltäglichen Sprechens. [...]
> Schon im Vorschulalter erwerben Kinder *story schemata*, so dass der frühe Fremdsprachenunterricht, selbst wenn er zukünftig bereits in Klasse 1 be-

ginnt, mit dem Vorhandensein zumindest der Kompetenzen zum Verstehen von Geschichten rechnen kann. (Kubanek-German, 2003, S. 79-80)

Angelika Kubanek–German stellt in ihrem Buch auch eine mögliche Klassifizierung von Geschichten dar, die wertvolle Impulse für Gespräche in den Didaktischen Werkstätten sein könnten. Im Folgenden ein Ausschnitt daraus:
Geschichten – eine mögliche Klassifizierung:
- Klassische, bewährte Genres
- Märchen der Welt, auch auf CD-Rom, als Videos, als Comics
- Geschichten, die *näher an der Kinderkultur sind* als z. B. beim Lehrwerkansatz
  Beispiele:
  Geschichten der Kinder jeweiliger Partnerklassen
  Geschichten über Kinder, die nicht der viel reisenden Mittelschicht entstammen
  Geschichten auf Webseite von und für Kinder
  Geschichten aktueller, in den Unterhaltungsmedien präsentierter Figuren
- Geschichten, die *ferner von der Kinderkultur sind* als üblich.
  Beispiele:
  Kinder in Lyrik
  Kinderwelten vergangener Epochen
  „bildende" Geschichten
  Kinderdarstellungen in der Malerei, in eine Geschichte umgeformt
- Absurdes/Magisches
  Witzgeschichten, die „Fälle" von Daniil Charms, urbane Legenden
  Bilderbuchillustrationen
- Interaktive Geschichten, Beispiele:
  action games (die Bärenjagd)
  Dramatisierungen,
  CD-ROMS wie *Okay*/in Internet *learning circles* erstellte Geschichten
- Sachgeschichten
  Bilderbücher ergänzend zu bestimmten Themen des Fachlehrplans für DaF: Sendung mit der Maus, Löwenzahn, CD-ROMs, für die in Deutschland unterrichteten Fremdsprachen, Videos aus entsprechenden Programmen im Zielsprachenland; deutsche Kinder CD-ROMs zu Sachthemen können z. T. in der Sprache umgeschaltet werden
- Träume und Geschichten über sich selbst

Beispiele:
Familie
Zukunftswünsche
imaginäre Lebenswelten
- Lehrbücher mit einer durchgehenden Geschichte/Episoden mit den gleichen Figuren (story curriculum)
Beispiele:
Unser Baumhaus (Goethe Institut), *Aurelia* (Langenscheidt), *Anna Schmidt & Oskar* (Langenscheidt)
Il gabbiano tricolore (für die Deutsch-Italienische Grundschule Wolfsburg entwickelt aufgrund von Überlegungen von Josèp Maria Artigal/Traute Taeschner/Antonio Riccò). (Kubanek-German, 2003, S. 81-82)

Da für das hermeneutische Lehren und Lernen die Literatur, das Geschichtenerzählen im Mittelpunkt des Verstehensgesprächs steht,[48] erscheint es der Arbeitsgruppe wichtig, hier noch auf den Vergleich zwischen den Kriterien des kommunikativen Ansatzes und denen des *story-approach*, den Frau Angelika Kubanek-German in ihrer Publikation im Detail ausführt, hinzuweisen:

Vergleich von Kriterien des kommunikativen Ansatzes und des *story-approach*:

	Kommunikative Didaktik	**Narratives Prinzip**
Bezugspunkt	Fremdsprachenunterricht	transversal (den gesamten Lehrplan betreffend)
Bild des Lerners	möglichst sichtbar aktiv, extrovertiert	Stille erlaubt, innere Aktivität
Sprechen warum?	Sprachfunktionen lernen, Meinung sagen, autonom werden, sich im Alltag zurechtfinden	den Wechselfällen des Lebens (Episoden) Bedeutung verleihen, das Ich im Kontinuum der Geschichte

---

[48] Vgl. dazu „Projektwoche 2005", Kapitel III: S. 97.

Aufbau der Kompetenz	miteinander reden, über Alltagstexte, Dialoge reden, Aufgaben ausführen und darüber reden	stärker imaginative Tätigkeiten, mehr absteigende Verstehensprozesse, langsames Entschlüsseln, hermeneutischer Prozess
turns	mehr kürzere turns, rascherer Wechsel Hören-Sprechen	längerer Input
Lehrer	Organisation von Sprechhandlungen	hat den „roten Faden" – Erzähler, Vermittler der „great stories of mankind"
Bezugswissenschaft	Diskurstheorie, kritische Pädagogik	Erzähltheorie, Literaturwissenschaft, Geschichtswissenschaft
Curriculum-Bezugspunkte	Common European Framework, Kompetenzbereich Interaktion	Common European Framework, „existenzielle Kompetenz"
Themen	stark alltagsorientiert	„große" Themen, archetypische Situationen
Kindliches „Ich"	Ich spreche über meine Rechte, ich kann alltägliche Probleme sprachlich bewältigen, ich tausche mich in der Klasse aus	Ich habe Phantasie, ich erlebe Geschichten mit, ich werde zum „Erzähler meiner selbst", ich erzähle den anderen über meine Art zu verstehen
Ziele	selbstbewusster Sprecher	die Grammatik des Erzählens beherrschen, guter Zuhörer sein, Geschichten (mit)agieren
Voraussetzungen beim Kind		sind vertraut mit Erzählstrukturen durch Aufbau der narrativen Kompetenz in L1 (ab ca. 3 Jahren), mögen ab bestimmten Zeitpunkt keine „babyhaften" Geschichten mehr, kennen virtuelle Geschichtenwelten

(Kubanek-German, 2003, S. 82-83)

Aus dieser Übersicht werden Parallelen zwischen dem narrativen Prinzip und einigen Punkten des hermeneutischen Ansatzes ersichtlich, die Impulse für gemeinsame Reflexionen in Werkstätten und Arbeitsgruppen über Geschichten im Unterricht bilden könnten:

- Im hermeneutischen Verstehensgespräch geht es um einen Dialog zwischen Lehrenden und Lernenden, sowie Lernenden und Lernenden, der ganz natürlich im „Hier und Jetzt" stattfindet und langsam von den Lernenden mit Hilfe der Klassenkameraden und der Lehrerin in Gang gesetzt wird. Der gelesene oder erzählte Text wird zum Gesprächs-Impuls.
- Durch das regelmäßige Erzählen von Geschichten aller Art in der Muttersprache und in der Zweitsprache werden die Kinder mit Erzählstrukturen langsam vertraut gemacht.[49]
- Die Kinder kommen zur eigentlichen Rede und erzählen über sich selbst. Dabei benötigen sie Strukturen, die ihnen von der Lehrenden oder den anderen Lernenden gegeben werden.
- Die Themen der Hermeneutik sind große Themen aus der Literatur, Mythen und andere. Die Kinder antworten mit eigenen Reaktionen auf die Anrede durch den literarischen Text. Sie deuten selbst, werden nicht durch die Vorabinterpretation der Lehrenden gesteuert. Sie tauschen Rezeptionserfahrungen aus und kontrollieren sie an den Reaktionen ihrer Mitlesenden und Mithörenden.
- Das Kind darf schweigen, es muss nicht etwas gesagt werden. Innere Stille ist gefragt, nicht die von der Autorität der Lehrerin geforderte Stille.

---

[49] Hier wird deutlich, dass das Erzählen von Geschichten bestimmte Voraussetzungen braucht, auf die man an der Grundschule sowohl in der Muttersprache als auch in der Zweitsprache langsam hinarbeiten muss. Die Rahmenbedingungen, von denen im hermeneutischen Unterricht immer wieder die Rede ist, können nicht von heute auf morgen in einer Klasse umgesetzt werden. Still zu sein, aktiv zuzuhören, sich gegenseitig ernst zu nehmen, will gelernt sein. Selbst die eigene Geschichte zu erzählen, verlangt vom Kind viele verschiedene Kompetenzen, die schrittweise von den Lehrenden eingeführt werden müssen. Daher ist dieser Weg lang und beschwerlich und an der Grundschule nur im Ansatz umsetzbar.

1.4 Schlüsselbegriffe der Handreichungen aus hermeneutischer Sicht
1.4.1 Der progressional-prodädeutische Aspekt

In bilingualen und Begegnungsschulen ist der Deutschunterricht auf der Grundschule unmittelbar. Er kann gelegentlich bereits im Kindergarten vorbereitet werden. Er ist dann darauf gerichtet, dass alle Kinder miteinander die Zielsprache so üben und festigen, dass der übrige Unterricht weitgehend auf Deutsch erteilt werden kann. Diesem Ziel können auch Immersionsprogramme dienen, die u. a. Henning Wode ausführlich diskutierte.
Anlage, Umfang und Zielsetzung dieses Deutschunterrichtes sind selbstverständlich völlig anders geartet als alle anderen Varianten, denn immerhin ist Bilingualität und eine interkulturelle Erziehung mit sehr erweiterten Bildungschancen das Ziel und das Motiv. (Piepho, 1995, S. 2)

Was ist das „Ziel und Motiv"[50] des Zweitsprachenunterrichts an der Grundschule in Südtirol? Was ist „Ziel und Motiv" des Unterrichts der Grundschule überhaupt? Gehen wir diesen Fragen genauer nach, können wir im *Lehrplan 1994* der Grundschule folgende Antwort unter dem Stichwort *Bildungsziele* finden:

Der Lehrplan will nicht allgemeingültige Ziele, Inhalte und Methoden festlegen, sondern Anregungen und Perspektiven zum Erlernen der deutschen Sprache und Kultur anbieten, die differenziert wahrgenommen werden müssen. Das offene Curriculum erlaubt es somit, den Lehrplan in unterschiedlicher Weise an die besondere örtliche und gesellschaftliche Situation anzupassen. (*Lehrpläne*, 1994, S. 10)

In den neuen Landesrichtlinien für die Festlegung der Curricula der Unterstufe werden die Ziele in den Stufenprofilen genau festgelegt. Zum offenen

---

[50] *Vgl. Gemeinsamer europäischer Referenzrahmen für Sprachen,* 2001, S. 17: „ Aus dieser Perspektive ändert sich das Ziel des Sprachunterrichts ganz grundsätzlich. Man kann es nicht mehr in der Beherrschung einer, zweier oder vielleicht dreier Sprachen sehen, wobei jede isoliert gelernt und dabei der „ideale Muttersprachler" als höchstes Vorbild betrachtet wird. Vielmehr liegt das Ziel darin, ein sprachliches Repertoire zu entwickeln, in dem alle sprachlichen Fähigkeiten ihren Platz haben. [...] Wenn man darüber hinaus anerkennt, dass Sprachenlernen eine lebenslange Aufgabe ist, wird es besonders wichtig, die Motivation und die Fähigkeiten, aber auch das Selbstvertrauen junger Menschen zu fördern, sich auch außerhalb der Schule neuen Spracherfahrungen zu stellen."

Curriculum gibt es nun die lang ersehnten Profile, da Lehrerinnen oft die zu große Offenheit des Lehrplans von 1994 anmerkten.[51]

Die Grundsätze der INDICAZIONI PER IL CURRICULO[52] beinhalten wichtige Aspekte, mit denen sich die Arbeitsgruppe seit 2001 auseinandersetzt und deren Ergebnisse für die Grundschule in diesem Buch nachzulesen sind. Hier nur ein kurzer Auszug davon:

> Effektiver Sprachunterricht berücksichtigt die sich rasch verändernden Bedingungen, unter denen Sprachenlernen schon heute stattfindet. [...] Da Lernen einer Sprache immer ein sehr individueller Prozess ist, kann er nur effektiv in offenen Unterrichtsformen gefördert werden. [...] Sprachunterricht ist nicht länger Vortraining für angenommene zukünftige Wirklichkeit, sondern Verständigung hier und jetzt. [...] Interkulturelles Lernen ist für den Zweitsprachen- und Fremdsprachenunterricht keine beliebige, etwa in die Auswahl jedes Sprachlehrers zu stellende, sondern eine selbstverständliche und notwendige Reaktion auf die tiefgreifenden Realitätsveränderungen. [...] Die eigene Lebenswelt der Lerner in Südtirol, ihre persönlichen Erlebnisse und Erfahrungen in der konkreten Wirklichkeit kultureller und sprachlicher Differenz wird in das schulische Lernen miteinbezogen. Von daher ist die Orientierung am Vorwissen der Lerner selbstverständlich, weil die vorhandenen anderen Vorerfahrungen und Weltdeutungen ihren Ausdruck in der jeweiligen Muttersprache, der Zweit- und auch Fremdsprache finden.

Ausgehend von den Zielen dieser Landesrichtlinien und aus dem Anspruch an die Schulen, mit den Fremdsprachen immer früher zu beginnen, da Europa Bürgerinnen braucht, die mindestens drei Sprachen sprechen können, müsste man auch in Südtirol die Chance nützen, den Sprachunterricht an den Grundschulen in allen Fächern neu zu überdenken.

Wäre es nicht naheliegend, in einem Gebiet wie Südtirol, das sowohl italienisch- als auch deutschsprachige Lehrkräfte zur Verfügung hat, versuchsweise ein Modell einer bilingualen Sektion einzuführen, um die oben erwähnten Ziele aus dem *Lehrplan* und den *Landesrichtlinien* wirklich zu erreichen?

---

[51] Vgl. dazu Civegna, 2006.
[52] Der Entwurf der *INDICAZIONI PER IL CURRICULO* liegt im Italienischen Schulamt zur Einsicht auf. Diese Richtlinien müssen erst von der Landesregierung genehmigt werden.

Die Vorteile, die wir in unserem Land haben, könnten endlich genutzt und Beispiel für effizientes Sprachenlernen in einem zweisprachigen Gebiet werden.

Südtirol hat ein Potential an Lehrkräften und eine Lernumgebung, die Aktivitäten eines zweisprachigen Schulmodells nur unterstützen könnten. Das paritätische Modell der ladinischen Sprachgruppe könnte in der Anfangsphase als Hilfestellung zur Erstellung eines konkreten Konzepts dienen.[53] Weiter könnten bereits bestehende Projekte von bilingualen Schulen im deutschsprachigen Raum oder andere Beispiele zu Rate gezogen werden.[54] Es ist nicht verständlich – bei allem Respekt vor der geschichtlichen Entwicklung Südtirols –, dass man der Bevölkerung in Südtirol, vor allem aber mehrsprachigen Ehepaaren, noch immer die Entscheidung schwer macht, in welche Schule ihr mehrsprachiges Kind schlussendlich gehen soll.

Im Hinblick auf ein vielsprachiges Europa und zur Förderung einer wahren Begegnung zwischen den beiden Sprachgruppen könnte so ein Projekt Neubeginn und Hilfe zur Friedenserziehung sein. Die Erziehung zu mündigen Bürgerinnen Europas könnte in einer bilingualen Schule anders gefördert werden und die Verantwortlichen der Schule würden die – trotz aller großen Anstrengungen der Lehrkräfte bei der Durchführung von Partnerschaftsprojekten – immer noch bestehende Trennung zwischen den Sprachgruppen durch die Durchführung eines solchen innovativen Projektes langsam aufheben.

Bei der Vorbereitung eines solchen Projektes könnte man das Arbeitspapier „Hermeneutische Immersionsdidaktik"[55] zu Hilfe nehmen und in die Tat umsetzen. Sehr aufschlussreich sind beispielsweise auch Publikationen zu diesem Thema von Henning Wode,[56] der zur Zeit an einigen italienischsprachigen Kindergärten in Südtirol zusammen mit Irene Girotto eine „Evaluierung zur Entwicklung des Deutschen" durchführt.

1.4.2 Der spielerisch kreative Aspekt

H. E. Piepho schreibt in seinem Aufsatz „Deutschunterricht als Grundschulfach" in den *Didaktischen Handreichungen* der Pflichtschule Folgendes:

---

[53] Vgl. www.provincia.bz.it/intendenza-ladina/scolaladina-d.htm, Zugriff am 24.08.2008.
[54] Vgl. www.wolfsburg.de/-italges, Zugriff am 24.08.2008.
[55] Vgl. dazu *Orizzonti Scuola*, 2005, 4, 167-173.
[56] Vgl. Wode, 1995.

Kinder erfinden oft eigene Spielsprachen oder bedienen sich einer der vielen übernommenen Räubersprachen, mit denen sie sich von der Welt der Erwachsenen und Jugendlichen absetzen. Sie werden aber auch häufig dabei beobachtet, wie sie das Englische oder das Französische oder das Deutsche in ihren Spielen nachahmen oder nachäffen, um einer Rolle Farbe zu verleihen. Diesen Sprachspieltrieb benutzen Verfasser von Grundschulfremdsprachenbüchern, Handbüchern und Curricula gern, wobei sie auf Reime, Lieder, Rätsel, Spiele usw. zurückgreifen. Hier ist Vertrautheit mit der Zielsprache oberstes Prinzip, der fremde Code wird sozusagen im Spiel erfahren und als Klang, Form und Syntax aufgenommen, wobei dieses Tun im Klassenzimmer seine Begründung und seinen Ort findet. (Piepho, 1995, S. 3)

Kopf, Herz und Hand" sollen beim Zweitspracherwerb beteiligt sein, sodass er zu einem kognitiven, affektiven und motorischen Erlebnis wird. (*Lehrpläne* 1994, S. 12)

Nimmt man einerseits das Kind und seinen natürlichen Spieltrieb und andererseits auch die Aussage mit „Kopf, Herz und Hand" ernst, so sind Spiele wesentlicher Bestandteil des Lernens im Unterricht an der Grundschule. Kinder erleben die Welt auf eine ganz andere Art und Weise als Erwachsene. Sie spielen gerne Rollen nach, lieben Reime und Lieder.

Für den Sprachunterricht ist das eine gute Möglichkeit, eine Zweitsprache über diese kreativen Kanäle zu leiten. Kreative Kanäle können durch verschiedene Tätigkeiten aktiviert werden: Malen, Singen, Tanzen, Theaterspielen.[57]

Im Heft „Spiele und Übungen"[58] wird diese Thematik noch weiter vertieft:

In der Praxis erweist es sich manchmal als sehr schwierig, zwischen sprachdidaktischem Spiel und sprachdidaktischer Übung genau zu trennen. Nach eingehender Auseinandersetzung mit den beiden Begriffen sind wir zur Ansicht gekommen, dass es für den Alltag des Sprachenunterrichts wichtig ist, zwar die beiden Begriffe zu unterscheiden, dass es

---

[57] Vgl. dazu das Theaterprojekt „Turramulli und sein Land Australien", das an einer italienischsprachigen Grundschule in Bozen durchgeführt wurde. In: *Der deutsche Lehrer im Ausland,* 2004, 51/2, 103-106.

[58] Ich unterscheide hier der Einfachheit halber nicht zwischen Spiel, Übung oder Aktivität. Zu einer genaueren Unterscheidung vgl. Larcher & Gombos, 1998, S. 81f.

aber nicht wichtig ist, immer genau sagen zu können, ob das, was man gerade lehrt und lernt, eher eine Übung oder eher ein Spiel sei. Denn die Übergänge sind fließend und Überschneidungen sind dementsprechend häufig. (Civegna et al. 1995, *Werkzeugkiste/Spiele und Übungen,* S. 1)

Um die Perspektive auf den Begriff „Spiel" zu erweitern, hat sich die Arbeitsgruppe ebenso mit Definitionen verschiedener Pädagogen auseinandergesetzt:

Spiel ist eine freiwillige Handlung oder Beschäftigung, die innerhalb gewisser festgesetzter Grenzen von Zeit und Raum nach freiwillig angenommenen, aber unbedingt bindenden Regeln verrichtet wird, ihr Ziel in sich selber hat und begleitet wird von einem Gefühl der Spannung und Freude und einem Bewusstsein des „Andersseins" als das „gewöhnliche Leben. (Huizinga, 1938/1991, S. 37)
Mit „ursprünglich" bezeichne ich das Spiel, das dem Menschen und seiner Kultur und damit begrifflichem Denken und erlernten Reaktionsweisen vorausgeht. Spiel ist ein Geschenk der Schöpfung, kein künstliches Kulturprodukt. Es ist Ausgangspunkt und Kraft, die alles hervorbringen. [...] Die Muster, Formen und Bewegungen von Spiel sind unsere Muttersprache, die Laurens van der Post als „vergessene Sprache Gottes" bezeichnet hat. (Donaldson, 2004, S. 42)

„Spielen ist Ausgangspunkt und Kraft, die alles hervorbringen". Diese Aussage Donaldsons über das Spielen bringt die Wichtigkeit des Spiels für die Kinder, aber auch für Erwachsene, sehr klar zum Ausdruck. Einmal kann es zur Entspannung eingesetzt werden, ein anderes Mal kann es zu einem sprachdidaktischen Ziel hinführen.

Immer jedoch gibt es klare „unbedingt bindende Regeln". Im Spiel hat das Kind die Möglichkeit „anders zu sein" als im Alltag. Kinder lieben es in verschiedene Rollen zu schlüpfen, zu experimentieren. Im *Jeux Dramatique*[59]

---

[59] Vgl. Hafner & Pranter, 2005, S. 7: „ Die *Jeux Dramatique* sind eine einfache Art des Theaterspielens zur eigenen Freude und zum schöpferischen Ausdruck, ohne eingeübte Rollen und ohne Auswendiglernen. Sie sind eine Möglichkeit für Kinder, Jugendliche und Erwachsene, ihr persönliches Potential (ICH) in einer Gruppe (WIR) und in der Auseinandersetzung mit einem Thema entfalten und entwickeln zu können."

heißt es ganz treffend: Ein „Ausdrucksspiel aus dem Erleben" im Jetzt ist für Grundschulkinder reizvoll.

Dieses Sicheinlassen in die Welt einer anderen Rolle und das Erleben im Jetzt fördert den Prozess des Zu-sich-in-Distanz-gehen-Könnens und kann somit als Vorarbeit angesehen werden, auch andere Sichtweisen aus einer bestimmten Distanz zu hören, zu sehen und einfach wahrzunehmen, ohne diese sofort in Frage zu stellen oder als Angriff auf seine eigenen Standpunkte zu fühlen.

Kinder lernen spielerisch das Anderssein nicht als Angriff auf das Eigene zu sehen, sondern als Bereicherung, neue Dinge zu erleben und zu erfahren. Sie lernen im Spiel mit dem Fremden, Anderen umzugehen[60] und können dieses Erleben mitnehmen in die mehrsprachige Umgebung des Kindergarten- oder Schulalltags. Die Auseinandersetzung mit dem Fremden findet für Kinder dieses Alters noch auf der spielerischen Ebene statt und kann erst ab der Mittelschule auf einer realeren Stufe erfasst werden. Das Spiel hilft so den Kindern, sich mit dem Anderssein auf ihrer Ebene auseinanderzusetzen. Auf diesem Wege kann schrittweise eines der übergeordneten Ziele des hermeneutischen Ansatzes – die Verschiedenheit als Lernimpuls zu erleben und als Bereicherung zu sehen – angestrebt werden.

Die Arbeitsgruppe Grundschule hat versucht, die Bedeutung des Spiels aus hermeneutischer Perspektive zu sehen und zu definieren.

Folgende Erkenntnisse können Impuls und Ansporn für die Lehrenden an der Grundschule sein, um sich immer wieder aufs Neue mit pädagogischen Fragen auseinanderzusetzen:
- Wichtig ist die Reichhaltigkeit des Angebots an Spielen, welche in den *Didaktischen Handreichungen* enthalten ist.
- Spiel bedeutet Anstrengung von Seiten aller Beteiligten; Spiel ist sowohl etwas Unterhaltsames und Lustvolles als auch ernsthaftes seriöses Lernen.

---

[60] Vgl. Czisch, 2004, S. 201: „Im Spiel sind Kinder zu Haus, Spielen ist ihre Lust und Freude – und die beste Lernmethode ist eine Art Spiel. Beim Spiel sind sie entspannt, mit anderen zusammen, aufeinander angewiesen, bereit zur Verständigung, damit das Spiel weiter geht. Außerdem lernen sie im Spiel durch Versuch und Irrtum, aus Fehlern, weil sie selbst merken, wenn sie falsch gedacht haben oder der eingeschlagene Weg nicht weiterführt. […] Vielleicht das Wichtigste: Das Spiel spielen sie um des Spielens willen. Weil es Spaß macht. Im Augenblick, ohne einen unserer Zwecke erfüllen zu müssen."

Es fördert die Motivation am Lernprozess.[61]
- Das Spiel wird in das Verstehensgespräch eingebaut, d.h. die Lehrende verfügt über ein reichhaltiges Repertoire an Spielen und kann diese einbauen, wenn sie im Lernprozess Sinn machen.
- Spielimpulse kommen sowohl von den Lehrenden als auch von den Lernenden.
- Spiele bedeuten einmal Auflockerung, dann wieder Konzentrationsübung, Wiederholung oder Vertiefung einer grammatischen Struktur, also anstrengende Spracharbeit: „Sie fördern die Lernbereitschaft, helfen bei der Überwindung von Ermüdungserscheinungen durch interessante Lexikarbeit, bieten gute Möglichkeiten zur Automatisierung sprachlicher Strukturen, tragen zur konzentrierten Aufmerksamkeit der Schüler und einer gesteigerten Aktivität auch der leistungsschwachen Schüler bei und dienen so zur Auflockerung und Abwechslung des Unterrichts und schließlich als Motivation zum Gebrauch der Fremdsprache" (Bohn/Schreiter, 1989, S. 17, zitiert nach Jung, 2002).
- Die Rolle der Lehrerin im Spiel ist die einer Spracherzieherin, nicht die eines Animators.
- Sprachspielerische Texte, wie Fingerspiele und Auszählreime, sollten regelmäßig eingebaut werden. Hier lässt sich eine breite Palette von epischen, lyrischen und dramatischen Texten nutzen.[62]

1.4.3 Grammatisches im DaZ-Unterricht in der Primarstufe

In der Sondernummer 1990 ‚Deutsch in der Primarschule' der Zeitschrift *FREMDSPRACHE DEUTSCH* hat Dieter Kirsch deutlich gemacht, wo wir heute in Bezug auf die Rolle der Grammatik im grundschulischen Fremdsprachenerwerb leider noch etwas hilflos stehen:

---

[61] Vgl. Rahner, 1971, zit. nach Donaldson 2004, S. 31f: „Spielen heißt, sich einer Art Zauber auszuliefern, sich selbst den absolut anderen vorzuspielen, die Zukunft vorwegzunehmen, die böse Welt der Fakten Lügen zu strafen. Im Spiel werden die irdischen Wirklichkeiten ganz plötzlich zu Dingen des vorübergehenden Augenblicks, die man jetzt hinter sich lässt, die man los wird und in der Vergangenheit begräbt. Der Sinn wird vorbereitet, das Unvorstellbare und Unglaubliche zu akzeptieren, in eine Welt einzutreten, in der andere Gesetze gelten, von allen Gewichten befreit zu werden, die ihn niederdrücken, damit er frei sei, königlich, unbehelligt und göttlich."
[62] Für Literaturvorschläge vgl. Wilhelm, 2000; Sellke, 1999.

„Sicher lernen wir viel durch Probieren, dadurch, es immer wieder zu versuchen. Häufig machen wir intuitiv etwas richtig. Sicher ist es aber häufig genauso wichtig zu wissen, wie sich eine Fertigkeit zusammensetzt, wie sie zusammenkommt. Erklären ist also immer mitbeteiligt. Zum Modell-Lernen, darauf verweist vor allem Butzkamm, fügen sich also die kognitiven Momente des Verstehens und der Einsicht. Damit kommen wir zu einem zweiten Merkmal des Besonderen des FSU in der Primarschule: die Rolle der grammatischen Regel. E. Oksaar berichtet, dass in der Spracherwerbsforschung die Frage, was das Kind von der Sprache weiß, nicht systematisch untersucht worden ist. Sie fasst Untersuchungen von Gleitmann u. a. zusammen, bei denen Fünfjährige einen ungrammatikalischen Satz akzeptierten, wenn seine Bedeutung klar war, Fünf- bis Achtjährige aber nur syntaktisch korrekte Sätze akzeptierten. Auch die Verbindung zu den vier Entwicklungsstadien bei Piaget oder Wygotski wurde bisher unzureichend beachtet. Wenn wir davon ausgehen, wie Butzkamm es formuliert, dass Fremdsprachenlernen ein Umbau, kein Neubau des individuellen Sprachengebäudes sei, dann hat sich der fremdsprachliche Grammatikunterricht an dem der Muttersprache zu orientieren, sich aber immer bewusst zu bleiben, nur eine Hilfsfunktion im Spracherwerb einzunehmen. Ihr Einsatz muss sich daran messen, inwieweit sie imstande ist, Fehler zu vermeiden." (Piepho, 1995, S. 12-13)

Im hermeneutischen Verstehensgespräch steht die gegenseitige Verständigung der Lehrenden und Lernenden im Mittelpunkt, wobei ein Nichtverstehen oder Missverständnisse zum Gespräch dazu gehören. Um einander verstehen zu können, müssen Wörter erklärt, grammatische Strukturen klar und deutlich gemacht werden.

Daher ist es notwendig, dass bereits an der Grundschule Grammatik verstanden wird, sobald es das Verstehensgespräch verlangt, d. h. wenn die Lernenden bestimmte Strukturen kennen müssen, um wirklich zu verstehen, oder wenn sie Fragen aufwerfen:

Der hermeneutische Zweitsprachenunterricht ist Lernen in der Zweitsprache – will also immer schon, was die sogenannte Immersion anstrebt. Er setzt sich also von traditioneller Spracharbeit (Grammatikvermittlung, Sprachbetrachtung) ab. Der Verstehensdialog, da er, ausgelöst von Impulsen, von den Interessen und Fragen der Lernenden ausgeht, verhilft diesen Interessen und Fragen zur zweitsprachlichen Äußerung. Sprachkorrektheit, Sprachstil, sprachliche Klarheit dienen dieser Äußerung. Die kontinuierliche Arbeit an Wortschatz und Sprachstruktur versteht sich deshalb als Bedingung für verstehende Gespräche. Die Lernende sieht immer stärker ein, dass sie Zweitsprachenlehre braucht, wenn sie selbst zur eigenen Rede kommen will. (Debiasi & Gasser, 2004, S. 124)

Der hermeneutisch orientierte Unterricht fragt also nicht zuerst danach, ob oder wie viel Grammatik für das Kind an der Grundschule wichtig und richtig ist, sondern stellt gegenseitiges Verstehen und Verständigung in den Mittelpunkt und lässt die grammatischen Strukturen immer dann hilfreich sein, wenn sprachliche Verständigung blockiert ist.[63]

Deshalb kommt es immer wieder auf die Haltung der Lehrenden im hermeneutischen Unterricht an:

Die Fähigkeit sich international und interkulturell zu verständigen hängt nicht nur von reinen Sprachkenntnissen ab, sondern braucht eine hermeneutische Haltung, die gekennzeichnet ist von Selbsterkenntnis, dem Wunsch und der ständigen Bemühung zu verstehen, der Anerkennung der Grenzen des Verstehens und der ständig präsenten Möglichkeit des Missverstehens und Nichtverstehens, der Normalität des Fremden und der Notwendigkeit eines vorsichtigen Urteils über den jeweils Fremden. (Debiasi & Gasser, 2004, S. 124)

Da hermeneutisches Lehren und Lernen lebenslanges Lernen bedeutet, werden Erkenntnisse aus der Spracherwerbsforschung zur Umsetzung eines immer effizienter werdenden Sprachunterrichts laufend in den DW reflek-

---

[63] Vgl. Fritz et al., 1997, S. 8: „Kommunikation erfolgt durch den sprachlichen und nicht sprachlichen Austausch von Informationen zwischen zwei oder mehreren Partnern. Sie ist die Voraussetzung für menschliches Leben überhaupt. Wie Kommunikation vor sich geht, kann folgendes Modell verdeutlichen:
- Der Sender muss nicht körperlich anwesend sein. Er kann z. B. vor vielen Jahrhunderten seine Botschaft im Medium Buch niedergeschrieben haben;
- Medien können neben der gesprochenen Sprache Geschriebenes, Bilder, Zeichen usw. sein;
- Kommunikation kann nur stattfinden, wenn der Empfänger richtig decodieren kann; Sender und Empfänger also über einen gemeinsamen Code verfügen;
- Kommunikation ist keine reine Informationsübermittlung. Transportiert werden auch Gefühle und Einstellungen, z. B. durch die Sprachwahl oder Haltung."

tiert und analysiert. [64] Dabei gehört selbstverständlich Wissen über Sprache zur Professionalität eines jeden Lehrenden.[65]

> Sprech-, hör-, lese- und schreib-grammatische Kompetenz wird dadurch aufgebaut, dass mündliche und schriftliche Texte produziert, gehört und gelesen werden. Grammatisches Wissen beruht auf einer metasprachlichen Beschreibung geschriebener Texte, und zwar nicht irgendwelcher Texte, die jemand mal schnell hingeschrieben hat, sondern Texte, die man als Endprodukt langwieriger, rekursiver Schreibprozesse und vieler Revisionen ansehen muss, oft auch von Autoren produziert, die sehr bewusst und überdurchschnittlich gut schreiben, wie z. B. Schriftsteller. Aus der linguistischen Analyse dieser sorgfältig ausformulierten geschriebenen Texte wird das grammatische Regelwissen gewonnen. (Tschirner, 2001, S. 111f.)

Diese Aussage von Erwin Tschirner unterstreicht die große Bedeutung literarischer Texte im Unterricht und deren Einsatz im Grundschulalter aus den oben genannten Begründungen. Kinder können nicht früh genug in Kontakt mit gut geschriebenen Texten (Fabeln, Sagen, Märchen, Reimen, Balladen, Liedern, Gedichten) kommen, damit sie langsam grammatisches Wissen aufbauen können. Während des Verstehensgesprächs werden entweder durch Lehrerimpulse oder auf Fragen der Lernerinnen hin grammatische Regeln erklärt. Dabei handelt es sich nicht um das vorherige Auswendiglernen einer Regel, die durch regelmäßige Übungen eingedrillt wird, sondern um die Erklärung einer bestimmten grammatischen Struktur, die für das Hier und Jetzt notwendig ist und daher einen Sinn ergibt.

Grammatische Kompetenz lässt sich nicht dadurch erwerben, dass man grammatische Regeln lernt, anwendet oder durch Üben automatisiert. Die systemlinguistischen Regeln sind grundverschieden von den mentalen Regeln, die zu spontan wohlgeformter gesprochener Sprache führen. Es gibt keinen direkten Weg von metasprachlichem, grammatischem Regelwissen zu grammatischer Kompetenz. Grammatisches Regelwissen lässt sich nur als ein Aspekt des Weltwissens einordnen, mit dessen Hilfe zwar auch

---

[64] Vgl. Debiasi & Gasser, 2004.
[65] Vgl. *Entwicklungsrichtlinien,* 2001, S. 25.

Texte produziert und teilweise auch verarbeitet werden, das aber die Fähigkeit, grammatisch richtig zu sprechen nicht beeinflusst. Allerdings werden die Texte, die potentiell mit Hilfe von grammatischem Regelwissen produziert werden, gleichzeitig auch wieder gehört bzw. gehört und gelesen und sind damit in der Lage, wenn es denn wohlgeformte Äußerungen sind, die grammatische Kompetenz von Fremdsprachenlernern weiter voranzutreiben. (Tschirner, 2001, S. 111f.)

Aus hermeneutischer Perspektive ist es interessant und wertvoll zu sehen, wie reichhaltig das Angebot in den *Didaktischen Handreichungen* in Bezug auf den Grammatikunterricht an der Primarstufe ist. Auf der induktiven Ebene zeigen diese eine Reihe von unterschiedlichen Modellen auf, aus denen die Lehrerin aussuchen kann.

Zusammenfassend möchten wir die Überlegungen über den Grammatikunterricht an der Grundschule anführen, zu denen die Arbeitsgruppe Grundschule nach intensiver Auseinandersetzung gekommen ist:
- Grammatik ist notwendig, damit die Schülerinnen von Anfang an die Sprache in ihrer korrekten Verwendung erlernen; daher werden Strukturen intensiv geübt;[66] dabei bleiben immer verschiedene Textsorten Ausgangspunkt des Gesprächs und der Grammatikarbeit; viele Anregungen zu konkreter Grammatikarbeit kann man den *Didaktischen Handreichungen 1994* und den verschiedensten Lehrerhandbüchern entnehmen.
- Grammatik wird ausgehend von einem Verstehensgespräch eingeführt, das zur gemeinsamen Verständigung grammatikalische Strukturen braucht. Grammatik wird den Schülerinnen angeboten, wenn diese direkt danach fragen. Dazu kurz ein Unterrichtsbeispiel: Die Lehrende erklärt das Wort „Sandkorn". Darauf äußert sich eine Schülerin wie folgt: „Das ist ein nome composto"(= zusammengesetztes Namenwort). Die Lehrende nimmt diesen Impuls auf und führt ihn weiter aus, indem sie die zu-

---

[66] Vgl. Portmann-Tselikas, 1998, S. 117: „Grammatikunterricht ist keine kurzfristige Investition. Er wirkt durch die Stärkung des Wissens und der Aufmerksamkeit, nicht durch Vermittlung einer Sofortkompetenz. Für LehrerInnen und Lehrer heisst das: Geduld haben, nicht nachgeben und nicht so sehr mit Drill als mit Reflexion und Wiederholung versuchen, Schwierigkeiten sichtbar zu machen und zu beheben."

sammengesetzten Nomen genau in diesem Moment mit den Schülerinnen im Detail bespricht.[67]
- Grammatik wird ausgehend vom Inhalt des Gesprächs eingebaut. Wenn es im Verstehungsgespräch Defizite gibt, erklären und verwenden die Lehrenden Grammatik und ihre Regeln; d. h. sofern es für das Verstehensgespräch notwendig ist, können die Lehrenden schon an der Grundschule alle möglichen Methoden – also vom „pattern drill" bis zur GÜM – einsetzen, um ganz gezielt Wortschatzarbeit, Orthographie, Konjugation der Verben, Satzanalyse zu üben.
- Grammatik wird nicht nur der Grammatik willen angeboten, sondern auch um den Schülerinnen zur Mündigkeit zu verhelfen: Einsicht in Sprache ist ein Abstrahierungsprozess, der zur Bewältigung von Leben gehört.[68]

---

[67] Vgl. Unterrichtsbeispiel aus der Fortsetzung der Projektwoche 2003. Die Dokumentation der Projektwoche 2003 liegt an der Grundschule „E. F. Chini" in Bozen zur Einsicht auf.

[68] Vgl. dazu die Rezension zu „Piephos Pfiffigkeit zum frühen Fremdsprachenlernen" im Kapitel IV dieses Buches.

Kapitel II
Individuelle Annäherung an den hermeneutischen Ansatz

2. Arbeitsgruppe und persönliche Erfahrung

Der hermeneutische Zweitsprachenunterricht bedeutet nicht nur eine Herausforderung für die Kinder der Grundschule, sondern vor allem auch für die Grundschullehrer selbst. Die Erfahrung, dass der Weg vom kommunikativen Ansatz zum hermeneutischen nicht durch eine plötzliche Kehrtwendung zu meistern ist, wird für die Praxis des Verstehensgesprächs auf allen Ebenen bedeutsam. Die folgenden Ausführungen
- skizzieren den Lernweg der Arbeitsgruppe von 2001 bis 2006 nach und
- geben einige beispielhafte persönliche Reaktionen der Lehrer wieder, weil sich im hier beschriebenen Lernweg der Gruppe und in den persönlichen Reaktionen einzelner Lehrer das Dilemma spiegelt, in denen sich diejeni-

gen befinden, die sich von gewohnten Arbeitsweisen, Lerntechniken, pädagogischen und didaktischen Haltungen zu einem neuen Verstehen der Zusammenhänge wenden wollen, die den Unterricht bestimmen.

2.1 Der Lernweg des Lehrenden: die Chronologie der Arbeitsgruppe

2001

Der erste Kontakt mit den Impulsen des hermeneutischen Ansatzes bedeutete für die Teilnehmer der Arbeitsgruppe in mancher Hinsicht eine sehr starke Herausforderung – wenn nicht sogar ein schockartiges Erlebnis. Die Fragen der Teilnehmer in den ersten Treffen spiegelten diese problematische Rezeption des hermeneutischen Ansatzes wieder: Warum jetzt eigentlich Hermeneutik? Was bedeutet dieser Begriff im Einzelnen? Warum muss ich von meiner bisherigen Erfahrung als Lehrer Abstand nehmen? Wie sollten wir überhaupt die Ruhe finden, über diesen Ansatz sprechen zu können? Ist ein didaktischer Ansatz, der für die Oberschule entwickelt worden ist, überhaupt auf die Grundschule übertragbar? Kaum jemand von uns hat bisher, in der Regel jedenfalls, mit schwierigen literarischen Texten gearbeitet – wie soll das jetzt möglich sein?

Solche Fragen artikulierten sich in den Arbeitsgruppentreffen nicht etwa schon systematisch und geordnet, sondern als deutliche Zeichen einer allgemeinen Verunsicherung. Die Aufgabe der Arbeitsgruppe, den *Lehrplan* und die *Didaktischen Handreichungen* von 1994 aus hermeneutischer Sicht zu betrachten, hatten sich alle Teilnehmer wohl zu Beginn leichter vorgestellt, als es wirklich war.

Diese Anfangsphase ist im Nachhinein ein Beleg für den hermeneutischen Grundsatz, dass die schwierigste Fremdheit im scheinbar Vertrauten liegt und dass der Beginn eines neuen Verständnisses nur durch eine starke Distanzierung von bekannten Vorstellungen möglich ist. So schwierig also dieser Anfang war, so notwendig war die Verunsicherung: Der hermeneutische Ansatz antwortet nur dem, der eine Frage an sich selbst hat. Diese Frage wurde in diesem Falle durch die Aufgabenstellung an die Arbeitsgruppe provoziert.[69]

---

[69] In diesem Text werden nur einige Arbeitsergebnisse der Gruppe zusammengefasst. Es bestehen aber Protokolle, die am Italienischen Schulamt in Bozen zur Einsicht aufliegen.

Der zweite Lernschritt führte in ein zweitägiges ausführliches Gespräch über die systematische Übersicht.[70]

Hermeneutischer Zweitsprachenunterricht wird verstanden als ein Verstehensgespräch unter spezifischen Bedingungen. Der Dialog in der Arbeitsgruppe über die grundlegenden Schlüsselbegriffe des hermeneutischen Ansatzes musste deshalb ebenso ein Verstehensgespräch sein, das einerseits unter anderen spezifischen Bedingungen stattfand als der Unterricht selbst, andererseits aber schon bei der Einführung in hermeneutisches Denken die Regeln eines Verstehensgespräches beachtete. So war von vorneherein klar, dass es sich bei diesem zweitägigen Treffen nicht um eine autoritäre Einweisung handeln konnte, sondern um ein ruhiges, entspanntes, aber gleichwohl intensives Eingehen auf die Fragen der Arbeitsgruppenmitglieder.

Ein Detail mag die besondere Atmosphäre und die spezifische Arbeitshaltung dieser beiden Tage kennzeichnen: Der zum Gespräch eingeladene Experte bat die Teilnehmer keine Notizen zu machen. Diese bisher ungewohnte Anforderung kam dem Gespräch zugute, weil die Anwesenden sich so besser auf die Äußerungen der jeweiligen Kollegen konzentrieren und über sie reflektieren konnten. Im Übrigen wurde in dieser ersten hermeneutischen Schleife des hier beginnenden und sich über Jahre fortsetzenden Dialogs, ohne dass es schon den Teilnehmern bewusst wurde, ein Merkmal des hermeneutischen Ansatzes erfahren, das später in den Unterrichtsprojektwochen in der konkreten Unterrichtspraxis fester Bestandteil wurde: die fortwährende Übung, sich ohne Hilfsmittel auf die Kraft des eigenen Denkens stärker als bisher gewohnt zu verlassen.

Aus den dargestellten Gründen liegt über diese beiden Tage nicht das übliche Protokoll vor. In der Rückschau auf den Lernweg der Arbeitsgruppe wird aber übereinstimmend von den Teilnehmern dieser Dialog als eine persönlich verändernde Erfahrung und als Beginn einer besseren Einsicht in den hermeneutischen Ansatz gewertet.

Der dritte Schritt war gekennzeichnet durch erste Versuche, die Konsequenzen des intensiven Dialogs persönlich, in der Unterrichtspraxis und in Gesprächen mit Kollegen außerhalb der Arbeitsgruppe wirken zu lassen. Die in der Arbeitsgruppe dann artikulierten Äußerungen waren entsprechend selektiv und ungeordnet, aber deswegen nicht weniger wichtig. Zum Beispiel

---

[70] Vgl. S. 19f. in diesem Buch.

waren die Gespräche mit Kollegen an den einzelnen Schulen durchaus nicht immer erfolgreich und das aus unterschiedlichsten Gründen; weiter waren sich viele Kollegen der Arbeitsgruppe überhaupt nicht sicher, was sie eigentlich aus ihrem eigenen Lernprozess an Schüler und Kollegen weitergeben konnten; die Routine des alltäglichen Unterrichtsbetriebs mit den dazugehörigen Sitzungen, Konferenzen etc. ließ die Gesprächserfahrung schnell verblassen; der Unterricht selbst war nicht so einfach und sofort nach hermeneutischen Impulsen auszurichten – Kinder reagierten nicht immer positiv auf die einzelnen Neuversuche; entsprechendes Material für einen hermeneutischen Unterricht war nicht leicht zu finden. Insgesamt aber lässt sich festhalten, dass alle Kollegen der Arbeitsgruppe ihr eigenes Lehr- und Dialogverhalten kritischer als vorher beobachteten und sehr interessiert waren, in der Arbeitsgruppe weiter voranzukommen.

Das zeigt sich konkret in den umfangreichen Vorarbeiten für die Großtagung der Zweitsprachlehrer am 5. September 2001.[71] Das reichhaltige Angebot an Materialien und Ideen war insgesamt noch nicht von hermeneutischen Ansätzen bestimmt, aber durch die bisherige, wenn auch unvollständige Erfahrung beeinflusst. Es ergab sich im Übrigen für die Arbeitsgruppe auf diesem Kongress eine einigermaßen paradoxe Situation: Einerseits sollte sie ihre Adressaten auf diesem Kongress über Kernziele und Methoden des hermeneutischen Ansatzes unterrichten, andererseits war die Arbeitsgruppe selbst erst im Begriff diese zu erlernen.

Als Fazit der Dialoge, Auseinandersetzungen und Werbungsbemühungen für den hermeneutischen Ansatz hielt die Arbeitsgruppe gegen Ende 2001 fest:
- Wir haben versucht, die Lernenden und die Kollegen stärker zur Rede kommen zu lassen als vorher;
- Zweitsprachenunterricht als Verstehenslehre fordert unsere Distanz zu uns selbst, aus der heraus wir unsere bisherige Lehre deutlicher erkennen können;
- interkulturelles Lernen ist durch den hermeneutischen Ansatz zum Normalfall des Zweitsprachenunterrichtes geworden;
- literarische Texte müssen deutlicher als eine besondere Sprachlehre verstanden werden – die Einzelheiten der Textauswahl und der Methode des Lesens dieser Texte ist uns aber noch nicht klar;

---

[71] Vgl. dazu *Orizzonti Scuola*, 2002, 9, 57-63.

- der einzelne Lerner muss in seiner Person genauer als bisher von uns ernst genommen werden – wir dürfen ihn weder auf ein Bild festlegen noch ihn nur als Mitglied einer Klasse sehen;
- die Reflexion der je eigenen Lernprozesse muss sowohl in den Arbeitsgruppen als auch in den Werkstätten präziser und kontinuierlicher geschehen;
- überhaupt muss die Rolle des hermeneutisch orientierten Lehrers in den folgenden Jahren stärker als bisher verstanden und gekennzeichnet werden;
- die Anbindung der Verstehenslehre an den Kindergarten und an die Mittelschule muss in jedem Falle versucht werden;
- die Eltern müssen in den Umdenkungsprozess einbezogen werden.

Dieser Katalog am Ende des Jahres 2001 gab uns klare Orientierungspunkte für zukünftige Aufgaben der Arbeitsgruppe, wies aber auch deutlich auf die Schwierigkeiten und die Länge des gerade begonnenen Lernwegs.

2002

Das Jahr 2002 war geprägt durch Kontinuität in der Orientierung an hermeneutischen Grundbegriffen. Die einzelnen Treffen der Arbeitsgruppe wurden einerseits durch weitere Außenimpulse bereichert (z. B. fand eine ausführliche Diskussion des Videos *REE* [72] statt) – zum anderen wurden die Grundbegriffe selbst in wechselnden Gesprächskontexten erläutert und an Beispielen einander verständlich gemacht.

Der interessierte Leser kann gerne die ausführlichen Protokolle bei der Verfasserin anfordern. Um sich nicht in Einzelheiten zu verlieren, die zwar zum Lernprozess gehören, aber eine allgemeine Übersicht erschweren, wird hier für eine Bilanz des Arbeitsjahres 2002 dem Leser Folgendes angeboten:
- die Reihung der wichtigsten Arbeitsergebnisse,
- einige Beispiele persönlicher Reaktionen auf den hermeneutischen Ansatz.

Die wichtigsten Arbeitsergebnisse:
- ohne entsprechende Fortbildungskurse hätte die Arbeitsgruppe alleine nicht so effizient arbeiten können;

---

[72] Vgl. LIFE, 1997.

- das Beispiel der Handreichungen für den Lehrplan der Oberstufe war mit seinen detailreichen Hinweisen für die eigene Methode hilfreich;
- Gespräche mit den Kollegen sind insgesamt hermeneutischer, bewusster, sachlicher und zielorientierter geworden;
- das Beispiel der Literaturlesung und Literaturinterpretation in der Arbeitsgruppe ermutigte erneut, auf eine neue Art und Weise auf die Suche nach literarischen Texten für die Grundschule zu gehen;
- die Addition der unterschiedlichen Kompetenzen, die die Teilnehmer während des Gesprächs miteinander in der Arbeitsgruppe erlebt haben, wurde Vorbild für die Unterrichtsgespräche selbst, obgleich diese sich natürlich viel schwieriger gestalteten als in der Arbeitsgruppe, weil die spezifischen Bedingungen (eingeschränkte Sprachkenntnisse) wirkliche Gespräche in der Zweitsprache nur im Ansatz zuließen;
- das Bemühen, die Fähigkeiten der Schüler selbst ins Zentrum des Unterrichts zu stellen, verstärkte sich bei allen Mitgliedern der Arbeitsgruppe;
- die Reichhaltigkeit des Materials lässt sich durch die Addition der unterschiedlichen Kompetenzen der Arbeitsgruppe schneller, effizienter, also insgesamt erfolgreicher gestalten;
- die starke Steuerung, die in der Arbeitsgruppe durch die wechselseitige Dialogbereitschaft der Teilnehmer weitgehend abgebaut werden konnte, muss am Beginn eines hermeneutischen Ansatzes in der Grundschule wahrscheinlich vom Lehrenden weiter ausgeübt werden, obgleich sie eigentlich dem hermeneutischen Verstehensgespräch widerspricht: Daraus ergibt sich eine klare Aufgabe für kommende Werkstattgespräche;
- die natürliche Verschiedenheit der Werkstattteilnehmer und der Lerner im Unterricht wird immer stärker nicht als Blockade des Lernens, sondern als eine Chance des Voneinanderlernens begriffen;
- die Teilnehmer erfahren am eigenen, durch die Gespräche wieder ins Bewusstsein gebrachten Denk- und Äußerungspotential die Notwendigkeit, ein viel größeres Vertrauen als die Regelschule ins Potential einander verschiedener Kinder zu setzen;
- allerdings bleiben auch ungelöste Fragen, wie zum Beispiel: Wie schaffe ich die für den hermeneutischen Ansatz notwendigen Rahmenbedingungen? Wie beziehe ich den Klassenlehrer jeweils mit ein? Darf der Lerner auch in seiner Muttersprache zur Rede kommen? Wie kann ich die Professionalität eines hermeneutisch orientierten Lehrers eigentlich fassen

und beschreiben? Was passiert, wenn viele Lerner gleichzeitig reden wollen oder wenn niemand reden will? Wie kann ich das unterschiedliche Vorwissen einzelner Lerner aktivieren? Wie weit bin ich wirklich bereit, meine grundsätzliche Haltung zu ändern?

2003

Dieses Arbeitsjahr war durch den Rückblick auf die vergangenen Tätigkeiten der Arbeitsgruppe bestimmt. Die Treffen wurden von einer Supervisorin professionell begleitet.

Wir befassten uns mit folgenden Fragen:
- Haben wir es verstanden, die Rahmenbedingungen des hermeneutischen Ansatzes in unserer Gruppe zu leben?
- Was bedeutet Hermeneutik jetzt für uns?
- Was verstehen wir unter den drei Säulen der Hermeneutik?
- Wie lässt sich eine Dokumentation über die ansatzweise hermeneutische Annäherung an der Grundschule erstellen?

Die Mitglieder waren einstimmig der Ansicht, dass in unserer Gruppe eine dialogische Atmosphäre herrschte, in der jeder seine Meinung frei äußern konnte.[73] Der gegenseitige Erfahrungsaustausch über Grundlagen und Methoden des hermeneutischen Ansatzes in einer geschützten Gruppe konnte vertieft werden.

Der Inhalt der Dokumentation sollte wie folgt aussehen:
- Die Grundlagen der Hermeneutik aus der Sicht des Kindergartens und der Grundschule sollten dargestellt werden.
- Allgemeine Aussagen aus den *Entwicklungsrichtlinien* sollten nicht wiederholt, sondern auf sie sollte nur hingewiesen werden.
- Die didaktischen Konsequenzen für die Grundschule sollten im Detail ausgearbeitet werden.
- Die L1-Klassenlehrer sollten Gelegenheit haben, sich mit den Grundlagen des hermeneutischen Ansatzes auseinanderzusetzen und ihre Überlegungen einzubringen.

---

[73] Vgl. Rotthaus, 2002, S. 156ff.

Für das Arbeitsjahr 2003 wurden folgende Schwerpunkte gesetzt:
- Lektüre einiger Texte aus *Literatur als Sprachlehre*[74]
- Reflexion über die Projektwoche „Verstehen" an der Mittelschule „Marcelline"
- Analyse und Diskussion der Praxisbeispiele aus den einzelnen Schulklassen der Mitglieder der Arbeitsgruppe
- Reflexion über das impulsgesteuerte Lernen: Unterschied zwischen gelenkten und offenen Impulsen
- Reflexion über eine stufenübergreifende Zusammenarbeit
- Arbeit an der Dokumentation: persönliche Prozessberichte über die Auseinandersetzung mit dem hermeneutischen Ansatz
- Vertiefung der Themen in den didaktischen Werkstätten
- Auseinandersetzung mit den Schlüsselbegriffen der Hermeneutik und ihrer Bedeutung und Gewichtung für die Grundschule.

2004

Im Arbeitsjahr 2004 befasste sich die Gruppe mit folgenden Aufgaben:
a) Mitarbeit bei der Planung der Fortbildungsveranstaltungen an der Dienststelle: Die Basis der Fortbildung sollte die hermeneutische Grundhaltung bilden. Gleichzeitig sollte eine gewisse Vielfalt im Fortbildungsbereich bestehen bleiben. Es gab auch die Diskussion über den Sinn von einigen verpflichtenden Fortbildungskursen. Für das Schuljahr 2004/2005 wurden folgende Veranstaltungen geplant:
    - „Sach- und Fachunterricht – Auf dem Weg zur Immersion"
    - „Das Europäische Sprachenportfolio: Reflexion über Formen der Selbstevaluation"
    - „Hermeneutisches Lehren und Lernen: Praktische Konsequenzen 1 und 2"
    - „Gruppen leiten: Moderation"
    - „Sprachenvielfalt als Chance"
    - „TIC nell apprendimento linguistico – Neue Medien im Spracherwerb"
b) Ausarbeitung der Dokumentation: Parallelität von Theorie und Praxis
c) Vorbereitung der Projektwoche an der Grundschule „E. F. Chini":

---

[74] Vgl. Hunfeld, 1990.

Schwerpunkte der Woche waren die praktische Umsetzung der pädagogischen Rahmenbedingungen, selbstverantwortetes Lernen und Literatur als Sprachlehre.
d) Ausarbeitung der Stufenprofile: Die Mitglieder brachten Modelle von bereits an ihren Schulen ausgearbeiteten Stufenprofilen mit; Basis für die Arbeit an den Profilen bildeten die Formulierungen der Stufenprofile der Oberschule.
e) Gründung einer Redaktionsgruppe für L2: Es meldet sich nur eine Kollegin zur Ausübung dieser Tätigkeit.

2005

Im Jahr 2005 wurden neue Mitglieder in die Arbeitsgruppe aufgenommen. Die Gruppe setzte sich nun aus acht Lehrern zusammen, die aus den Bezirken Meran, Sterzing, Bozen kamen. Die neuen Mitglieder wurden mit der bisherigen Arbeit bekannt gemacht. Anschließend wurden die Schwerpunkte für das Jahr 2005 erläutert:
a) Vertiefte Auseinandersetzung mit der Umsetzung des hermeneutischen Lehren und Lernens an der Grundschule
b) Literatur als Sprachlehre an der Grundstufe.[75]

Zu a) Bei den Gesprächen in der Gruppe wurden folgende Veränderungen beobachtet: Die Lehrer sind selbstbewusster. Das Zuhören der Mitglieder hat eine andere Qualität. Das Warten auf eine Antwort ist geprägt durch Ruhe und Sich-Zeit-Lassen.

Verändert hat sich bei allen Lehrern der Umgang mit Texten. Die Kollegen trauen den Schülern mehr zu und bieten ihnen somit auch schwierigere Texte und reichhaltigere Materialien an.

Die Mitglieder der Arbeitsgruppe, die schon seit 2001 zusammen arbeiten, versuchen im Gespräch mit den neuen Lehrern das deutlich zu machen, was mit den pädagogischen Rahmenbedingungen gemeint ist (Parallelität).

Zu b) Die Mitglieder der Arbeitsgruppe waren einstimmig der Meinung, dass man die Arbeit mit Literatur an der Grundschule in die zwei bestehenden Zyklen einordnen müsse:

---

[75] Vgl. dazu Kapitel I: „Texte", S. 54ff.

Im ersten Zyklus der Grundschule werden die Texte hauptsächlich in mündlicher Form auftreten und die fantastische Welt sowie die Alltagswelt der SchülerInnen betreffen. Sie werden direkt als Subjekte und Protagonisten der erzählten und beschriebenen Handlungen und Ereignisse angesprochen und miteinbezogen. Schrittweise wird auch die Arbeit mit schriftlichen Texten, seien es alltagspraktische wie auch literarische, eingeführt. (Lehrplan, 1994, S. 15)

Das Erzählen von Geschichten und Märchen sowie das Singen von Liedern, Singspielen und das Einlernen von Kinderreimen stehen im Mittelpunkt des Sprachlernprozesses im 1. Zyklus. Die Kinder sprechen nach oder im Chor, sollten jedoch auch langsam dahin geführt werden, selber mit eigener Rede zu Wort zu kommen. Am Anfang sind es wenige alltägliche Aussagen zum Ausdruck eines Bedürfnisses. Später lösen sich die Kinder immer mehr von den gelenkten Strukturen und bilden eigene Sätze, die im Laufe der Schulzeit immer komplexer werden. Im Anfangsunterricht gibt der Lehrer vielfach noch die Impulse, die später vom Text ausgehen, da die Kinder noch nicht oder wenig selber lesen können. Er liest Geschichten, Märchen und andere literarische Texte vor oder erzählt sie.[76] Die Kinder äußern von Anfang an ihre Reaktionen auf die Texte sowohl in der Muttersprache als auch in der Körper- und Bildsprache.

Im zweiten Zyklus nimmt die Auseinandersetzung mit Texten zu, die dann nicht mehr nur in mündlicher, sondern auch immer mehr in schriftlicher Form angeboten werden. Die Kinder erfahren, dass Reaktionen und Fragen, welche die Literatur auslöst, im Dialog in der Klasse gestellt werden können, wo jeder jedem helfen kann und so die Kompetenzen jedes Einzelnen zur Geltung kommen. Die schriftliche Sprachproduktion nimmt je nach Sprachkompetenz zu. Der Lehrer stellt den Schülern ein reichhaltiges Angebot an verschiedenen Textsorten zur Verfügung: Balladen, Märchen, Fabeln und andere mehr.

Grundsätzlich erinnert sich der Lehrende daran, dass Kinder früh, also schon als Kleinkinder, in ihrer Muttersprache mit Texten in den Dialog treten. In der Zweitsprache erleben sie Literatur dann in einer anderen Sprache. Der Lehrer hat in der Grundschule die Aufgabe, die Auseinandersetzung mit

---

[76] Vgl. dazu Pranter, 2005.

dem Text zu fördern und zu unterstützen, indem er versucht, so wenig wie möglich seine eigene Interpretation als Vorbild weiterzugeben.

Zusammenfassend kann über den Einsatz von literarischen Texten in der Grundschule gesagt werden, dass diese:
- Appellcharakter haben;
- ein persönliches Verstehen und Nichtverstehen ermöglichen;
- Reichhaltigkeit des Wortschatzes anbieten;
- Differenzierungsmöglichkeiten vorstellen;
- Mündigkeit und Individualität fördern;
- insgesamt individuelle Rezeption erlauben und
- so Austausch von Leseerfahrung, Meinung und Fragen an die Mitleser initiieren und
- deshalb zum Sprechen über Texte und Textrezeptionen anspornen.

2.2 Der Lernweg der Lehrenden: individuelle Erfahrung anderen Verstehens

Die Annäherung an den hermeneutischen Ansatz bedeutet – neben der impliziten Aufforderung, den beruflichen und fachlichen Standort zu überprüfen – eine deutliche Herausforderung an die Individualität des Lehrenden. In der Fachliteratur äußern sich aus dem Kontext der konkreten Praxis immer noch zu selten diejenigen, welche die Entwürfe, Konzeptionen und Forschungsergebnisse der Fachdidaktik und Pädagogik ins praktische Werk setzen sollen. Die im Folgenden zu Wort kommenden Stimmen sprechen sehr persönlich von Erfahrungen, die sich in abgehobenen Debatten um Reformen des Unterrichts kaum ausdrücken können und umso deutlicher Gehör finden müssen, je weniger die Richtlinienformulierung und die akademische Theorie auf die Details differenzierter Praxis Rücksicht nimmt (oder nehmen kann). Im Übrigen bieten diese Stimmen dem lesenden Lehrer, an den sich ja vor allem dieses Buch wendet, Hilfen an, die sich aus der wahrscheinlichen Parallelität von geschilderter und eigener Situation ergeben.

(1)

So eigenartig unverständlich, ja fast exotisch der Begriff „Hermeneutik" für mich damals (April 2000) klang, so vertrauter ist er mir heute. Dies bedeutet jedoch nicht, dass ich meinen Lernprozess rund um den hermeneutischen Ansatz im Zweitsprachenunterricht als abgeschlossen betrachte.

Ganz im Gegenteil: Für mich gilt jetzt, nach einer Phase intensiver theoretischer und praktischer Auseinandersetzung diese Lern- und Lebensphilosophie noch bewusster und genauer in mein Tun und Sein als Lehrerin zu integrieren. Die fruchtbare Auseinandersetzung in der Arbeitsgruppe und die *Entwicklungsrichtlinien* sind mir Wegweiser, und sie geben mir Unterstützung und Antworten zu theoretischen und praktischen Fragen.

Schon von Anbeginn erlebte ich die Arbeit in der Arbeitsgruppe für Hermeneutik in der Grundschule als gewaltigen Umbruch, der in seiner Auswirkung über meinen Beruf als Lehrerin hinausgeht und mich als Mensch verändert hat.

Mein Zuhören ist offener und stiller geworden, meine äußeren und inneren Einwände werden weniger, die Geduld und Ausdauer zum Hinhören sind größer geworden. Ich denke, dass sich meine Fähigkeit des aktiven vorurteilslosen Zuhörens verbessert hat.

Der Anspruch, alles verstehen zu wollen und Missverständnisse aus dem Weg räumen zu müssen, ist einem gewissen Gefühl der Erleichterung und dem Wissen, dass Verstehen Grenzen hat, gewichen. In dieser Hinsicht kann ich meine Schülerinnen dahingehend schulen, eigenes und fremdes Nichtwissen und Nichtkönnen auszuhalten, ohne in Vorurteile, Ängste, Kritik oder Verachtung zu fallen.

Fragen, Zweifel und Nichtverstandenes bekommen einen ganz selbstverständlichen Stellenwert im Unterricht, Verschiedenheit wird als Ressource angesehen und für den Unterricht genutzt und all die unterschiedlichen Kenntnisse, Erfahrungen, Neigungen und Eigenheiten der Schüler als Potential noch gezielter für den Unterricht verwendet, als ich es bisher getan habe.

Zu meiner Unterrichtspraxis gehört jetzt das tägliche Ringen um Stille, die einmal besser gelingt, einmal weniger. Da gibt es eine laute, fruchtbare Stille und eine leise, stehende, oft durch Autorität erzwungene; einmal gibt es ein lebendiges Chaos, aus dem neue Impulse entstehen können, und natürlich gibt es den ganz ungezwungenen, unproduktiven Kinderlärm mit Lachen und Weinen, Scherzen und Zank.

Zum Thema Stille habe ich noch einiges zu lernen und herauszufinden, damit es für mich und meine Schülerinnen stimmig ist.

Mein Umgang mit Gedichten im Unterricht hat sich verändert. Ich bin mutiger in der Auswahl von Texten und wage mich auch an solche heran, die ich vor ein bis zwei Jahren noch nicht gekannt oder links liegen gelassen hätte. Das Gedicht hat seinen festen Stellenwert im Unterricht und auch meine private Lektüre hat eine Bereicherung auf dem Gebiet der Lyrik erfahren. Ich lese lieber und öfter Gedichte, vor allem nach dem „Literaturseminar"[77] in Brixen, das ich gebraucht habe, um über den schulmäßigen Bezug zur Lyrik hinauswachsen zu können und meinen persönlichen Zugang zu finden.

Das Gefühl, auf dem Weg zu sein, sich den eigenen Rhythmus geben zu dürfen, Platz für Fragen und Zweifel beanspruchen zu können, die Schule als großen Lebensimpuls zu erfahren, der nicht alle erreichen muss und kann, aber dennoch verändert und Gutes zu bewirken imstande ist, dass Deutsch als Zweitsprache nicht das Wichtigste für meine Schülerinnen ist und dass es in Zukunft ein schriftliches Werk über den hermeneutischen Ansatz an der Grundschule geben wird, lassen mich als Lehrerin hoffnungsvoll und (fast) gelassen in die Zukunft blicken und schreiten.

Monika Stoffner

(2)

Her/me/neu/tik (gr.) die; -.1. wissenschaftliches Verfahren der Auslegung u. Erklärung von Texten, Kunstwerken od. Musikstücken. 2. metaphysische Methode des Verstehens menschlichen Daseins (Existenzphilosophie). her/me/neu/tisch: einen Text o. Ä. erklärend, auslegend. (Duden, 1990, S. 306)

Ein Begriff, den ich bereits irgendwo, irgendwann gehört hatte, mit dem ich aber nichts anfangen konnte. Was ist naheliegender als der Griff zum Duden-Fremdwörterbuch. Schließlich wollte ich ja damit arbeiten. Die Arbeitsgruppe, welcher ich angehörte, befasste sich mit dem hermeneutischen Ansatz im Zweitsprachenunterricht. Die Motivation mitzuarbeiten, neue Wege zu gehen, wie mir angedeutet wurde, war groß, die Neugierde, die dieses klangvolle Wort in mir auslöste, noch größer. Die Auskunft des oben genannten Nachschlagewerkes war nicht besonders zufriedenstellend, doch das Wort „Existenzphilosophie" gab mir einen kleinen Anhaltspunkt. Also, im Lexikon der Philosophie und im Internet nachschlagen, schließlich wollte ich

---

[77] Vgl. dazu *Orizzonti Scuola*, 2002, 9/10, 91.

ja wissen, womit ich es zu tun haben sollte. Langsam hatte ich das Gefühl, zwar einiges mehr zu wissen, aber die Verbindung mit dem Zweitsprachenunterricht an der Grundschule war mir noch recht unklar. Doch durch diesen ersten Impuls motiviert, begab ich mich erneut auf die Suche. Dabei wurde mir ein Buch in die Hand gedrückt, das mir zwar keine konkreten Erklärungen gab, jedoch mein Nachdenken anregte.[78] Durch meine Neugierde wurde unbewusst mein Vorwissen aktiviert. Parallel dazu lernte ich den Namen Hans Hunfeld und die dazu gehörige Person kennen. Die Fortbildungsveranstaltung für die Mitglieder der Arbeitsgruppe[79], also auch für mich, bewirkte, dass durch aufmerksames Zuhören alte und neue Denkprozesse in Gang gesetzt wurden. Fragen und Überlegungen tauchten auf, die wahrscheinlich in vielen Menschen stecken, die mit Kindern und Jugendlichen, also mit einer anderen Welt als der genormten Erwachsenenwelt, zu tun haben. Was sind die Grenzen des Verstehens, die Normalität des Fremden, das Nichtverstehen? Gibt es das Fremde? Was ist fremd? In vielen Überlegungen und Denkweisen fühlte ich mich bestätigt. Neue Impulse gaben mir nicht nur die Ausführungen des Referenten, sondern auch die Überlegungen der anderen Teilnehmerinnen. Dazu kam dann das nächste Treffen der Arbeitsgruppe, bei dem sehr intensiv über Hermeneutik diskutiert wurde. Immer noch war dieser Begriff für mich etwas Abstraktes bezüglich des Zweitsprachenunterrichts an der Grundschule. Durch die unterschiedlichen Wahrnehmungen und Verstehensformen der Mitglieder formte sich langsam ein konkreteres Bild. Durch das Addieren der unterschiedlichen Kompetenzen nahm das Puzzlebild langsam eine Form an. Es stand allerdings noch nicht fest, ob dieses angedeutete Bild dem letztendlich „Richtigen" entsprach, ob es dieses überhaupt gab. Die Brücke zum praktischen Unterricht fehlte mir noch immer. Also war ein „Experiment" unbedingt angesagt. Mittlerweile hatte ich einige Erfahrung im Umgang mit Texten, vor allem Lyrik, gesammelt und konnte mich so in das Abenteuer stürzen. Eine Mitarbeiterin der Arbeitsgruppe bereitete gemeinsam mit mir eine Projektarbeit zum Thema „Wasser" vor. Dabei versuchten wir, die Prinzipien der Hermeneutik, wie wir sie verstanden hatten, in die Praxis einfließen zu lassen. Für diesen Versuch schafften wir uns bereits im Vorfeld die optimalen Voraussetzungen.[80] In diesem

---

[78] Hunfeld, 1998: *Die Normalität des Fremden. Vierundzwanzig Briefe an eine Sprachlehrerin.*
[79] Vgl. dazu *Orizzonti Scuola*, 2002, 9/10, 84.
[80] Vgl. Pranter, 2005.

Sinne handelte es sich nicht mehr um eine natürliche, sondern um eine zum Teil konstruierte Situation. Zugleich war die Anwesenheit meiner Kollegin für die Schüler meiner Klasse auch eine Ausnahmesituation. Ihre Neugierde wurde nicht nur vom gesteuerten Impuls angeregt, sondern auch von diesem Besuch. Das begünstigte im ersten Augenblick auch die sonst nicht selbstverständliche Stille in der Gruppe. Bei der Vorbereitung dieses Projekts hatten wir auch bedacht, dass in einer Klasse sehr verschiedene Lerntypen, verschiedene Interessen und Vorlieben herrschen und das Arbeitsangebot sehr vielfältig sein musste. Die Reichhaltigkeit der Materialien war also von Anfang an ein Inhalt, mit dem wir uns auseinandersetzten. Die Schüler waren von diesem Angebot begeistert, zugleich aber, ungewohnt solche Unterrichtssituationen vorzufinden, auch in der selbständigen Arbeitsweise überfordert. Durch eine sanfte Lenkung konnten sie aber den Einstieg bewerkstelligen und arbeiteten dann konzentriert und begeistert. Durch die Präsentation der Arbeitsergebnisse wurde das Projekt abgeschlossen. Allerdings zeigte sich auch hier wieder die Schwierigkeit, Stille herzustellen. Das Zuhören, ein wesentlicher Aspekt im Sprachlernen, im Lernen überhaupt, fiel den Schülern zeitweilig sehr schwer. Dieses Problem beobachtete ich auch bei weiteren Versuchen eines hermeneutischen Zweitsprachenunterrichts immer wieder. Schlussendlich bin ich auch durch außerschulische Beobachtungen zu der Erkenntnis gekommen, dass Stille im Sinne von Zuhören in gewissem Sinne ein subjektiver Begriff ist. Was für mich Chaos ist, kann für einen anderen Menschen lebendige Kommunikation bedeuten. Hermeneutik bedeutet in diesem Fall für mich auch, das Andere so zu lassen, wie es sich manifestiert, und dort nach Möglichkeiten zu suchen, gehört zu werden und zuhören zu lernen.

Monika Sinn

(3)

Meine erste Begegnung mit der Hermeneutik war während einer 2-tägigen Fortbildung im April 2000 in Sarns bei Brixen. Hans Hunfeld begann den Kurs mit den Worten: „Damit ihr die hermeneutische Lehre kennen lernen könnt, müsst ihr alles Schulische aus eurem Kopf verdrängen." Das hat mir gut getan. Abzuschalten und über mich, meine Gedanken, meine verinnerlichten Bilder und meine eigene Welt nachzudenken. Er erklärte uns, dass jeder von uns beim Lesen literarischer Texte persönliche Bilder und Vorstellungen habe und wir im Grunde genommen niemanden verstehen könnten, da wir die Gedanken der anderen Leser oder Zuhörer nicht kennen und auch nicht bestimmen können. Ja, das stimmt. Um das in einem Beispiel zu erklären: Wenn ein Schriftsteller von einem Baum schreibt, dann stellt sich jeder von uns einen anderen Baum vor (Ort, Größe, Form, Farbe, usw.).

Aber was bedeutete das für mich? Ich begann über meine Bilder und Gedanken nachzudenken. Was stelle ich mir vor, wenn ich das Gedicht höre? Welche Stellen im Text sind mir wichtig? Welche Wörter sind für mich Schlüsselstellen im Text? Im anschließenden Gedankenaustausch wurde mir erst die Verschiedenheit des Spektrums der Ansichten der anderen Teilnehmer bewusst. Jeder hatte andere Perspektiven derselben Textstelle aufgeworfen, die ich allein nie hätte finden können. Von manchen konnte ich Verbesserungen meiner Ansichten erlangen und andere hingegen festigten meine durch die Überzeugung, dass ich diese Meinung nicht teilte. Durch diese Konfrontation der Gedanken veränderte ich meine eigenen und lernte dazu. Dabei wurde mir bewusst, wie viel jeder in meinen Klassen genauso „geben" und „nehmen" konnte. Jeder ist wichtig und weiß etwas, was ich nicht weiß oder bedacht habe. Meine Einstellung zum Wert jedes einzelnen Schülers hat sich damit erweitert. Egal woher er kommt oder wie er lebt, seine Gedanken sind wichtig und müssen zum Ausdruck gebracht werden. Meine Aufgabe besteht also darin, Impulse und Situationen zu schaffen, um dies zu ermöglichen. Mein Ziel als Lehrperson ist jetzt, mündige Jugendliche zu bilden, die den Anderen wertschätzen, ihm zuhören, eigene Meinungen vertreten, von Anderen lernen können und sich nicht bestimmen lassen.

Der literarische Text hat eine besondere Stellung in meinem Unterricht eingenommen. Gedanken- und Meinungsaustausch werden immer groß geschrieben. Durch Übungen lernen wir das Zuhören und das „Stillsein". Mehr Gruppen- und freie Einzelarbeiten sind jetzt Teil meiner Planung. Meine eigenen Ansichten sind mir jetzt in der Klasse nicht mehr so wichtig, sondern alle sollen „zu Wort" kommen, in welcher Form auch immer. So hat mich die Hermeneutik verändert und mein Weg ist noch nicht abgeschlossen. Immer wieder stehen bleiben, das Geschehene überdenken, aus Fehlern lernen und weitermachen. Jeder Schritt meiner Arbeit dient zur Verbesserung auch „meiner eigenen Welt". Ich lerne von den Schülern und sie von mir.

Marion Unterhofer

(4)

Vor vier Jahren habe ich begonnen, mit der Hermeneutik vertraut zu werden. Dadurch, dass ich bei der Arbeitsgruppe Grundschule Mitglied bin, habe ich im April 2000 meinen ersten Kurs mit Hans Hunfeld besucht. Darauf folgten andere, weil mich seine Vorträge faszinieren. Ich habe Konflikte in mir, aber ich glaube, man kann einfach nicht alles verstehen.

Was mich am meisten schockiert hat, war das mit der Stille. Die Stille. Für mich war das ein unmögliches Wort, eine unmögliche Erklärung. Ich habe aber tagelang darüber nachgedacht. Die Stille – still sein, Stille um mich haben – war für mich nicht möglich; ist es aber jetzt. Sogar mit meinen Schülern habe ich die Stille „geübt". Wenn ich darüber nachdenke, wie ich in der Klasse oft geschrien habe, dann muss ich mich fast schämen. Jetzt mit meinem „Stillsein" und warten bis alle ruhig sind, erreiche ich mehr als früher.

Was ich besonders gut finde, sind die *Entwicklungsrichtlinien* der Oberschule. Es werden reichhaltige praxisnahe Angebote formuliert. Außerdem klären sie sehr deutlich die Schlüsselbegriffe der Richtlinien.

Seit ich mich mit dem hermeneutischen Ansatz auseinandersetze, hat sich in meinem Unterricht so manches geändert. Wenn ich in meinem früheren Unterricht etwas Neues durchmachen musste, habe ich mich um alles (Informationen, Bilder, Lesestücke) gekümmert. Ich hätte nie gedacht, dass Grundschulkinder selbst so viel Material finden, sammeln und mitbringen würden. Außerdem haben die Kinder ein Vorwissen, das ich bis vor ein paar Jahren viel zu wenig genutzt habe. Da sie klein sind, glaubt man immer, sie wüssten noch nichts oder es wäre zu schwierig, aber man täuscht sich.

Was der eine nicht weiß, weiß der andere. Durch diese Vielfalt unterschiedlicher Kompetenzen kommt Erstaunliches heraus.

Ich muss gestehen, dass mein Unterricht lockerer geworden ist. Der Druck, ich muss das innerhalb einer Stunde durchmachen, ist weg. Wo ich früher, wenn ein Kind aus seinem Alltagsleben, aus seiner Lebensperspektive oder von seinen Gefühlen erzählen wollte, gesagt habe: „So jetzt Schluss, wir müssen weitermachen!", lass ich sie jetzt erzählen. Öfters ist das ein Anlass zu einer tollen Weiterarbeit.

Außerdem habe ich bemerkt, dass hauptsächlich durch die Reichhaltigkeit der Materialen, durch unterschiedliche Aktivitäten und Sozialformen auch die schwächeren Schüler am Unterricht aktiver teilnehmen können.

Außerdem arbeite ich seit drei Jahren viel öfter mit Gedichten als vorher. Ich muss gestehen, dass ich in meinem früheren Unterricht fast nie mit Gedichten gearbeitet habe. Faszinierend, was man mit Gedichten alles machen kann. Auch die Schüler sind sehr begeistert. Hans Hunfeld hat mich mit seinen Beispielen und Übungen überzeugt.

Cristina Paruta

(5)

September 1990. Ich sehe mich im Schulhof der italienischsprachigen Grundschule „Longon" stehen, als wäre es heute. Aufgeregt stand ich dort und sah dem Treiben der Kinder zu. Ich soll diesen Kindern die deutsche Sprache beibringen? Wie soll ich das machen? Ich habe ja gar keine spezielle Ausbildung? Diese und viele andere Fragen schwirrten mir durch den Kopf, während die Kinder – alle noch in Ferienstimmung – im Schulhof herumliefen und sich amüsierten. Ich hatte zwar schon eine dreijährige Unterrichtserfahrung an der deutschsprachigen Grundschule hinter mir, aber wie ein Sprachunterricht konkret ablaufen sollte, davon wusste ich – außer meinen eigenen Erfahrungen im Bereich des Sprachenlernens – sehr wenig.

Sofort nahm ich mit den Deutschlehrerinnen der Schule Kontakt auf und bat um ihre Hilfe. Sie waren sehr aufgeschlossen und wir planten den Unterricht zusammen. Schon damals trafen wir uns in kleinen Gruppen, also in einer didaktischen Werkstatt, um Materialien auszutauschen oder wichtige Fragen im Bereich des Zweitsprachlernens zu diskutieren. Ich nahm die Lehrerhandbücher zur Hand und konsultierte Literatur zum Thema „Sprachen Lehren und Lernen."

Als ich das Lehrwerk *Auf Deutsch, bitte*[81] durchblätterte, das die Kinder meiner 3. Klasse als Unterrichtswerk verwenden sollten, war ich sehr überrascht.

Da waren Seiten mit Abbildungen, auf denen z. B. eine Pfeife gezeichnet war, und darunter stand „Das ist eine Pfeife". Ich fand dieses Lehrbuch wenig ansprechend und motivierend für die Kinder und beschloss, selbst

---

[81]Vgl. Schulz et al., 1993.

Materialien zu sammeln und nicht nach dem Lehrwerk vorzugehen. Ich arbeitete mit Geschichten, Märchen, Liedern, Rollenspielen, die aus der Erfahrungswelt der Kinder waren, und versuchte, Grammatik und Sprachlehre induktiv zu erarbeiten. Trotzdem fragte ich mich immer wieder, wie ich genau vorgehen sollte, damit ich bei dieser Fülle an Materialien nicht die Übersicht verlor. Weiter stellte ich mir Fragen über das Wie der Verknüpfung der Lerninhalte untereinander.

Ich orientierte mich anfangs an der Teilnahme der Kinder am Unterricht und am Lernerfolg, da ich keine anderen Richtziele hatte. Ich hatte den Eindruck, dass die Kinder gerne Deutsch lernten und sich ernst genommen fühlten. Ich spürte ihre Begeisterung und ihren Einsatz, die deutsche Sprache zu lernen. Obwohl ich den Unterricht sehr stark steuerte, versuchte ich den spontanen Einfällen der SchülerInnen genügend Raum zu lassen, stellte mir aber oft die folgende Frage: Wie viel Raum kann ich den Kindern lassen, ohne meine Planung aufzugeben? Wieweit kann ich mich von Reaktionen der Kinder leiten lassen, ohne meine Ziele aus den Augen zu verlieren?

Die Kinder bereicherten oft mit eigenen Beiträgen den Unterricht, nur konnte ich diese nicht immer zielführend in den Unterricht einbauen.

Da ich noch viele Zweifel hatte, verspürte ich den Wunsch, mehr über Sprache und das Erlernen einer Zweitsprache zu erfahren. Ich besuchte regelmäßig Fortbildungskurse, die von den verschiedenen Institutionen angeboten wurden.

Auf der Tagung der DeutschlehrerInnen aller Schulstufen „Der Zweitsprachenunterricht in der autonomen Schule"[82] begegnete ich zum ersten Mal Hans Hunfeld. Ich hatte mich in seinen Nachmittagsworkshop „Der hermeneutische Ansatz" eingeschrieben. Ich erinnere mich an den Sitzkreis, an den Anfang eines Gedichts, das wir weiter schrieben und das wir dann vorlasen und dadurch ins Gespräch kamen. Ich kann mich auch noch gut an die angenehme Atmosphäre erinnern, aber was dieser Workshop konkret mit meinem Unterricht zu tun haben sollte, wusste ich damals noch nicht. Ich stellte mir viele Fragen in Bezug auf die Praxis: Was hat das mit Sprachunterricht zu tun? Wie kann ich das in einer ersten Klasse der Grundschule umsetzen?

Ungefähr zwei Jahre hörte ich dann nichts mehr über Hermeneutik. Da ich eine Ausbildung in Theaterpädagogik angefangen hatte, war ich zwischen

---

[82] Vgl. *Orizzonti Scuola*, 2002, 9/10, 34.

Schule und Kursen sehr beschäftigt und konzentrierte mich auf diese beiden Bereiche.

2001 kam ich erneut mit der Hermeneutik in Verbindung. Anfangs hatte ich sehr große Schwierigkeiten, den Distanzbegriff zu internalisieren. Ich konnte mir einfach nicht vorstellen, dass man zunächst nur von Theorie reden und die Praxis einfach weglassen konnte. Ich verstand gewisse Begriffe wie „Skeptische Hermeneutik" oder „Literatur als Sprachlehre" bezogen auf die Schulpraxis nicht ganz.

Im andauernden Dialog mit meinen KollegInnen in der Arbeitsgruppe wurden diese Begriffe allmählich etwas klarer und veränderten ihre Bedeutung. Sie werfen aber auch heute immer wieder neue Fragen auf.

Unter dem Begriff „Normalität des Fremden" konnte ich mir am ehesten etwas Konkretes vorstellen. Das Fremde war mir als Sprachenlehrerin schon früh begegnet. Vor 17 Jahren hatte ich angefangen zu unterrichten. Als ich in meinen Klassen Deutsch lehrte, stellten mir die Kinder oft folgende Fragen: Woher kommst du, aus Deutschland oder aus Österreich? Wo wohnst du? Ich versuchte, mit den Kindern zu sprechen, und erklärte ihnen die Südtiroler Situation. Ich erinnere mich, dass ich mich in diesen Augenblicken wirklich fremd gefühlt habe. Heute ist das zum Glück nicht mehr so, da die Kinder durch die Klassenpartnerschaften und sonstige Kontakte außerhalb der Schule erleben, dass in Südtirol zwei bzw. drei Sprachgruppen zusammenleben.

Mit den anderen Schlüsselbegriffen wie dem *Impulsgesteuerten Lernen* und der *Relativen Unbestimmbarkeit der Ziele* konnte ich zunächst wenig anfangen.

Daher führte ich mit einer Kollegin das Projekt *Wasser*[83] durch, um hermeneutische Grundbegriffe klarer in der Praxis zu beleuchten. Wir kamen zu folgenden Ergebnissen:

- die Materialien müssen auch an der Grundschule reichhaltiger sein, nicht nur zwei Gedichte, sondern ein Dossier, in dem verschiedene Textsorten sowie Bilder enthalten sind;
- die ausgewählten Gedichte waren zu einfach, d. h. es gab zu viele Verstehensinseln und zu wenige Leerstellen, die die Kinder ausfüllen konnten;
- die genaue Einteilung des Raumes nach Stationen, d. h. unsere fleißige Vorbereitung ist nicht nötig. Natürlich sollten alle Materialien, wie Stifte,

---

[83] Pranter, 2005, S. 22-25.

Blätter usw. bei Bedarf bereitliegen. Wichtig ist, dass ich nicht alles schon vorbereitet habe und den Kindern nur den Auftrag gebe, sich eine Station auszusuchen und an diesem Gedicht zu arbeiten. Ich lese mit den Kindern die Texte und versuche in einem ganz natürlichen Verstehensgespräch ihre Neugier zu stillen, indem wir unbekannte Wörter an die Tafel schreiben, gemeinsam klären und die Kinder dann selbst etwas zum Text schreiben. So ist der Lernprozess natürlicher und offener und nicht schon von der Lehrerin bis ins Detail geplant.

Erst heute, nach einer intensiven Auseinandersetzung mit der Hermeneutik, verstehe ich viele Dinge über das Sprachenlernen im Detail und kann Antwort darauf geben, warum ich das so und nicht anders mache. Ich fühle mich sicherer, da ich all das, was ich im Unterricht mache, begründen kann.

Dass die Rahmenbedingungen Voraussetzung hermeneutischen Unterrichts sind und diese an der Grundschule nur ansatzweise und mit viel Konsequenz vonseiten des Lehrers umsetzbar sind, steht außer Frage. Das bedeutet z. B., dass Stille an der Grundschule nicht eine absolute Stille ist, sondern sie immer wieder von Aktivitäten in Bewegung abgelöst wird.

Ich habe auch erfahren, dass wir die hermeneutische Haltung, egal womit man sich befasst, immer leben können. Hermeneutik ist ein langer Weg, der zuerst bei uns selbst anfangen muss und nie zu Ende ist.

Angelika Pranter

(6)

Ich unterrichte seit 1997, seit unmittelbar nach meinem Maturaabschluss, Deutsch als Zweitsprache an italienischen Grundschulen. Ich war eigentlich immer schon daran interessiert, Zweitsprache zu unterrichten, obwohl ich weder ein Praktikum an der italienischen Schule machen durfte noch auf dieses Fach vorbereitet wurde. Deshalb waren meine ersten Ansuchen nur an italienischsprachige Schulen adressiert. Ich bekam sofort eine Jahresstelle in Bozen und ich begann meine Karriere so, wie ich mir Unterricht eben vorgestellt hatte. Das Schulbuch wurde gezückt und es wurde schön brav, Seite für Seite, durchgekaut. Unverstandenes wurde übersetzt, die Antworten auf die von mir gestellten Fragen hatte ich fest in meinen Kopf gemeißelt. Durch die steigende Erfahrung und die sinkende Motivation meinerseits, die wiederum vom Desinteresse meiner Schülerinnen hervorgerufen wurde, begann ich immer mehr, Unterrichtsmaterialien zu sammeln und selbst zu erstellen. Ich war begeisterte Anhängerin des Kommunikativen Ansatzes und baute immer mehr *Scenarios* in meinen Unterricht ein. Wenn ich dran denke, wie ich mir damals den Kopf darüber zerbrochen habe, welches z. B. die „gängigste Art" sei, eine bestimmte Frage zu stellen, muss ich heute manchmal lachen, denn natürlich gab ich den Kindern alles genau vor: Ich diktierte – sie wiederholten. Als ich das erste Mal 1999 an einer Fortbildung über Hermeneutik teilnahm, wusste ich gar nichts darüber und nach den 3 Stunden Kurs verstand ich noch weniger davon. Das Einzige, das mir von Anfang an klar war, war der Ausdruck: „Die Normalität des Fremden".

Seit September 2000 bin ich Lehrerin mit unbefristetem Auftrag an der Grundschule „M. L. King" im Bozner Europaviertel, einem vorwiegend italienischsprachigen Viertel, in dem einige Militärfamilien und zahlreiche Einwanderer zu Hause sind. In dieser Schule merkte ich, dass ich keine Chance hatte, den Kindern Deutsch beizubringen, wenn ich nicht irgendwie ihre Interessen einbauen würde. Ein weiterer Punkt, der mir Sorgen machte, war der hohe Lärmpegel in den Klassen – diesen jedoch hatte ich schon nach meinem zweiten Hermeneutikkurs viel besser unter Kontrolle. Ich kann mich erinnern, dass es bei jener Fortbildung zu einer zeitlichen Verzögerung kam, weil wir Lehrer/innen es nicht schafften, die erforderliche Stille für ein Verstehensgespräch herzustellen. Nachher konnte ich mich viel leichter in meine Schüler/innen hineinfühlen.

Nach und nach begann ich die Hermeneutik besser zu verstehen und versuchte sie aktiv in meinen Unterricht einzubauen, was sich als sehr schwierig erwies, da die Kinder absolut nicht gewohnt waren so zu arbeiten und ich mich selbst sehr unsicher zeigte. Anfangs war ich nach meinen einzelnen hermeneutisch-orientierten Unterrichtseinheiten enttäuscht. Bald merkte ich aber, dass ich mehr Geduld mit mir und den Schülern/innen haben musste, weil mir klar geworden war, dass es sich bei der Hermeneutik um kein Rezept, sondern um einen Prozess handelt.

Seit ungefähr drei Jahren versuche ich, meinen Unterricht hermeneutisch zu gestalten. Was sich bei meinen Schülern/innen seitdem getan hat, ist beeindruckend: Sie sind alle sehr motiviert und wissensdurstig und positiv ist auch die Tatsache, dass in den Klassen eine angstfreie Atmosphäre herrscht. Damit ist die Spontaneität für die Sprache deutlich gewachsen.

Ich bin mir bewusst, dass ich nicht 100%ig hermeneutisch unterrichte. Ich bin gerade mitten in meiner „persönlichen" hermeneutischen Entwicklung und habe noch einige Jahre vor mir, in denen ich mich und meine Schüler auf Entdeckungsreise schicken werde. Mein einziger Wunsch dabei ist, dass weder mir noch den Kindern die Fragen ausgehen.

Petra Ottavi

KAPITEL III

Hermeneutische Praxis

3. Unterricht als Verstehensgespräch

3.1 Projektwoche 2005

Projektwoche an der 4. Klasse Grundschule „G. Pascoli" in Meran
Thema der Projektwoche: SPRACHE

Im Folgenden wird das Wort-für-Wort-Protokoll einer Projektwoche wiedergegeben, damit Möglichkeiten und Grenzen des hermeneutischen Ansatzes in der Grundschule veranschaulicht werden können. Es will im Rahmen der Lehrerfortbildung nicht Musterstunden, sondern Gesprächsimpulse für Werkstätten und Lehrerfortbildung anbieten, die an methodischen Einzelheiten hermeneutische Ansätze besser veranschaulichen.

Die Kommentare, die ich dazu gebe, verfolgen zwei Ziele:
1. Sie wollen den Lehrerinnen helfen, die einzelnen Schritte und Phasen genauer zu sehen;
2. sie wollen dazu auf die jeweiligen Grundlagen des hermeneutischen Ansatzes hinweisen und gleichzeitig durch Zitate und Literaturhinweise verständlich machen, dass der hermeneutische Ansatz in seiner Methodenvielfalt sich auch bisherige Erkenntnisse fachdidaktischer Forschung außerhalb des hermeneutischen Ansatzes zu Nutze macht.

Der Zweitsprachenunterricht in der Grundschule ist gegenwärtig noch dem Lehrplan und den Didaktischen Handreichungen aus dem Jahre 1994 verpflichtet. Die Orientierung am hermeneutischen Ansatz beachtet diese Richtlinien – versucht dabei aber vor allem die pädagogischen Grundvoraussetzungen des hermeneutischen Ansatzes schrittweise einzuführen. Die Unterrichtswoche ist vor allen Dingen in dieser Hinsicht zu sehen: Wie kann die hermeneutisch orientierte Grundschullehrerin die Vorgaben des Lehrplans von 1994 mit den lernleitenden Zielen des hermeneutischen Ansatzes, der im Kindergarten beginnt und sich über Grund- und Mittelschule systematisch fortsetzt, in Verbindung bringen?

1. Vormittag: 9.00 – 12.00 Uhr

Der erste Vormittag ist darauf abgestellt, die Bedingungen eines Verstehensgespräches (Stille, Konzentration, Zuhören, Aufmerksamkeit) mit der Einübung sprachlicher Fertigkeiten (Wortschatz, Schrift, Struktur) und einer veränderten Erfahrung von schulischer Begegnung überhaupt zu kombinieren.

I. Phase: Kennenlernen der neuen Gruppe im Gespräch

1. Einstieg: Natürliches Verstehensgespräch	L: Es ist kalt in Meran. Warum ist es kalt? S: Mir ist nicht kalt.
• **Schulung der Fertigkeit Hörverstehen**	L: Ich lasse die Mütze an. Ich lasse auch den Mantel an. Gestern Abend habe ich die Mütze aufgesetzt und sie ist noch oben. Sie ist festgeklebt.
• **Weg von Schulroutine: Das Unerwartete**	L wendet sich einem S zu. L: Kannst du mir helfen?

- **Sehr schneller Übergang vom Spaß zur Sprachlehre – z. B. auch Schreiben**

S zieht die Mütze runter.
L: Ach Gott, alle meine Haare sind in der Mütze geblieben. Ich hatte so schöne Haare!!!
SS lachen.
L: Nun ist mir etwas wärmer. Ich ziehe jetzt die Hose aus. Ist das eine Hose (zeigt auf die Jacke)?
S: Nein, eine Jacke!
L: Was ist das für eine Jacke? Willst du anfassen?
Nach längerem Schweigen der SS fügt L noch folgende Erklärung als Hilfe hinzu: ... so ähnlich wie meine Schuhe ...
S: Leder
L: Sehr gut, schreib mal Leder an die Tafel!
S schreibt das Wort richtig an.
L: Wo kommt diese Jacke hin?
SS schweigen.
L: Wie heißt das? (L zeigt auf den Kleiderbügel, der an der Tür hängt.)
S: Auf die Tür?
L: Ja, an die Tür.
L: Wem gehört diese hässliche Jacke? (zeigt auf die rosafarbene Jacke von der L)
LL: Das ist eine schöne Jacke.
L: Was ist das hier? (zeigt auf den Kleiderbügel)
Niemand antwortet.
L: Das ist ein Kleiderbügel.
Ein S wiederholt.
L sagt zu einem S: Schreib „Kleiderbügel" an die Tafel!
S schreibt: „cleidarbügel".
L: Sehr gut, zwei Buchstaben sind falsch.
L verbessert „Kleiderbügel".
L: Wie heißt du?

S sagt seinen Namen.
L: Ich hänge also jetzt meine Lederjacke auf den Kleiderbügel an den Kleiderhaken.
L zu einem S: Schreib mal das Wort „Kleiderhaken" an die Tafel!
S schreibt es sofort richtig an.
L: Perfetto, das ist ein schwieriges Wort. Wie heißt du?
S sagt seinen Namen.
L: Jetzt nehme ich ein Tempotaschentuch und putz mir meine ...
L wartet und die SS sagen „Nase".
L: Jetzt stecke ich meine Lederjacke in die Tasche ... die Lederjacke?
SS: Nein, das Taschentuch ...
L: Jetzt zieh ich meine andere Jacke aus, weil es warm ist.
Ein Kind sagt in diesem Moment „Kleiderbügel", weil es meint, dass L diese Jacke auch auf den Kleiderbügel hängen will (siehe Gesprächsbeginn).

KOMMENTAR:

Die Schülerinnen sitzen im Kreis. Dieser Kreis fördert den Gesprächsverlauf, da der Blickkontakt gegeben ist. Der Lehrende beginnt mit den Schülerinnen ein ganz natürliches Gespräch: die winterliche Kälte, seine Kleidung, alltägliche Dinge. Die von den Schülerinnen erwartete Schulroutine wird dabei durchbrochen, die Verbindung von Sprechen in natürlicher Situation und Aufhebung der Realität (Witz) erreicht.

Die Atmosphäre in der Klasse entspannt sich langsam. Die Kinder melden sich öfters zu Wort. Man merkt, wie sich schrittweise ein Klima der Angstfreiheit aufbaut. Dazu gehört neben der Einführung konsequenter Regeln auch Sinn für Humor.

Der Lehrende spricht in einem normalen Sprechtempo. Grundschullehrerinnen tendieren oft dazu, langsam und vereinfacht zu sprechen. Dieses natürliche Sprechtempo hält die Lernenden an, aufmerksam hinzuhören, damit sie den Lehrenden verstehen.

Während des anfänglichen Verstehensgespräches wird sofort klar, dass es dazu folgende Voraussetzungen braucht:

Die pädagogischen Grundvoraussetzungen (Stille, Respekt[84], Distanz, Angstfreiheit, Selbstbewusstsein, Fragehaltung): Um ein Verstehensgespräch überhaupt führen zu können, braucht es die pädagogischen Rahmenbedingungen. Der Unterricht beginnt mit dem unkonventionellen Einstieg des Lehrers – das von der Schülerin Unerwartete und Fremde bringt sie zum Zuhören. Von daher ist für den weiteren Fortgang der Unterrichtseinheit der Anfang von entscheidender Bedeutung: Zu Beginn muss also der Lehrende das Zuhören als Grundbedingung eines Verstehensgesprächs intensiv schulen und den weitern Verlauf variantenreich ausbauen.

Da die Klassenverbände immer multikultureller werden, hat besonders die Schule die Aufgabe, eine Haltung[85] zu fördern, die unvoreingenommenes Zuhören zum Mittelpunkt des Alltags macht. Der Lernweg, der hier beginnt, hat zum Ziel aktives Zuhören als Grundvoraussetzung eines wirklichen Verstehens. Erst wenn alle wirklich ruhig sind und aufmerksam zuhören können, ist ein Dialog mit dem fremden Anderen möglich.

Diese Stille[86] und Aufmerksamkeit ist ein Zeichen des Respekts der Person gegenüber, die etwas zu sagen hat. Die Kinder sind nicht ruhig, weil der Lehrer es ihnen sagt, sondern weil sie selber mit der Zeit erfahren, dass Zuhören nur unter den oben genannten Bedingungen möglich ist. Dieser lange und sehr anstrengende Weg beginnt schon bei den ganz Kleinen, also schon

---

[84] Vgl. Wild, 1998, S. 20: „Mancher Leser glaubt vielleicht an dieser Stelle, dass hier von antiautoritärer Erziehung die Rede sein werde. Doch ich möchte jetzt schon vorausgreifen, dass diese Alternative, die wir 'aktive Erziehung' nennen, nicht mit dem gleichzusetzen ist, was in Europa oder in den Staaten als antiautoritäre Erziehung bekannt geworden ist. […] Es ist ein Land, in dem der Erwachsene lernt, die Lebensqualität, die Denk- und Gefühlsstrukturen des Kindes in jedem seiner Wachstumsstadien zu respektieren, wo das Kind am eigenen Körper spürt, was Respekt ist, aus dieser Erfahrung lernt, sich selbst und andere, einschließlich die Erwachsenen, zu respektieren."

[85] Vgl. Czisch, 2004, S. 53: „Ich bin der Dreh- und Angelpunkt. Auf meine Haltung , meine Methoden, meine Beziehung zu ihnen kommt es an. Ich bin verantwortlich für meine Freude an meinem Beruf."

[86] Vgl. ebenda, S. 188: „ Nicht aufgezwungenes Stillsein, sondern aufmerksame Konzentration und Gelassenheit bringen sie in Kontakt mit ihren Gefühlen, ihrem Körper, mit ihrer Fantasie und Sprache. Der Wechsel zwischen freiem Ausdruck, Bewegung und Gespräch, zuweilen auch Geschrei und Getobe, und Stille und Aufmerksamkeit macht Kinder ruhig, lässt sie zu sich kommen."

im Kindergarten. Diese Stille kann in einer Klasse nicht sofort und absolut erreicht werden. Es ist ein langer Lernprozess, auf den Lehrende und Lernende sich gemeinsam einlassen.

Schon Montessori hat auf die Wechselbeziehung zwischen der individuellen und kollektiven Stille hingewiesen:

> Die Schweigelektion oder Übung der Stille im Sinne Montessoris ist eine „kollektive Aktion". Sie kann nur zustande kommen, wenn zwei Konstituenten kindlichen Menschseins beteiligt sind, und zwar
> 1) der ursprüngliche innere Wunsch eines jeden einzelnen Kindes und
> 2) die Bereitschaft zum sozialen Konsens als Wille zum gemeinsamen Schweigen.
>
> Die Stilleübung erweist sich als eine in der individual-sozialen Verfasstheit des Menschen selbst begründete und von ihr abhängige Übung. Von ihrem Wesen her ist sie eine unmittelbare Einübung in das Menschsein, das sich ausprägt in sozialer Humanität. Damit ist die Einübung in das Menschsein – in eine soziale Humanität – der Inhalt, d. h. der unmittelbare Gegenstand der Stilleübung. (Holtstiege, 1994, S. 115)

Zur Erinnerung:

In der heutigen schnelllebigen lauten Zeit ist Stille nicht gefragt. Ob Stille für Kinder bedeutsam wird, hängt von allen in der Schule Agierenden ab. Wenn alle Lehrenden auf die Stille und das aktive Zuhören Wert legen, kann die Zweitsprachlehrerin darauf aufbauen. Ist das nicht gegeben, so dauert die Umsetzung der pädagogischen Rahmenbedingungen viel länger oder ist manchmal nur ansatzweise durchführbar.

II. Phase: *Kaspar Hauser* als thematischer Ausgangspunkt: Erzählen eines ersten Abschnittes – Teil 1

1. **Schulung der pädagogischen Rahmenbedingungen:** • **Stille** • **Arbeit im Team**	L sitzt abwartend auf dem Stuhl. Er nimmt mit den Lernenden Blickkontakt auf, ohne zu sprechen. Er wartet auf Ruhe. L: Wenn wir arbeiten wollen, können wir das nur, wenn wir alle zusammen arbeiten; hier bewegt sich noch ein Fuß … wir wollen alle

	ruhig sitzen, damit wir gut und konzentriert arbeiten können.
2. Erzählen einer Geschichte • Hörverstehen	L: Vor 200 Jahren, ja vor 200 Jahren – das ist schon ganz lange her – ging ein Jäger in den Wald. Es war ganz kalt. Er hat gefroren. (L zeigt mimisch, was das bedeutet.) Er wollte einen Hasen jagen. Er ist gegangen, der Schnee war weiß und glitzerte und der Wind hat geheult. (L macht das Geräusch des Windes nach.) Aber es waren keine Tiere mehr da und der Jäger wollte nach Hause gehen. Da hörte er aber plötzlich ein Geräusch. Er legte sein Gewehr an und wartete. Er wollte schießen, aber da war niemand. Er hörte wieder ein Geräusch. Und als er so dagestanden hat, kam plötzlich hinter dem Baum etwas ganz Komisches hervor. Es war mit Fell bedeckt und der Jäger fragte: „Bist du ein Tier oder ein Mensch?" Dieses Ding antwortete nicht, es stand nur da und hat nichts gesagt …
3. Verständnissicherung: • **Rekonstruktion des Inhalts durch Impulsfragen**	L: Habt ihr verstanden? Die SS sprechen italienisch und L betont, dass nur auf Deutsch gesprochen werden sollte. L: (zu einem S, der italienisch sprechen will) Wiederhole bitte: Der Jäger ging in den Wald. S: Der Jäger ging in den Wald. L: Was ist ein Jäger? S: Das tut schießen in Tiere. L: Ja, ein Jäger schießt auf Tiere. Du musst ganz still sein und konzentriert zuhören. Wiederhole nochmals diesen Satz! L spricht vor und S wiederholt: Ein Jäger schießt auf Tiere.

L: Sehr gut!
L: Er ging in den Wald und wollte schießen.
L fragt weiter: Was war da noch im Wald?
L macht das Geräusch des Windes und ein S sagt: Es war der Wind!
L: Ja, gut, und was lag auf dem Boden?
S: Schnee
L: Ja, sehr schön, Schnee lag auf dem Boden.
L: Waren viele Tiere im Wald?
S: Nein!

4. Weiterführung der Erzählung

L (erzählt weiter): Es war ganz still und sehr kalt, er konnte nichts hören. Plötzlich war da wieder ein Geräusch. Und hinter dem Baum kam ein Tier oder ein Mensch hervor?
L wartet.
S: Ein Mensch.

5. Verständnissicherung durch Impulsfragen

L: Was hat der Jäger gemacht?
Keine Reaktionen der SS.
L: Er hat das Gewehr angelegt und was hat er gerufen?
S: Wer ist das, ein Mensch oder ein Tier?
L: Sehr schön, wie heißt du?
S nennt den Namen.
L: Das Tier oder der Mensch stand da in einem langen Fell, in einem haarigen Mantel, und war ganz still …

6. Spracharbeit:

- **Festigung des Wortschatzes Sammeln der neu gelernten Wörter**
- **Schreiben**

L: Jetzt wollen wir mal sehen, wie viele neue Wörter wir heute gelernt haben. Geht bitte an die Tafel und schreibt alle Wörter auf, die ihr gelernt habt!
Niemand geht an die Tafel und der L spricht einzelne SS an und fragt sie, ob sie ein Wort anschreiben wollen. Er macht ihnen Mut.

L (zu einem S): Du brauchst keine Angst zu haben, wir machen das zusammen, wir schaffen das.
S schreibt mit Hilfe von L „Jäger" an die Tafel.
L: Jawohl, richtig, das hast du gut gemacht! Und wer will jetzt kommen?
Ein S meldet sich mit Handzeichen.
L: Du, ja komm, wir machen das zusammen. Schreibe „Wald"!
S schreibt „Vald".
L (zu einem anderen S): Kannst du ihm helfen?
S schreibt „Veald".
Da kommt noch ein S an die Tafel und schreibt das Wort richtig an: „Wald".
L: Sehr gut, perfetto, habt ihr gesehen, was wir alles schaffen?

Es geht wieder ein S an die Tafel. Diesem fällt kein Wort ein, da hilft ihm ein anderer und fragt: Ein Wort schreiben?
L: Ja, richtig!
S schreibt „Mänch".
S verbessert und schreibt „Mensch".
L: Sehr gut, perfetto!
L (zu einem S, der sich mit Handzeichen meldet): Warst du schon an der Tafel?
S versteht nicht sofort und L wiederholt den Satz solange, bis S ihn verstanden hat. Dann sagt S „Nein", geht an die Tafel und schreibt „Wind".
L: Sehr gut, Klasse!
Ein anderer S schreibt „ Tieren".
L: Tiere
S verbessert selbst das Wort an der Tafel.
S schreibt: „kalt".

III: Hermeneutische Praxis

	L: Sehr schön, phantastisch! L: Warst du schon an der Tafel? S: Nein L: Dann komm! S schreibt: „Baum". L: Sehr gut!
7. Rekonstruktion der Geschichte: • **Nummerierung der Wörter nach dem Gesprächsverlauf**	L: Jetzt kommt eine schwierige Sache. Gut aufpassen! Mit der blauen Kreide schreibt ihr jenes Wort an die Tafel, das zuerst in der Geschichte vorkam. Dann das zweite, dritte, vierte usw. ... Nummeriert die Wörter an der Tafel in der Reihenfolge, in der sie in der Geschichte vorkamen.
• **Nacherzählen der Geschichte mit Hilfe der strukturierten Wörter**	Die SS nummerieren einer nach dem anderen ein Wort. Dann ruft L eine L1 und diese erzählt die Geschichte, während sie jedem Wort eine Nummer gibt. Dann erzählen die SS die Geschichte und ordnen die Wörter.

• **Tafelanschrift**	Nummerierte Wörter der SS:
	    1. Kalt
	    2. Wind
	    3. Schnee
	    4. Tiere
	    5. Mensch
	    6. Baum
	    7. Jäger
	    8. Wald

8. Konzentrationsübung: • **Rekonstruktion der Wortliste aus dem Gedächtnis** • **Fertigkeit: Schreiben**	L löscht die Wörter aus. L: Schreibt alle Wörter auf, die ihr euch gemerkt habt!

| 9. Pädagogische Rahmenbedingungen: • Festigung von Stille als Fertigkeit | L: Stopp, alles weg, es ist viel zu laut. Einige Füße bewegen sich noch immer. Ich sage oft zu den SS in anderen Schulwochen: Das ist der König (L zeigt auf den Kopf). Der Kopf sagt zu den Beinen: Seid still! Der Kopf sagt zu den Armen: Verschränkt euch! Aber eure Beine sagen zum Kopf: Wir machen, was wir wollen. |

KOMMENTAR:

Am Beispiel der Geschichte von Kaspar Hauser wird deutlich, wie ausgehend von einem Text „durch eine Kette von Impulsen, die vom Lehrenden kommen, durch steuernde Fragestellungen von seiner Seite, durch kontinuierliche Sicherung und Abstrahierung der Zwischenergebnisse, durch Perspektivenwechsel und Fokussierung auf neue Aspekte – eine fortschreitende Erweiterung und Vertiefung des Rahmenthemas und somit neue Schleifen des Verstehens erreicht [werden]" (Hunfeld et al., 2001, S. B-5).

Hier wird mit vielen verschiedenen Impulsen gearbeitet, die alle miteinander in Verbindung stehen. Nichts darf vergessen werden, alle Lerninhalte werden auf vielfältige Weise wieder aufgenommen und wiederholt.

Diese Aspekte sind für den gesamten Lernprozess von größter Bedeutung. Diese Aussagen werden durch wissenschaftliche Ergebnisse aus Forschungen noch ergänzt:

Um neue sprachliche Informationen aufzunehmen und im Arbeitsgedächtnis bedeutungsvolle subjektive Assoziationen zu bilden, die helfen, lexikalische Einheiten nachhaltig im Langzeitgedächtnis zu speichern, brauchen die Lernenden vor allem Zeit. Textpräsentationsformen, bei denen Texte wiederholt, präsentiert und rekonstruiert werden, ermöglichen diese intensive Auseinandersetzung der Lernenden mit der Sprache. (Krenn, 2005, S. 17)

Im hermeneutisch orientierten Unterricht ist das Hörverständnis die erste Voraussetzung für ein Verstehensgespräch, weil es im weiteren Verlauf nicht nur um das rein sprachliche Verstehenkönnen des jeweils Anderen geht.[87]

---

[87] Vgl. Rück, 2004, S. 173: „Äußert man im Bereich der Fremdsprachendidaktik für den Frühbeginn die Meinung, Kinder sollten die für sie neue Sprache zunächst viel hören und versuchen, sie hörend zu verstehen, dann kommt unweigerlich der Einwand, Kinder wollten doch vor allem selber sprechen."

Auf die Wichtigkeit des Hörens weist auch Stephen D. Krashen, ein Vertreter der sogenannten „Natural Approach Theory", hin und führt aus, „dass das fließende Sprechen in einer Zweitsprache nicht direkt und eigenständig erlernt werden kann. Vielmehr entsteht die Fähigkeit, mühelos in einer Fremdsprache zu reden, nachdem der Lerner eine entsprechende Kompetenz durch Hören erworben hat" (Krashen & Terrell, 1983, S. 20).

Krashen und Terrell kamen in ihren Untersuchungen auch zu dem Ergebnis, dass Lernen, das vorwiegend auf Hörverstehen basiert, bedeutend schneller als konventionelles Lernen vor sich geht: „Schüler übertrafen nach nur 32 Stunden ... Probanden mit 150 Stunden herkömmlichen Unterrichts" (Krashen & Terrell, 1983, S. 37).

Wie komplex Kommunikation wirklich ist und welche verschiedenen Aspekte im Gespräch wirksam werden, vgl. dazu *Wie wirklich ist die Wirklichkeit?* (Watzlawick, 1976).

III. Phase: Spracharbeit: Festigung verschiedener Fertigkeiten durch methodische Vielfalt

1. **Neuer Impuls:** Zeitungsblatt	L nimmt eine Zeitung in die Hand. L: Ich habe eine Zeitung. Die kann man lesen, die kann man auch auseinanderfalten. Ich zerreiße die Zeitung und schenke jedem von euch ein Blatt. Die SS lachen.
• **Spracharbeit:** Sammeln von Wörtern	
Schreiben	L: Schreibt zwei Wörter aus der Zeitung an die Tafel, die ihr lesen könnt. Immer zu zweit arbeiten bitte oder auch in kleinen Gruppen.
	Anschließend stehen ca. 40 Wörter an der Tafel, die die SS aus dem Text ausgewählt haben:
Gesammelte Wörter:	Telemann, Finanzierung, Park, Gymnasiasten, Schwarzkittel, New York, Kino, Chicago, Musik, Sonne, große Uhr, Bürgerhaus, gelungen, Morgen, Fußball, Arbeit, Wahl, Mann, Dollar, Wegen, Futbal, Bayern,

Sport, Rang, Jahre, Fußballschue, lesen, Felix-Stadt, Schweiz, Fahren, absagen, Tag, Euro, Architekt, Punkten, Formel 1, Dach, Morgen, Spitze, Welt, schlecht.

- **Pädagogische Rahmenbedingungen: Training der Fertigkeit Stille**

Nach dieser Phase setzt sich L hin und wartet, bis es ruhig wird. Er bittet nicht um Ruhe. Auch die Zeitungsblätter sammelt er wortlos ein.
L: Alles weglegen – Was sagt der Kopf? – still sitzen – sich konzentrieren.

2. Neuer Impuls: Lied
- **Gemeinsames Singen, Text nachsprechen**

L stimmt das Lied „Alle Vögel sind schon da" an und alle singen.
Der Text des Liedes wird erweitert, zusammen gesprochen, ein S versucht es allein.

Plötzlich läutet die Pausenglocke.
L: War das die Schelle?
LL: Ja
L: Wollt ihr auch Pause machen?
SS begeistert: Ja!
    PAUSE

3. Memorieren des Liedtextes:
- **Ausspracheschulung**
- **Gemeinsames Sprechen**

L: Alles weg,[88] konzentrieren wir uns wieder. Was sagt der Kopf?
L: Alle Vögel sind schon da (er sagt die ganze Strophe alleine auf).
LL wiederholen: Alle Vögel …
Die SS sprechen gemeinsam mit den LL den Liedtext.
L: Wer kann den Liedtext schon alleine aufsagen?

---

[88] Hier und an anderen Stellen der PW kann die Atmosphäre, die in der Woche herrschte, nicht genau wiedergegeben werden. Manchmal wirken die Anweisungen dieser Art autoritär, aber wer selbst mehr verstehen will, sollte sich das Filmmaterial ansehen, das im Schulamt zur Einsicht aufliegt.

	Ein S meldet sich und versucht die Strophe alleine aufzusagen.
• Wiederholung und Festigung des Wortschatzes	Anschließend singen alle das Lied mit Variationen (schneller, leise, laut), L singt die zweite Stimme dazu. Eine S meldet sich, da sie das Lied schon im Kindergarten gelernt hatte. L: Schreibt alle Wörter ab, die an der Tafel stehen. Nein, stopp. Ich habe einen Fehler gemacht. Zuerst lesen wir die Wörter laut und dann müssen wir sie richtig schreiben und abschreiben.
• Pädagogische Rahmenbedingungen: zur Fertigkeit Stille	L: Macht bitte die Augen zu. Ich lasse jetzt ein Tempo-Taschentuch fallen und wenn ihr ganz leise seid, dann hört ihr es, wenn es auf den Boden fällt.
4. Spracharbeit: • Lesen der an der Tafel stehenden Wörter • Gemeinsames Korrigieren der Fehler	L zeigt auf die Wörter, verbessert die Rechtschreibung. Jeder S darf sein an die Tafel geschriebenes Wort gemeinsam mit dem L verbessern. Nun lesen die SS das Wort „Schwarzkittel". L: Was ist ein Schwarzkittel? Niemand weiß eine Antwort darauf, auch nicht die Lehrerinnen. L: Ihr müsst so aufmerksam sein wie ein Fußballspieler. Wenn der trainiert, ist er ganz konzentriert. Es wird immer ruhiger in der Klasse.
• Erklären unbekannter Wörter	L: Jetzt können wir wieder arbeiten. Also ein Schwarzkittel ist ein Wildschwein. Es ist ein wildes Schwein, das im Wald lebt, und ein Jäger will es erschießen, erinnert ihr euch?

	Ein S sagt auf Italienisch Wildschwein: *Cinghiale*.
	L: Ich verstehe dich nicht, wir sprechen nur deutsch.
• **Fertigkeit Lesen**	L zeigt auf die Wörter und die SS sprechen im Chor nach. Jetzt zeigt ein S auf die Wörter und die anderen sprechen sie nach.
• **Nachsprechen im Chor**	L: Die große Uhr schlägt alle Tage.
	Alle wiederholen gemeinsam diesen Satz. Dann geht es wieder weiter mit dem Lesen der Wörter.
• **Fertigkeit Schreiben:**	L: Jetzt könnt ihr die Wörter von der Tafel abschreiben.
Schreiben der Wörter	Während die Kinder abschreiben, schreibt L Folgendes an die Tafel:
	Die große Uhr schlägt alle Tage.
	Der Schwarzkittel lebt im Wald.
	New York hat einen Park.
	L geht in der Klasse herum, sieht sich die Arbeiten der Kinder einzeln an und kommentiert einige davon.
	L: Bist du fertig? Zeig mal dein Blatt.
	Die SS zeigen L ihre Wörter, die sie von der Tafel abgeschrieben haben.
	L lobt die Kinder oder weist sie auf Fehler hin, die sie dann anhand der Tafelanschrift oder mit seiner Hilfe verbessern sollen.
	L löscht die Wörter, die nun an der Tafel stehen, aus.

5. Entspannung durch Variation	L: Legt bitte alles weg, die Beine sind ganz ruhig! L stimmt das Lied „Alle Vögel sind schon da" an und lässt die SS alleine singen. Sie singen ziemlich falsch und L hält sich die Ohren zu. Alle lachen und beginnen nochmals gemeinsam zu singen.
6. Erweiterung der Spracharbeit: Sätze bilden	L liest die Sätze, die an der Tafel stehen, laut vor. L: Wir haben drei Sätze, ich möchte gerne noch einen vierten Satz. Es ist sehr schwer. L liest die drei Sätze noch einmal vor. L: Wir machen noch einen Satz. Wer will es versuchen? S: Die Sonne ist sehr gelb. L: Sehr schön S: Im Stadt Fußball spielen. L: Ja, in der Stadt Fußball spielen, aber da fehlt noch etwas, das ist noch kein Satz. Wer kann helfen? S: können L: Ja, in der Stadt können wir Fußball spielen. Wiederhole! S: In der Stadt können wir Fußball spielen. S: Die Tage sind lang. L: Gut, aber Tage haben wir schon. S: Die Formel 1 hat immer gewonnen. L: Sehr gut, aber wer hat die Formel 1 immer gewonnen? S: Schuhmacher hat die Formel 1 vielmal gewonnen. L: Super, wer weiß noch einen Satz? S: Ich habe zwei Fußballschuhe. L: Klasse S: Du bist Felix. L: Ich bin Felix?

S: Nein, ich schreibe „Ich bin Felix."

- **Fertigkeit Sprechen: Sprechübungen mit Hilfe der Reime: Hören Nachsprechen Memorieren Ausspracheübung**

L. Das ist der Daumen, der schüttelt die …
L wartet, ob von den SS das Wort „Pflaumen" kommt. SS reagieren nicht sofort, deshalb sagt L ganz schnell alles auf. SS lachen und wiederholen gemeinsam.

Ein anderer Kinderreim kommt noch dazu:
L: Kommt ein Mann die Treppe rauf, klopft an, sagt: Guten Tag, Madame.
L zeigt den Daumen.
SS: Das ist der Daumen.
L zeigt den Zeigefinger.
SS: Das ist der Zeigefinger.
L: Der steckt sie in den Sack.
L: Der … (wartet)
SS ergänzen: bringt sie nach Haus.

- **Üben der Uhrzeiten**

L: Jetzt haben wir noch eine halbe Stunde. Guckt mal alle zur Uhr: Wie spät ist es?
S: 3 Minuten vor halb zwölf.
L: Nein!
S: 5 Minuten vor halb zwölf.
L: Nein!
S: Zwei Minuten vor halb zwölf.
L: Ja, das kann man auch noch anders sagen. Wer weiss es?
S: Es ist 29 Minuten nach elf.
S: Es ist 1 Minute vor halb zwölf.
S: Es ist 31 Minuten vor zwölf.
L: Alles richtig, aber man kann noch etwas sagen. Am Bahnhof sagt man nicht 31 Minuten vor zwölf, sondern elf Uhr einunddreissig.
S: Die Uhr ist spät.
L: Diese Uhr ist fünf Minuten verspätet. Wiederhole!

S wiederholt den ganzen Satz.
L: Wie spät ist es jetzt?
S: 11.33 Uhr.

7. Entspannung durch Variation:

• **Lesen und Schreiben, Sätze bilden**

L: Jetzt um 11.33 Uhr nehmen wir alle ein Blatt und jeder darf von der Tafel auf einen Zettel abschreiben, was er will! Ihr habt fünf Minuten Zeit.
Während der Schreibphase betreut L einzelne SS individuell. Nach der Abschreibphase wird alles weggelegt, ohne dass L kontrolliert oder die SS das Geschriebene vorlesen müssen.

IV. Phase: Zur Erwartungshaltung in Bezug auf den nächsten Tag

1. Fortsetzung der Geschichte:

• **Wiederholen und Aufbauen des Spannungsbogens**

• **Hörverständnis**

L: Eines Morgens vor 200 Jahren ging ein Jäger in den Wald. Er wollte ein Tier schießen. Es waren keine Tiere im Wald. Plötzlich kam hinter den Bäumen etwas Komisches hervor. War es ein Mensch oder ein Tier? Der Wind heulte und der Jäger nahm das Gewehr und wollte schießen. Aber da sah er, dass dieses komische Ding ein Junge war, ein kleiner Junge, 11 oder 12 oder 14 Jahre alt. Dieser Junge stand nur so da und sagte nichts. Er zitterte vor Kälte ... und morgen früh erzähle ich euch die Geschichte weiter. Ihr wart sehr gut heute. Morgen sammeln wir wieder alles und machen dann weiter.

KOMMENTAR:

In diesem Fall wird der Wortschatz mit Wörtern bereichert, die in einem Deutschunterricht in einer 4. Klasse Grundschule wahrscheinlich so nicht vorkommen würden, da sie dem Lehrenden zu schwierig für diese Altersgruppe erscheinen würden.

Im hermeneutischen Unterricht geht es hingegen um ein Verstehensgespräch, bei dem die Schülerinnen lernen, genau zuzuhören und Fragen zu stellen, wenn sie etwas nicht verstehen. Die unbekannten Wörter wecken Neugier; die Lernenden wollen wirklich die Bedeutung der Wörter wissen, obgleich der Lehrende insgesamt am Anfang der Einheit sprachlich und handelnd sehr stark steuern muss. Es ist auffällig, dass die Kinder im Verlauf dieser Anfangsphase vermehrt von sich aus Fragen stellen und erste Anzeichen eines Gesprächs sichtbar werden.

Ein Verstehensgespräch ist ganz natürlich immer von Missverständnissen und Nichtverstehen begleitet. Der hermeneutische Ansatz sieht die Grenzen des Verstehens deutlicher als bisherige Fremdsprachendidaktik. Vergleiche dazu etwa die Stellungnahme zum Verstehensbegriff von Hans Hunfeld und Konrad Schröder:

Die Lehrenden sollten ihren jeweiligen Verstehensbegriff nicht automatisch auf ihre Lerner übertragen. Die Vielzahl der europäischen Sprachen macht schon quantitativ ein Verstehen unmöglich. Wenn fremdsprachliches Lernen also schon aus quantitativen Gründen begrenzt ist, so muss die Einsicht in die qualitativen Grenzen des Verstehens ebenso zu entsprechenden Konsequenzen führen. Die euphemistische Vorstellung, die bis heute fremdsprachliche Richtlinien prägt, man könne den jeweils Anderen verstehen, wenn man nur ausreichend genug seine Sprache und Kultur kennen lerne, erfährt von daher eine realistische Einschränkung. Die jungen Lerner wachsen in einem Europa auf, in dem das in unmittelbarer Nachbarschaft nahe und vielfältige Fremde auch dann zu respektieren ist, wenn man es nicht versteht. Wenn man heute mit dem frühen fremdsprachlichen Angebot das allgemeine Lernziel verbindet, seine Lerner „europatauglich" zu machen, so ergibt sich aus der veränderten Wirklichkeit auch die Konsequenz, im Lehrgang auf die Grenzen des Verstehens aufmerksam zu machen. Das bedeutet nicht nur eine Präzisierung des etablierten Verstehensbegriffs und seine Anpassung an den veränderten Bedingungsrahmen, sondern zugleich auch eine Fokussierung auf ein wesentliches Ziel des Lernens: Die Qualifikation zu einer Grenzkompetenz, was immer sie im Einzelnen bedeuten kann, ist für den zukünftigen europäischen Bürger in einem regionalen Europa überlebenswichtig. (Hunfeld & Schröder, 2001, S. 5f.)

Der Lehrende wartet ruhig auf die Fragen der Lernenden, gibt sie entweder an die Gruppe weiter oder beantwortet sie selbst. So spüren sie, dass der Lehrende Vertrauen in ihre Fähigkeiten hat. Die Schülerinnen strengen sich an, die Aufgaben zu lösen. Da alle in der Klasse gemeinsam arbeiten, findet eine natürliche Binnendifferenzierung statt; die Lernenden helfen sich gegenseitig. Vertrauen in die Stärken der Lernenden und die Anerkennung ihrer Schwächen sind die Grundlagen eines angstfreien und erfolgreichen Lern- und Entwicklungsprozesses eines jeden Menschen.

Die Schülerinnen fallen öfter in die Muttersprache Italienisch zurück, da sie gewohnt sind, dass die Zweitsprachlehrerin in Südtirol sie versteht. Es ist deshalb umso schwieriger, aber durch eine konsequente Haltung der Lehrerin durchaus möglich, immer Deutsch zu sprechen. Das bedeutet vor allem in einem zweisprachigen Gebiet wie Südtirol von Seiten der Lehrenden und der Lernenden sehr viel Anstrengung, da die Zweitsprachlehrerinnen auch Italienisch sprechen und die Schülerinnen das genau wissen:

Authentische Gespräche in der Zweitsprache – Für viele ist ein Gespräch auf Deutsch in einer Klasse, in der fast alle Italienisch verstehen und sprechen, keine natürliche Sprechsituation. Was verstehen wir also unter authentischen Gesprächen? Zunächst einmal konzentriert sich der Zweitsprachenunterricht auf seine eigentliche Aufgabe: Deutsch zu lehren und zu lernen. Alle Möglichkeiten und Gelegenheiten sollten genutzt werden, von daher ist es auch sinnvoll zu thematisieren, wann und wie man Deutsch sprechen, üben und ausprobieren sollte. Die Schülerinnen sollen selbst überlegen, ob sie diese Gelegenheit nutzen wollen oder wie sie diese Gelegenheit nutzen können. Gespräche müssen/sollen auf alle Fälle Inhalte haben, die sich an den Interessen und Erfahrungen, am Vorwissen der Schülerinnen orientieren. (Debiasi & Gasser, 2004, S. 58)

Spracharbeit, Fertigkeitsschulung, Bilden von Verstehensinseln, Anstrengung, unbekannte Wörter sind eine Herausforderung für die Lerner, all das charakterisiert den hermeneutischen Lernprozess. Er muss zu Beginn stark gesteuert werden, hat aber immer zum Ziel das „Gemeinsam Können" im Team.

Während des Gesprächs findet eine ganz natürliche Binnendifferenzierung statt. Am Ende wird die Geschichte gemeinsam mit den Lernenden wiederholt. Auch alle anderen behandelten Lerninhalte werden mit dem Lehrer gemeinsam rekonstruiert. Die Lernenden können so schrittweise lernen, Verantwortung für den eigenen Lernprozess zu übernehmen. Das Erzählen des Anfangs der Geschichte ohne Fortsetzung baut die Erwartungshaltung auf und fördert die Neugier auf die Fortsetzung am nächsten Tag. Unterricht sollte immer wieder überraschen, neugierig machen und neue Anstrengung bereithalten.

Rückblick auf die Phasen:
Situative Einbettung – Gesprächsregel und Spracharbeit – Erzählen und Hörverstehen – Sicherung und Rekonstruktion – Weiterführung und Spracharbeit – Festigung von Sprache und Regel – Auflockerung und wiederholter Impuls – Entspannung und Variation – Bilanz und Vorbereitung.
Insgesamt: Spiralförmige Progression, die wieder aufnimmt und weiterführt.

2. Vormittag: 9.00 – 12.00 Uhr

Der zweite Vormittag nimmt alle eingeführten Methoden, Fertigkeiten und Inhalte wieder auf, verfestigt und erweitert sie. Als Bindeglied fungiert die am ersten Vormittag begonnene, veränderte, auf die Situation in der Klasse und die Ziele der Woche abgestellte Geschichte des Kaspar Hauser.

Im Übrigen ist die normale Klassensituation nicht gegeben, da ja an diesen Vormittagen im Rahmen der Lehrerfortbildung eine Anzahl von Lehrerinnen den Unterricht beobachtet. Um das Künstliche dieser Situation wenigstens teilweise aufzuheben, werden diese Lehrerinnen gelegentlich in das Verstehensgespräch mit einbezogen.

I. Phase: Weiterführung der Geschichte: „Kaspar Hauser" – Teil 2

1. Neuer Impuls: Fortsetzung der Geschichte • Hörverstehen	Stuhlkreis: L setzt sich hin und wartet auf Ruhe. L: Da kam der Junge mit dem Fell ganz langsam auf den Jäger zu. Und der Jäger wollte mit ihm sprechen. Der Junge zitterte. Da hat der Jäger gesagt: „Warum zitterst du? Wie heißt du denn?" Der Junge sagte nichts und als der Jäger noch etwas fragen wollte, hob der Junge plötzlich den Kopf hoch und jaulte wie ein Wolf. Ganz weit in der Ferne hörte man das Jaulen von Wölfen. Da hat der Jäger überlegt: Soll ich den hier lassen im Wald oder soll ich ihn mit nach Hause nehmen? Der Junge heulte wieder. Der Jäger sagte zu dem Jungen: „Du brauchst keine Angst haben, ich nehme dich mit nach Hause und gebe dir etwas zu essen und ein warmes Bett." Der Junge wollte nicht mitgehen, da er sich fürchtete. Doch der Jäger verstand etwas und sogleich nahm er ein Seil aus dem Rucksack raus und ergriff den Jungen. Er band das Seil um die Handgelenke des Jungen und da hat er noch mehr gezittert. „Du brauchst keine Angst haben, ich nehme dich nur mit nach Hause, in ein warmes Haus, da gibt es ein Feuer, an dem du dich wärmen kannst!" Der Jäger zog den Jungen hinter sich her, aber der Junge wollte nicht mitgehen.
• Erweiterung der Hörverstehensschulung	L: Wie ist der Junge gegangen? Zeig es mir (zu einem S)! L erzählt weiter: Der Jäger zog den Jungen bis zum Haus. Jetzt standen die Beiden vor dem Haus vom Jäger. Sie sahen ein Licht.

	Das Licht blinkte und zeigte ihnen den Weg. Da gingen sie ins Haus des Jägers. Dort war auch die Frau und der Junge bekam noch mehr Angst. Er zitterte. Der Junge stand an der Tür und wollte nicht richtig rein und nicht richtig raus. Er stand auf der Schwelle und wusste nicht, was er wollte!
2. Verständnissicherung:	L: Hast du ein Wort verstanden? Nur ein Wort? Ganz ruhig, wir haben Zeit!
• Mündliches und schriftliches Sammeln der verstandenen Wörter	L (zu einem anderen S): Sag mir ein Wort, das du verstanden hast? L (zu allen SS): Wollen mal sehen, was die anderen verstanden haben! Die SS sagen folgende Wörter, die an die Tafel geschrieben werden:
• Tafelanschrift	Junge, Kalt, Seil, Haus, Wolf, Tür, Schnee, hinten, licht, ende fom Wald, Winter, Beide.
• Pädagogische Rahmenbedingungen: Regeln der Arbeit im Team	L weist auf die Regeln hin: Ihr braucht nicht aufzuzeigen, jeder Einzelne hat Zeit zum Nachdenken. Wenn einer spricht, hören die anderen zu und sind still.
3. Spracharbeit:	L sitzt mit dem Rücken zur Tafel und sagt: Ich habe hinten zwei Augen und ich sehe, dass Wörter noch nicht richtig an der Tafel stehen.
• Orthographie: Buchstabieren	Zu einem S: Lies bitte ein Wort vor! S: Schnee L: Sag mir die Buchstaben. S: S c h n e e SS: S c h n e e S: fom L: Sag mir die Buchstaben!

	S: ef und w
	L: Nein, also sagen wir gemeinsam das ganze ABC auf.
• Alphabet	Die SS sagen das ABC auf.
	L: Ein Wort ist noch falsch geschrieben!
	S: Kalt!
	L: Buchstabiere!
	S: K A L T und klein geschrieben.
• Satzbildung: Einübung der Struktur	Ein Kind versucht sich verständlich zu machen, weiß aber nicht wie.
	L: Er möchte etwas sagen, weiß aber nicht wie. Helft ihm.
• Aussprache	S (mit Hilfe des L): Er möchte den Schwamm nass machen.
	L: Alle wiederholen.
	SS: Er möchte den Schwamm nass machen.
	Ein S wiederholt nochmals den Satz.
• Schreiben	Dieser Satz wird von den SS an die Tafel geschrieben. Gemeinsam wird er korrekt geschrieben.
	L: Buchstabieren wir die Wörter mit geschlossenen Augen. Die Lehrer kommen zuerst dran, dann die SS.
	Die LL buchstabieren der Reihe nach die Wörter, die an der Tafel stehen, die SS erraten das Wort und löschen aus.
4. Neuer Impuls: Liedtext	L spricht den Text der 1. Strophe von „Auf der Mauer, auf der Lauer sitzt ,ne kleine Wanze" vor.
• Nachsprechen • Singen	SS sprechen nach, die anwesenden LL singen alle Strophen des Liedes einmal vor; je-

	weils der letzte Buchstabe wird weggelassen (Wanze, Wanz, Wan, Wa, W).
5. Kreatives Arbeiten zur Geschichte: • **Malen** • **Dialog mit dem Text durch Bilder und Sprache**	L: Jetzt müssen wir wieder ein bisschen arbeiten, später singen wir weiter. Das ist jetzt kein Spaß, bitte sitzt ruhig. Ich habe euch die Geschichte erzählt. Jetzt sollt ihr euch vorstellen, wie der Jäger aussieht. L: Wie spät ist es? Malt ein Bild von diesem Jungen. Ihr könnt bis 10 nach 10 malen. SS malen und sprechen mit L. Anschließend ist Pause bis 10.40 Uhr. Nach dem Zeichnen sagt L „Alles weg!" und wartet auf Ruhe, ohne etwas zu sagen.

KOMMENTAR:

Die starke Steuerung des Lehrers wird hier sehr deutlich. Der Lehrende wechselt kindgerecht oft die Arbeitsformen und Aktivitäten (Singspiele, Bewegungsspiele, Chor sprechen, Geschichten erzählen, Malen, Memory ...).

Die Methodenvielfalt spielt an der Grundschule eine wesentliche Rolle, da die Kinder sehr viel Abwechslung brauchen und diese nur durch ein reichhaltiges Angebot an alle Lernenden erreicht wird.

Der hermeneutisch orientierte Fremdsprachenunterricht hat den einzelnen Lerner in seiner Verschiedenheit vor Augen. Er hält daher eine Fülle unterschiedlichster Materialien bereit (Dossiers). Diese Fülle ermöglicht dem einzelnen Lerner seine individuelle Annäherung an den Lernstoff. Die Dossiers werden auf Vorschlag vom Lehrenden oder den Lernenden in den verschiedenen Lehr- und Lernphasen so eingesetzt, dass sie nicht nur der Verschiedenheit der Lerner gerecht werden, sondern diese Verschiedenheit auch zur Entfaltung bringen und so für den Verstehensprozess aller produktiv werden lassen. Die traditionell als mögliche Hindernisse des gemeinsamen Lernweges verstandene Unterschiedlichkeit der Lernenden wird hier positiv gewertet. Die Reichhaltigkeit des Materials als Antwort auf unterschiedliches Vorwissen der Lerner ist deshalb selbstverständlicher Impuls für binnendifferenziertes Arbeiten, das nicht mehr bloß methodisches Verfahren, sondern Konsequenz eben dieser Verschiedenheit ist. (Hunfeld, 2004, S. 492)

Die vorliegende Phase nutzt das Dossier schon aus, ohne es auszuhändigen. Die Abwechslung der methodischen Schritte wird durch das Lied verstärkt – der Text wird dabei aber durch beiläufiges Memorieren und nicht durch Lektüre gelernt.

Das Memorieren ist eine sehr wichtige Anstrengung, die durch das einfache und schnelle Fotokopieren eines Blattes in Vergessenheit geraten ist. Die Schülerinnen lernen so durch die mehrmalige Wiederholung auch eine korrekte und flüssige Aussprache. Sie trainieren ihr Gedächtnis und lernen, auf ihre eigenen Fähigkeiten zu vertrauen. Sie gewinnen langsam an Selbstvertrauen und werden selbstbewusst. Das Selbstwertgefühl der Lernenden zu stärken ist eines der übergeordneten Erziehungsziele des hermeneutischen Ansatzes.

II. Phase: Weiterführung der Erzählung: „Kaspar Hauser" – Teil 3

1. Neuer Impuls: Weiterführung der Erzählung • **Hörverstehen**	L erzählt weiter: Der Junge ist jetzt im Haus. Aber der Junge kann nichts sagen, er zittert. Der Jäger fragt: "Hast du Hunger? Möchtest du etwas essen?" Der Junge steht da und sagt nichts. Die Jägersfrau fragt: „Möchtest du was trinken?" Aber der Junge antwortet nicht. Da sprechen die Jägersfrau und der Mann miteinander und sie sagen: „Sollen wir ihn ins Krankenhaus bringen oder die Polizei verständigen?" Die Frau möchte den Jungen eine Nacht zu Hause behalten: „Er soll schlafen und sich ausruhen. Morgen sehen wir dann weiter." Der Junge hat lange Haare und Fingernägel wie ein Tier, an einem Ohr blutet er, da hat er sich verletzt. Die Frau des Jägers sagt: „Heute Nacht soll er schlafen. Morgen vielleicht spricht er mit

uns." Das Jägerpaar bringt den Jungen in das Zimmer, aber der Junge will nicht ins Bett. Die Frau ist klug, sie geht aus dem Zimmer raus, macht leise die Tür zu und lässt den Jungen alleine. Es ist Nacht. Der Wind heult um das Haus. Es fällt wieder Schnee und alle gehen zu Bett. Es ist ganz still, aber bevor sie einschlafen, hören sie nochmals ganz in der Ferne die Wölfe heulen ... Warum heulen sie? Warum rufen die Wölfe? ...
Das erzähle ich euch nachher.

2. Wiederaufnahme von Gelerntem: • Rekonstruktion der am Vortag gesammelten Wörter • Festigung der gesammelten Wörter: Schreiben	L: Jetzt müssen wir wieder arbeiten. Gestern standen viele Wörter an der Tafel. Schreibt in fünf Minuten alle Wörter von gestern an die Tafel. Es ist 10.45 Uhr. Also bis 10.50 Uhr habt ihr Zeit. Wichtig: Geht bitte leise an die Tafel und stört euch nicht gegenseitig. Am Ende sollten die Wörter und die vier Sätze an der Tafel stehen. Alle SS bis auf eine gehen an die Tafel und schreiben. Es ist etwas laut.
Dabei Schulung der Methodenkompetenz: • Leistung in Zeit • Transparenz des methodischen Prinzips der Teamarbeit • Beständige Wiederholung und Festigung anfangs eingeführter Regeln der Zusammenarbeit	L: Wir brauchen Stille, um gut zusammenarbeiten zu können. Schnell, aber geordnet. Die SS schreiben die Wörter an die Tafel. Nach fünf Minuten ... L: Stopp, alle auf den Platz gehen, bitte! L setzt sich hin und wartet auf Ruhe. L: Stopp und legt die Hände auf die Knie. Wir müssen zusammenarbeiten. Schnell und ruhig. Wir gucken an die Tafel und wenn jemand noch ein Wort findet von gestern, das fehlt, dann kann er es hinschreiben. S: Arbeit S: Wildschwein

S: Swarzkittel
S: Sch...
L: Hört zu, die Fehler verbessern wir nachher. Es fehlt noch ein Wort.
S: Fussballschuhe
L: Es fehlt noch ein Wort!
S: schlecht
L: Ich frage zum letzten Mal, ob noch ein Wort fehlt?
SS schweigen.

- **Festigung des Wortschatzes: Abschreiben der Wörter**

L öffnet die Tafel und die Tafelanschrift des Vortages kommt zum Vorschein (40 Wörter).
L: Jeder zählt leise für sich, wie viele Wörter an der Tafel stehen.
L macht die Tafel wieder zu und löscht die Schüleranschrift aus.
L: Ich gehe jetzt im Kreis herum und jeder/jede sagt mir ins Ohr, wie viele Wörter an der Tafel standen ...
Nach einiger Zeit:
L: Es sind 41 Wörter, ein neues Blatt nehmen und die Wörter abschreiben, bitte!

3. **Neuer Impuls: Lückentext**

Während die SS schreiben, geht L an die Tafel und schreibt:

- **Spracharbeit: Einsetzen der fehlenden Wörter in Teamarbeit**

DER   GING   WALD.
        ER   TIERE   SCHIESSEN.
DA   SAH   EINEN   .
WAR ER   TIER?

L: Noch eine Minute, noch eine halbe Minute, alles weg! Alles weg!

- **Tafelanschrift**

L setzt sich hin und wartet. Dann steht er auf, holt eine Kreide, hält sie in der Hand

und wartet. Aber es bewegt sich nichts. Dann bekommen die Kinder langsam Mut und probieren. Nach mehreren Versuchen schreibt ein S endlich „Jäger" in die erste Lücke rein. Geduldig wartet L auf die SS, die den Lückentext in Teamarbeit ausfüllen sollen. Die SS müssen ganz angestrengt nachdenken.
L: Jeder kann das, man muss sich nur anstrengen.
Der JÄGER ging IN DEN Wald.
Er WOLLTE KEINE Tiere schießen.
Da sah ER einen JUNGEN.
War er EIN Tier?

Ein S liest die Sätze vor.
L (zu einem anderen S): Lies nochmals die Sätze!
Ein anderer S liest vor.

4. Entspannung durch Variation:

- **Lied singen**
- **Aussprache**

L stimmt das Wanzenlied an. SS singen alle Strophen.
L: Jetzt haben wir heute fast alles geschafft. Ihr wart sehr gut.
Ein S bemerkt: Wir haben noch eine halbe Stunde.
L: Wie spät ist es jetzt?
S: 11.30 Uhr.
L: Wir haben nur mehr eine halbe Stunde, einige sind müde, aber das macht nichts.

KOMMENTAR:

Der Lückentext, der als Impuls an der Tafel steht und Wörter der erzählten Geschichte beinhaltet, wird ohne zusätzliche Anweisung und Erklärung des Lehrers von den Schülerinnen selbständig ergänzt. Die Kinder lernen Verantwortung für den eigenen Lernprozess tragen. Der Lehrer wartet geduldig auf die Reaktionen der Lernerinnen, die den Lernweg bestimmen. Das Potential der Schülerinnen wird durch das Warten wirklich erfasst und richtig genutzt.

Die Schülerinnen festigen gemeinsam den neu gelernten Wortschatz. Sie lernen, dass jede etwas anderes weiß und kann (Addition der unterschiedlichen Kompetenzen). Mit Hilfe aller Beteiligten werden die Wörter gesammelt, an die Tafel geschrieben und erklärt. Das gemeinsame Lernen und Arbeiten im Team, das die arbeitsteilige Gesellschaft bestimmt, kann schon an der Grundschule ansatzweise beginnen.

Der Lehrende kann in Form der Korrektur sinnvolle Rückmeldung auf den Lernprozess geben. Das Vorwissen der Lernenden wird evoziert und durch die Addition der unterschiedlichen Kompetenzen erweitert. Diese Teamarbeit gibt schwächeren Schülerinnen Schutz, da sie sich nicht alleine exponieren müssen; sie gibt ihnen genügend Zeit zum individuellen Lernen. Die leistungsstärkeren Lernenden können ihre Kompetenz zum Nutzen aller einsetzen:

> Jeder Lerner bringt in seiner Individualität bestimmte Kenntnisse, Fertigkeiten und Kompetenzen mit in den Lehrgang. Im Dialog mit den anderen Lernern wird sich der Einzelne dieser Kompetenzen bewusst, erkennt gleichzeitig deren Begrenztheit und erfährt, dass durch ihr Zusammenwirken in der gemeinsamen Arbeit eine neue Kraft entsteht, die gegenseitiges Lernen anregt. (Hunfeld, 2004, S. 491)

Ein übergeordnetes Erziehungsziel des hermeneutischen Lehren und Lernens ist die Bildung eines selbstbewussten und verantwortungsvollen Bürgers. Nur wer seine Stärken und Schwächen kennt, kann konstruktiv in einem Team mitarbeiten. Lob und Bestätigung dürfen dabei nicht fehlen, aber auch Hinweise auf Fehler gehören zum Lernprozess.[89] Die Schülerinnen erfahren die eigenen Grenzen und gleichzeitig die Addition der unterschiedlichen Kompetenzen, wichtige Leistungen – wie Hunfeld und Schröder hervorheben –,

„die zwar nicht so deutlich wie rein sprachliche Kenntnisse und fertigkeiten, aber dennoch für die Zukunft des jungen Lerners ausschlaggebend sind: seine Teamfähigkeit, die sich im genauen Zuhören auf den anderen und im

---

[89] Vgl. Portmann-Tselikas, 1998, S. 104: „Spracherwerb ist ein langsamer Prozess. Das, was man über Sprache gelernt hat, findet nur allmählich in den konkreten Sprachgebrauch Eingang, zunächst fast immer fehlerhaft, dann zusehends sicherer. Für diese Umsetzung braucht es nicht nur Zeit, es braucht vor allem viel Praxis. Für diese Praxis ist nicht allein der Deutschunterricht, dafür sind alle Fächer zuständig."

Zurückhalten des eigenen vorschnellen Urteils ausdrückt; seine Selbstsicherheit, die es zulässt, andere Standpunkte gelten zu lassen; seine Fähigkeit, vom jeweils anderen zu lernen, seine Kooperationsbereitschaft, die Hilfe des anderen anzunehmen und gleichzeitig seine spezifischen Kenntnisse und Qualifikationen, die nicht nur persönlich, sondern auch kulturell bedingt sind, entsprechend anzubieten. (Hunfeld & Schröder, 2001, S. 7)

III. Phase: Weiterführung der Geschichte: „Kaspar Hauser" – Teil 4

1. Neuer Impuls: Fortsetzung der Geschichte von Kaspar Hauser

- **Hörverständnis**

L erzählt die Geschichte weiter.
L: Am anderen Morgen machte die Jägersfrau Frühstück. Sie hat ein Feuer angemacht. Sie hat Brot hingestellt, Butter und Honig. Der Jäger hat nicht so gut geschlafen. Die Frau hat ihn angesprochen und gefragt: „Wie geht's dir heute morgen?" Der Jäger hat geantwortet: „Nicht so gut, ich habe Rückenschmerzen." Seine Frau sagte: „Setz dich hin, ich mache dir ein schönes Frühstück. Möchtest du Kaffee oder Tee?" Dann haben sie gefrühstückt und der Jäger hat gefragt: „Wo ist der Junge?"
„Ich weiß nicht", hat die Frau geantwortet. Der Jäger fragte weiter: „Hast du gestern die Tür abgeschlossen? Denn es könnte ja sein, dass er einfach weggegangen ist. Hast du den Jungen gehört?" Grade als die Jägersfrau noch einen Tee einschütten wollte, hörte sie plötzlich ein leises Tip-tap-tip. „Ich glaube es ist der Junge", sagte die Frau. Sie machte die Tür auf und es war der Junge; immer noch lange Haare, immer noch lange Fingernägel, immer noch Wunden im Gesicht.
Aber etwas war anders. Er war nicht mehr verfroren, seine Nase war nicht mehr weiß. Er war schön im Gesicht. Er sah besser aus. Der Junge hat schöne Augen. Aber plötzlich

hat er mitten im Zimmer den Kopf hoch gehoben und hat geheult: Uh! Draußen vor dem Fenster, ganz weit weg, hörte man wieder Wölfe heulen. Und die Jägersfrau und der Mann verstanden nicht, was das bedeuten sollte.

2. Kreatives Arbeiten:

• **Malen**

L: Ihr könnt jetzt das Bild weiter malen. Ihr könnt den Jungen malen oder den Jäger oder den Wald oder den Schnee oder den Mond oder die Sterne.

Nach ca. 10 Minuten setzt sich L.
L: Alles weg, schnell … es ist zehn vor zwölf!

3. Neuer Impuls: Vier Nummern

L: Noch einmal konzentrieren, ich weiß, dass es schwer ist. Guckt mal an die Tafel, da hab ich vier Nummern hin geschrieben.

• **Tafelanschrift:**   1   2   3   4

• **Fortsetzung der Geschichte**

L erzählt die Geschichte vom Jungen weiter.
L: Der Junge sieht wie ein Tier aus. Aber er hat so schöne blaue Augen. Die Jägersfrau und der Jäger möchten, dass er nicht nur heulen kann wie ein Wolf, sondern dass der Junge sprechen lernt. Und weil sie in Deutschland wohnen, möchten sie, dass er Deutsch lernt. Sie möchten, dass er mindestens vier Wörter lernt, die ersten vier wichtigsten Wörter. Die Jägersfrau sagte zum Mann: „Heute, wenn du zu den Tieren gehst, überleg dir bitte vier Wörter, die wir morgen dem Jungen lehren wollen." Der Jäger antwortete:" Aber das ist so schwer, was müssen das für Wörter sein?"

Und die Frau sagte: „Das müssen vier Wörter sein, die für den Jungen wichtig sind."

L: Welches Wort muss der Junge also als Erstes lernen, welches als Zweites, welches Wort muss der Junge als Drittes und welches als Viertes lernen?

- **Hausaufgabe: Lösungsvorschläge für die Problemstellung**

L: Heute Nachmittag habt ihr keine Hausaufgabe, aber ihr sollt überlegen, welches die vier wichtigsten Wörter sind, die der Junge lernen muss. Habt ihr verstanden?

SS signalisieren, dass sie die Aufgabe nur teilweise verstanden haben.

L fragt: Habt ihr verstanden?
SS sind nicht alle ganz überzeugt und L wiederholt nochmals, was die SS machen sollten.

- **Wiederholung und Entspannung durch Variation**

Zum Abschluss singen alle das Lied: „Alle Vögel sind schon da."
L: Auf Wiedersehen, grazie a tutti.
SS: Auf Wiedersehen.

KOMMENTAR:

Das Hörverstehen zählt in der Grundschule zu den wichtigsten Fertigkeiten beim Erlernen einer Fremdsprache. Vor allem im ersten Zyklus bietet der Lehrende noch sehr viel Sprache an, da die Kinder noch kaum selbst Sprache produzieren. Geschichten bieten eine gute Möglichkeit, das Hörverständnis der Kinder zu trainieren. Sie geben den Kindern die Gelegenheit, sich in einen fremdsprachigen Ganztext einzuhören.[90]

---

[90] Vgl. Vopel, 2001, S. 1: „Die Liebe zu Geschichten verbindet die Menschen aller Nationen und Rassen. Selbst Völker, die über keine Schrift verfügen, haben einen Schatz an Geschichten, die

> Geschichten gab und gibt es in allen Kulturen und überall haben sie eine große Anziehungskraft auf Kinder. [...] Was aber macht „stories" für das frühe Fremdsprachenlernen so interessant? Es gibt viele Gründe, Geschichten im Englischunterricht der Grundschule einzusetzen. Unzweifelhaft ist, dass Kinder besser lernen, wenn in ihrem Lernumfeld eine positive Lernatmosphäre herrscht. Durch das Vorlesen oder Erzählen von Geschichten können entspannte und stressfreie Lernvoraussetzungen erzeugt werden, die vertrauensbildend wirken. Zudem sind Kinder motiviert für Geschichten und hören gerne zu, besonders wenn sie spannend sind. Ein besonders wichtiger Aspekt liegt darin, dass sie eine gute Möglichkeit bieten, das Hörverständnis der Kinder zu trainieren. Sie geben den Kindern Gelegenheit, sich in einen fremdsprachigen Ganztext einzuhören, sich auf eine längere Passage zu konzentrieren und sie aufzunehmen. Dabei fördern sie auch die Fähigkeit, Wörter aus dem Gesamtzusammenhang zu entschlüsseln. (Kreis, 2001, S. 27)

Diese Anziehungskraft der Geschichten auf Kinder nützt die hermeneutisch Lehrende. Da Kinder neugierig sind und es lieben, Geschichten zu hören, bietet sie den Kindern sehr viele und verschiedene Texte zum Erlernen der Zweitsprache Deutsch an. Es werden neben Bilderbüchern auch Balladen und anspruchsvollere Texte vorgelesen, da die Reichhaltigkeit der Materialien für die Lernerinnen aus folgenden Gründen wichtig ist:
- Kennenlernen verschiedener Sprachmelodien
- Kennenlernen verschiedener Sichtweisen
- Kennenlernen der deutschen Sprache über unterschiedliche Literatur
- Respektieren der Verschiedenheit der Lernerinnen durch ein reichhaltiges Angebot an Geschichten.

Das Erzählen der Geschichte von Kaspar Hauser in kindgerechter Form motiviert die Lehrerinnen, den Kindern der Grundschule im Zweitsprachenunterricht auch inhaltlich schwierigere Textsorten anzubieten. Texte können insgesamt das sprachliche Verstehen der angesprochenen Kinder überstei-

---

sie mündlich weitergeben, von Generation zu Generation. Was ist es, das uns Menschen zum Erzählen und Zuhören motiviert? Geschichten wollen zum einen immer erziehen, Werte und Lebensweisheit weitergeben. Zum anderen haben sie eine verbindende Wirkung: von den Kämpfen und Siegen, Leiden und Glücksgefühlen unserer Mitmenschen zu hören, bringt uns diesen näher, es bewirkt, dass wir uns als Individuen mit unseren Problemen weniger einsam fühlen."

gen, wenn sie durch Verstehensinseln dem Verständnis genügend Halt bieten. Da unterschiedliche Lernerinnen sprachlich unterschiedlich kompetent sind, formuliert das Team in gemeinsamer Arbeit für alle entsprechende Verstehensinseln.

Rückblick: Wiederaufnahme und Festigung – Wiederholung und neuer Impuls – Entspannung und Variation – Kreativität und Denkanstoss.
Der zweite Vormittag zeigt jetzt schon deutlicher den Unterschied zwischen linearer und hermeneutischer Progression: Die lineare Progression führt Bausteine ein und schließt sie jeweils ab; die spiralförmige hermeneutische Progression kommt immer wieder auf die eingangs eingeführten Fertigkeiten, Regeln, sprachlichen Mittel und Kenntnisse zurück, fügt neue hinzu und erweitert die Progression durch ein Miteinander von Gelerntem und neu zu Lernendem.

3. Vormittag: 9.00 – 12.00 Uhr

Der dritte Vormittag führt die Arbeiten der ersten beiden Vormittage zusammen und erweitert sie zu einem ersten Höhepunkt der hermeneutischen Progression:
Alle bisherigen Vorarbeiten in Hinsicht auf
- die Regeln einer Teamarbeit,
- die Grundbedingungen des Verstehensgesprächs,
- die Einführung und Erweiterung des Wortschatzes

werden jetzt in der konkreten Situation der Klasse für eines der zentralen Lernziele wirksam: Aus dieser Situation ergibt sich wie selbstverständlich, das Lernen zu lernen. Die veränderte Kaspar-Hauser-Geschichte wird zum Vorbild und Muster für das eigene Sprechhandeln der Schüler. Die Schüler selbst lehren nach Anleitung ihre Mitschüler deutsche Sprechfertigkeiten, wenden also eben das an, was sie an den beiden ersten Vormittagen gelernt haben. Dadurch wird allen Schülern transparent, wie Teamfähigkeit, Regelhaftigkeit, Anstrengung, Konzentration, methodisches und formales Vorgehen (Tafelbild) im Lehr- und Lernvorgang zusammenwirken.

I. Phase: Wie kann man Sprache lehren und lernen?

1. Aufgreifen der Problemstellung:	L hält Kreide hoch und zählt zweimal: Eins, zwei, drei, vier und wartet. SS denken nach.
• Welche Wörter soll das Kind zuerst lernen?	S nimmt Kreide und schreibt an die Tafel „Mami" und sagt dazu „1". Jetzt verstehen die SS und schreiben einer nach dem anderen ein Wort an die Tafel.
• Tafelanschrift:	Mami, Mutter, Papi, Oma, Opa, Bruder, Vater.
• Steuerung: Verständnissicherung durch genaue Fragen	L greift steuernd ein. L: Das Problem ist Folgendes: Hier stehen jetzt diese Wörter, aber wir sollten die ersten vier wichtigsten Wörter finden, die der Junge zuerst lernen muss. Da sitzt der Junge morgens mit seinen langen Haaren. Er hat Hunger. Da steht er und zittert. Die Frau hat Frühstück gemacht. Er sagt doch nicht Papi, Bruder oder Oma? Was sagt das Kind als Erstes?
• Arbeit im Detail	S: essen L: Ja, schreib das Wort links an die Tafel. S weiß nicht, wo links ist. L erklärt kurz dem S links und rechts.
2. Erweiterung auf den Spracherlernprozess: Wie lernt man Sprache?	L: Wie lernt das Kind das Wort „essen"? L wartet und zieht dann die Jacke aus und wiederholt einen Satz des ersten Tages: Ich hänge die Jacke an … S: Kleiderbügel L: Nein S: Kleiderhaken

- **Wortschatz wiederholen und festigen**

L: Ja, Kleiderhaken, aber woher weißt du das Wort „Kleiderhaken"? Hast du nachgeguckt?
S: Ich habe das Wort aufgeschrieben, das du gesagt hast.
L: Jetzt kommt meine Jacke auf den Kleiderbügel. Was für eine Jacke?
S: Lederjacke
L: Ja, sehr gut! Was macht der Junge? Wie lernt er das erste Wort?

- **Spielen eines Dialogs im Verstehensgespräch**

L ruft zwei Kinder zu sich. Diese spielen jetzt die Jägersfrau und das Kind.
L: Du bist hungrig und kannst nicht sprechen. Was machst du, damit sie dich verstehen?
S zeigt mit der Hand, dass er essen möchte.
L wendet sich an die Jägersfrau: Was sagst du jetzt?
S (Jägersfrau): Du hast Hunger? (Junge macht gestisch weiter.)
L: Was sagst du?
S (Junge): Trink …
L: Der Junge hat Hunger. Was sagst du? Du sagst Milch, trinken, essen …
S (Jägersfrau): Möchtest du ein Stück Käse?
Der Junge nimmt den Käse (Kreide).
L: Das erste Wort ist …?
SS: trinken, essen, Kaffee, Schokolade, Milch, Tee, Käse, Brot.
L: Wir brauchen das erste Wort.
S: Hunger

- **Wortschatzarbeit**

L: Da ist der Junge, er hat Hunger und er will Deutsch lernen. Wie mache ich das, dass der Junge isst und ein Wort Deutsch lernt? Wir müssen sehr konzentriert nachdenken.

• **Problemstellung:** Wie kann man Sprache lehren?	S: Geht in die Schule. L: Da ist keine Schule. Die Jägersfrau soll Lehrerin werden. Wie macht sie das? S: Sprechen und geben? L: Ja, geben und sprechen.
• **Lösungsversuche der Schülerinnen**	L sucht zwei SS zum Spielen aus. Ein S bringt dem anderen S das Wort „Brot" bei. S: Brot S sagt nichts. L zu S: Wiederhole „Brot". S braucht lange, bis sie das Wort „Brot" wiederholt. S: Brot
• **Szenische Darstellung** • **Starke Steuerung des Lehrers**	L: Es ist keine Schule. Aber die Jägersfrau hat in der Stube eine kleine Tafel und schreibt „Brot" an die Tafel. Jetzt weiß der Junge das Wort „Brot". Was ist das zweite Wort, das er lernen muss? S: Kaffee? L: Nein S: Tee? L: Nein S: Schokolade? L: Nein S: Milch? L: Milch L: Ja, Milch, aber was sagt die Jägersfrau dazu? SS schweigen. Zwei SS gehen an die Tafel und schreiben „Milch". L: Welches Wort braucht der Junge noch. S: Schlafen L: Es ist Morgen, der Junge hat schon geschlafen. S: Spielen

	L: Der Junge hat lange Haare, zittert … er will jetzt nicht spielen. S: Haus
• **Starke Steuerung des Lehrers: Auswahl des Wortes „Haus"**	L: Okay, nehmen wir „Haus". Wie erkläre ich dem Jungen „Haus". Heute ist es sehr schwierig. Legt mal alles weg und versucht ruhig zu sein. Wir haben jetzt „Brot" und „Milch". Und jetzt soll der Junge „Haus" lernen. Was machst du? S: Wir wohnen in einem Haus. L: Wenn die Jägersfrau nur spricht, geht es nicht, der Junge kann nämlich kein Wort Deutsch. S: Geht in den Garten und zeigt Haus. L: Der Junge versteht es immer noch nicht. Denkt an eure Lehrerin, wie die das macht. S zeichnet ein Haus an die Tafel. S (Jägersfrau): Das ist Haus. S (Junge) wiederholt: Das ist Haus. L: Noch ein Wort, dann machen wir was anderes. SS: Vater, spielen, schlafen, Wald … Zwei Kinder kommen an die Tafel und spielen die Szene: S zeichnet den Wald und sagt zu S2: Das ist der Wald. S wiederholt: Das ist der Wald. L: Was haben wir für Wörter. Lies bitte! S: Brot, Milch, Haus, Wald.
• **Einhalten der pädagogischen Rahmenbedingungen**	Ein S macht Witze, L erklärt die Rahmenbedingungen und S geht an die Tafel und soll alle vier Wörter der Reihe nach dreimal lesen. L (zu demselben S): Setz dich hin und schreib diese Wörter in Ruhe ab, wir warten auf dich. Könnt ihr ihm helfen?

• **Entspannung durch Variation: Liedtexte**	L: Das ist der Daumen … SS sprechen alleine weiter.
• **Spracharbeit: Wortschatz wiederholen**	L: Auf der Mauer, auf der Lauer … SS ergänzen gemeinsam den Liedtext.
Einzelarbeit mit Schülerinnen, die durch Neueintritt in der Klasse gehandicapt sind.	L: Jetzt haben wir wieder viel gearbeitet. L ruft das Mädchen, das nicht schreiben, lesen, sprechen kann, und wiederholt mit ihr die Wörter: Brot, Milch, … Alle Kinder passen dabei auf.

KOMMENTAR:

Durch die Arbeit mit Impulsen (Impuls: Kreide) werden die Schülerinnen angeregt, persönlich und selbständig zu handeln, da ihnen nicht alles sofort erklärt wird, sondern sie selber denken und überlegen lernen müssen.[91] Die Aufgabe knüpft an die Arbeit des vorangegangenen Tages an. Der Lehrer fragt aber nicht ab – wie es meistens im Unterricht geschieht –, was die Schülerinnen gestern gemacht haben, sondern arbeitet mit dem Impuls des Zählens, der bei den Kindern dann die beschriebenen Reaktionen auslöst. Der Lehrer steuert im Detail den Unterricht, weiß trotzdem nicht im Voraus, welche Reaktionen von den Kindern kommen. Deswegen sprechen wir im hermeneutisch orientierten Unterricht von einer relativen Unbestimmbarkeit der Ziele. Hier wird deutlich, dass der Lehrer nicht wissen kann, welche Wörter die Kinder ihm für den weiteren Lernprozess zur Verfügung stellen werden. Der Sprachunterricht, der also nicht im Einzelnen vorausgeplant werden kann, verlangt deshalb von der Lehrenden großes professionelles, sprachliches, inhaltliches und methodisches Wissen.

---

[91] Vgl. Portmann-Tselikas, 1998, S. 64: „Lehren ist der Versuch, innere kognitive und emotionale Prozesse durch unterrichtliche Aktivitäten in Gang zu setzen und zu steuern. Letztlich sind nicht diese Prozesse selbst das Ziel, sondern das Lernen, das heisst die möglichst permanente Verankerung von Lernresultaten im Gedächtnis. Umgekehrt beruhen der Fortgang und die Dynamik des Unterrichts darauf, dass die Schülerinnen und Schüler aufgrund ihrer inneren Teilnahme Impulse geben, Fragen stellen, Überlegungen und Problemlösungen entwickeln, kurz: aktiv am Unterricht teilnehmen."

Impulsgesteuertes Lernen greift das Vorwissen der Lernenden auf und arbeitet damit. Das Vorwissen der Lernenden an der Grundschule sind die Vorerfahrungen aus der Familie, dem Umfeld, den Medien. Jedes Kind trägt ein individuelles Potential in sich, aus dem sich in der Klasse eine Vielfalt an verschiedenem fremdem Vorwissen entwickelt. Das Vorwissen ist auch das Können, das Sein, die Geschichte, die Erfahrungen, die Art eines jeden Menschen, die Welt zu sehen und sie zu denken. Kinder kommen mit Erlebnissen, Gelesenem, Gehörtem, mit all dem, was das ureigenste Können und Kennen eines Kindes ausmacht, in die Schule. Wenn wir die Kinder ernst nehmen und wirklich schülerorientiert arbeiten, so bestimmt das Vorwissen jedes Einzelnen in der Klasse den Lernweg aller. Die Entdeckung des Vorwissens der Mitschülerinnen führt in der Klasse zu Neugier und Motivationssteigerung. Die Lernenden kommen selbst zu Wort.

Der hermeneutische Verstehensunterricht rechnet mit solchem Vorwissen, spricht den Lerner in seiner Ganzheit als Person und nicht in seiner Rolle als Schüler an und lässt ihn selbst zur Sprache kommen. Er nutzt die Besonderheit jedes einzelnen Lerners, um den Verstehensprozess dialogisch zu entfalten: Auf die Vielfalt von Impulsen reagiert der Lerner als Individuum, bringt seine persönlichen Neigungen und Interessen, seine Erfahrungen aus dem sozialen und kulturellen Umfeld, seine spezifischen sprachlichen Kenntnisse und Fertigkeiten, sein fachliches Wissen, also sein Vorwissen insgesamt zum Ausdruck. (Hunfeld 2004, S. 490)

Die Lehrerinnen der Grundschule versuchen in der Regel die Schülerinnen dort abzuholen, wo sie gerade stehen. Ihre Erfahrungen und Kenntnisse aus der Familie, dem Kindergarten und der Umwelt werden wahrgenommen und sind Teil des Lernprozesses.

Das sieht auch Angelika Kubanek-German so:

Das geschieht in der Regel. Denn die Lehrerinnen fragen die Kinder, welche Wörter sie schon kennen. Freilich umfasst Vorwissen auch Weltwissen. Dass auch das sprachliche Vorwissen der Kinder mit einer anderen Familiensprache mit einbezogen wird, würde der hermeneutische Ansatz postulieren. Dies geschieht z. B. wenn Schüler einer bestimmten Sprache sich gegenseitig helfen, dem Rest der Klasse übersetzen, wobei die LehrerIn ihre Grammatik-Kompetenz hinzufügt. (Kubanek-German 2003, S. 93)

II. Phase: Arbeit mit Anfängern – Arbeit im Team

1. Neuer Impuls:
Hinweis auf das Dossier

L: Ich habe für euch etwas mitgebracht.
L nimmt die Dossiers zum Thema „Sprache" in die Hand.

2. Spracharbeit mit Anfängern (neue Schülerinnen aus dem Ausland)

L: Wie spät ist es?
S: 17 vor zehn.
L: Wann ist Pause?
S: 10.00

L: Also dann teilen wir das Buch nach der Pause aus. Jetzt lernen die beiden Schülerinnen in 7 Minuten noch zwei Wörter.
S: Wasser.
SS wiederholen mehrmals „Wasser".
L (zu einem S): Komm und sag uns die fünf Wörter.
S: Brot, Milch, Haus, Wald, Wasser.
L: Siehst du, was du alles gelernt hast!

- **Schulung der Schlüsselqualifikation: Arbeit im Team**

Alle SS wiederholen die Wörter gemeinsam.
L: Wir brauchen noch ein sechstes Wort!
S: Meer
S schreibt „Meer" an die Tafel.
Ein anderer S schreibt „Baum". Alle sagen „Baum", damit das Mädchen das Wort lernen kann.
Ein S meldet sich und sagt alle Wörter auf.
S schreibt ein neues Wort an: „Feuer".
L: Alles weg, ihr seht, wenn wir laut sind, verstehen wir nicht, was er sagt. Schreib mal an die Tafel, was du gesagt hast.

- **Tafelanschrift:**

BROT MILCH HAUS WALD WASSER MEER BAUM FEUER TIERE

L: Stopp und lautlos Pause!

	Die SS rufen alle laut: Pause!
	PAUSE
3. **Wiederaufgreifen des gelernten Wortschatzes: mündlich aus dem Gedächtnis**	S fragt, ob er die gelernten Wörter aufsagen darf. L bejaht und S sagt: Brot, Milch, Haus, Wald, Wasser, Meer, Baum, Feuer, Tiere. S: Das ist in der ersten Klasse … L: Ja, da hast du Recht, das ist wie in der ersten Klasse. Du warst aber auch einmal in der ersten Klasse, oder? Und hier sind Kinder, die kommen von weit her und die können kein Deutsch, deswegen sollt ihr in der Klasse den Kindern beim Deutschlernen helfen. Das ist ganz wichtig, dass man sich hilft. Verstehst du? Dann nimm mal den Schwamm und wisch die Tafel aus. S: Was ist ein Schwamm? L: Du weißt ja, was ein Schwamm ist. S: Nein! L: Geh mal an die Tafel und such den Schwamm. Wir helfen dir! S geht zur Tafel, nimmt zuerst die Kreide und dann das Tuch. Er löscht die Tafel aus. L: Danke! L (zu einem anderen S): Jetzt wollen wir mal sehn, ob er auch Schreiben gelernt hat.
• Exkurs über die Addition der unterschiedlichen Kompetenzen: Sprechen	
4. **Wiederaufgreifen des gelernten Wortschatzes: Schreiben**	L: Schreib bitte die Wörter an, die wir gelernt haben. Und wir helfen ihm dabei.
Transparenz des methodischen Prinzips der Arbeit im Team	Die SS schreiben die Wörter in Teamarbeit an die Tafel. L wendet sich einer neuen S zu, die noch fast kein Wort Deutsch kann, und fordert sie

5. Wiederholung der Wörter: **Lesen**	auf, die Wörter an der Tafel mit ihm gemeinsam zu lesen. S wiederholt die Wörter, die L einzeln vorsagt. L geht an die Tafel und zeigt auf die Wörter und S liest sie. L lobt S oft, um ihr Selbstbewusstsein zu stärken.
• Fertigkeitsschulung: Chorsprechen, Aussprache	L: Jetzt kannst du lesen. Zu allen SS: So jetzt alle noch einmal, damit sie es gut lesen lernt. Alle sprechen der S die Wörter einzeln im Chor vor und sie spricht sie alleine nach. Am Ende klatschen alle. L: Wunderschön!
6. Entspannung durch Variation	L stimmt an: Alle Vögel sind schon da …

III. Phase: Arbeit mit dem Dossier „Sprache"

1. Selbständiges Lesen im Dossier	L: Jetzt kriegt ihr das Buch. Ihr dürft 15 Minuten lesen. Wie spät ist es jetzt? S: 7 vor 11.00. L: Und wenn wir jetzt 15 Minuten lesen, wie spät ist es dann? S: 8 nach 11. L: Niemand darf stören. Sucht im Buch die Wörter raus, die ihr kennt, unterstreicht die Wörter in eurem Buch. Schreibt euren Namen auf das Buch. L wiederholt nochmals den Arbeitsauftrag. Das Dossier wird von S zu S weitergegeben. Die SS beschäftigen sich bis ca. 11.10 Uhr mit dem Dossier.

	L steht für eventuelle Fragen der SS zur Verfügung. Die SS helfen sich auch gegenseitig.
• **Bekannte Wörter unterstreichen**	L geht an die Tafel, löscht sie und gibt einem Kind die Kreide und dieses geht an die Tafel. L: Fang bitte links oben an. S versteht nicht sofort, was L meint, und L wiederholt zwei bis dreimal „Links oben".
• **Fertigkeitsschulung Ordentliches und deutliches Schriftbild, Form und Genauigkeit**	S schreibt etwas. L: Nein, nicht so groß, auslöschen, bitte! Dichter dran, nicht so groß. S versteht nicht sofort, was das heißt. Wenn etwas falsch geschrieben wird, macht L die SS gleich darauf aufmerksam und sie verbessern das Wort selbst. Die Kreide muss immer an L zurückgegeben werden. Die SS müssen den Arbeitsvorgang genau einhalten und auch die Schreibweise an der Tafel sollte ganz ordentlich sein.
• **Sammeln der Wörter an der Tafel: Schreiben**	Ein S schreibt und L sagt: Zu groß, nein, zu groß. Am Ende stehen folgende Wörter an der Tafel:
Tafelanschrift:	TIERE MEER BAUM MENSCHEN HAUS WASSER ESSEN TRINKEN WALD MILCH BROT FEUER ARME OMA TAG VATER JUNGE MUTTER LEBEN BERG NAME
2. **Vorlesen des selbst ausgewählten Textes eines jeden Schülers**	L: Ruhe, Stille! L weist immer wieder auf die Regeln hin. L: Wir nehmen alle unser Buch. LL beginnen vorzulesen. Dann lesen auch die SS.

• **Rahmenbedingungen: Stille, Zuhören**	Nach 20-minütigem Vorlesen: L: Bitte das Buch weg! Habt ihr alle euren Namen auf euer Dossier geschrieben? SS: Ja! L: Alles zumachen und einsammeln. L setzt sich hin und wartet auf Ruhe. L: Es ist zu laut. Die Hände auf die Knie. Wir haben noch 10 Minuten und müssen hart arbeiten.
3. Entspannung durch Variation: • **Reime** • **Fingerspiele** • **Lieder**	Gegen Ende der Einheit sind alle Schülerinnen offensichtlich erschöpft. L nutzt die noch verbleibende Zeit zur Wiederholung der eingeführten Fingerspiele, Reime und Lieder.

KOMMENTAR:

Ein wichtiger Schlüsselbegriff in der Hermeneutik ist die Arbeit im Team[92], die – ohne den individuellen Lernfortschritt des einzelnen Lerners aus den Augen zu verlieren – geschult wird. „Der Respekt vor der Äußerung des fremden anderen Schülers bleibt während des gesamten Lernprozesses aufrecht. Die Hauptform des Unterstützens ist das Verstehen von Kindern, die Fähigkeit auf Kinder einzugehen und ihre Lebensäußerungen und Lernschritte wahrzunehmen" (Flitner, 1989, S. 122).

---

[92] Vgl. Czisch, 2004, S. 206 und 208: „Teamarbeit entfaltet die eigene und versammelt eine Menge gemeinsamer Kompetenz; Wettstreit und Kooperation mobilisieren alle Kräfte. [...] [Die Kinder] lernen, ihre eigenen Wünsche und Vorstellungen mit denen der anderen in Einklang zu bringen [...] In einer Zeitschrift sah ich einen Längsschnitt der Erde und war fasziniert. Meine Drittklässler interessierten sich damals gerade besonders für Dinosaurier und Vulkane, für Neandertaler und den Himalaja. Also beschloss ich, ihre Interessen zu bündeln, auszuweiten und als Gemeinschaftsarbeit ein großes Bild von der Erde malen zu lassen. Wir recherchieren in einschlägigen Büchern, schauen uns einen Film an. Wir planen ausführlich, und ich teile genau ein, wer mit wem was malt [...] Ein wirkliches Meisterwerk! Und sie erfahren dabei: Ein Team erreicht mehr, als die Summe der Beteiligten erreichen würde, weil die Idee des einen viele Ideen bei den anderen auslösen kann. Gegenseitige Anregungen, das "Brainstorming" um die beste Idee, lässt die Fantasie fließen. Sie machen das mit Begeisterung, und hinterher staunen alle über ihr Werk.

Dieses bewusste aufmerksame Wahrnehmen aller Äußerungen ist für die Persönlichkeitsentwicklung des Kindes von größter Bedeutung.

Hier wird die Verschiedenheit jeder Kinderpersönlichkeit in den Mittelpunkt gestellt. Verschiedenheit als lebenslanger Lernimpuls heißt vor allem vorerst Anerkennung dieser Verschiedenheit in all ihren Formen.

Der hermeneutische Fremdsprachenunterricht sieht – ausgehend von seinen Grundlagen und den daraus sich ergebenden didaktischen Konsequenzen – in der unverwechselbaren Individualität der einzelnen Lerner das produktive Potential für die Entfaltung des Lernprozesses: Er plant nicht im Voraus für scheinbar homogene Lernergruppen, sieht die Verschiedenheit nicht als Störfaktor, den es einzuebnen gilt, sondern richtet das dialogische Verstehensgespräch so aus, dass
- die Individualität des Lernenden zur Anerkennung kommt,
- der Lernende sich in seiner besonderen Eigenheit wahrnimmt,
- deren Bedeutung für den Lernprozess der Gruppe erkennt,
- aber auch zur Einsicht gelangt, dass die Verschiedenheit des Anderen für ihn einen Impuls darstellt, seine eigene Sicht der Dinge und seine eigenen Kompetenzen zu erweitern, und dass gerade durch diese Verschiedenheit lebenslanges Lernen möglich und notwendig ist. (Hunfeld, 2004, S. 493)

Rückblick auf die Phasen: Steuerung und Beginn der Selbständigkeit – Dialoge spielen und konkret sprechen – Sprache lernen und Lernen lernen – Normalität des Fremden und Hilfestellung durch das Team – Individuum und Addition der unterschiedlichen Kompetenzen.

4. Vormittag: 9.00 – 12.00 Uhr

Der vierte Vormittag verlässt zunächst die drei vorherigen Verstehensspiralen (erster bis dritter Vormittag) und setzt mit der Spracharbeit wieder ganz neu an. Was zunächst aber wie traditionelle und gesteuerte Wortschatzarbeit aussieht (Körperteile), ist Vorbereitung für einen neuen Strang des Erzählens.

Die klassische Geschichte vom Körper als Staat wird hier verändert vorgetragen, um einerseits einen neuen Kontext für die sprachlichen Bezeichnungen von Körperteilen zu schaffen, andererseits die Eigentätigkeit der Lernenden zu forcieren.

Im Übrigen muss darauf hingewiesen werden, dass die vier Tage der Schulwoche lediglich als Anfang einer längeren hermeneutischen Einheit verstanden werden können – die verantwortliche Deutschlehrerin wird diesen Anfang aufnehmen und entsprechend weiterführen.

I. Phase: Spracharbeit als Vorbereitung für eine neue Verstehensschleife: Reime, Fingerspiele, Lieder, neuer Wortschatz

1. Wiederaufgreifen der Fingerspiele	L setzt sich hin. L: Das ist der Daumen, das ist der Zeigefinger, ... der steckt sie in den Sack ...
• **Einführung von neuem Wortschatz**	Das ist die Faust. Das ist die Handfläche. Das ist die Fußspitze.
• **Aussprachübungen** • **Wiederholung**	Das ist die Hacke. Wie viele Zehen hast du? S: Zwei. L: Komm mal her, zeig mal die Füße. Wie viele Zehen hast du an beiden Füßen? An der Fußspitze sind die Zehen. S wiederholt: An der Fußspitze sind die Zehen. Alle SS wiederholen diese Sätze. L: Zuerst hänge ich meine Jacke ... S: auf den Kleiderhaken.
• **Konzentration** • **Zuhören**	Ein S hat Schwierigkeiten mit der Aussprache und L wiederholt deshalb nochmals den Satz. L (zu den anderen SS): Kommt, helft und sprecht alle mit! L: Fußsohle, was gibt es noch am Fuß? Keine Schülerreaktion und deswegen zeigt L auf den Knöchel. L: Das ist der Knöchel.

S wiederholt: Das ist der Knöchel.
Alle SS wiederholen gemeinsam die Teile des Fußes.

Ein Kind kommt raus und macht mit L das Fingerspiel „Das ist der Daumen" und die Teile der Hand nochmals.

L: Das ist das Knie.
S wiederholt.
L: Das ist der Unterschenkel.
S wiederholt.
L: Das sind die Waden.
Alle Teile werden gemeinsam wiederholt.
L: Achtung, jetzt kommt etwas ganz Schwieriges. Das ist das Ohrläppchen.
SS: Ohrläppchen.

II. Phase: Neue Erzählung

1. Neuer Impuls: Geschichte vom Ohrläppchen

- **Hörverständnis**

2. Problemlösestrategien erarbeiten

L: Eines Tages sagte das Knie zum Ohrläppchen ganz leise, dass der Kopf es nicht hören konnte: „Wir wollen eine kleine Versammlung machen. Der Kopf ist der König und der sagt immer, was wir tun sollen." Die Zehen und das Knie und die Ohrläppchen sagen: „Wir wollen keinen Kopf mehr, der immer über uns entscheidet."

Der Kopf wusste nichts von dieser Entscheidung. Eines Tages wollte der Mensch aufstehen und da sagten die Fußsohlen: „Ich mag nicht mehr." Und da konnte der Mensch nicht mehr gehen, weil 10 Zehen nicht mehr arbeiten wollten. Das war ganz schlimm.
Was kann man da machen?

• **Kleingruppenarbeit**	L: Bildet eine Gruppe zu viert und sprecht darüber! Auch in der Muttersprache. SS arbeiten ca. 20 Minuten in Kleingruppen.
3. Ideensammlung: • **Addition der unterschiedlichen Äußerungen zur Fragestellung**	L: Wir sammeln jetzt gemeinsam eure Ideen im Plenum. Mündliche Äußerungen der SS werden vom L korrigiert und dann an die Tafel geschrieben:
• **Tafelanschrift: Mündliche eigenständige Schüleräußerungen, kombiniert mit entsprechender Tafelanschrift**	Der Körper rollt. Der Bauch hat immer Hunger. Die Fußspitze spielt nicht mehr Fußball. Die Handfläche kann nicht mehr schreiben. Die Augen wollen nicht mehr schauen. Der Kopf kann nicht mehr reflektieren. Der Kopf kann nicht mehr denken. Die Hände wollen nicht mehr spielen. Die Beine wollen nicht mehr spazieren. Der Mund will nicht mehr sprechen. Die Haare rollen vom Kopf. Der Kopf will nicht mehr reflektieren. Die Haare wollen nicht mehr auf dem Kopf bleiben. Der Körper will nicht mehr Sport machen. Die Fußspitze will nicht mehr Fußball spielen. Die Fußsohle will nicht mehr spazieren gehen.
4. Wiederaufnehmen von Gelerntem	L bleibt vor einem S stehen und sagt nochmals langsam folgenden Satz vor: Das sind die Nasenlöcher. S wiederholt ihn. Ein S sagt alle Körperteile mit L gemeinsam auf.

	L: Wie spät ist es?
	S: 13 vor 11.
	L: Wie kann man das noch sagen?
	L wiederholt in verschiedenen Stimmlagen den Satz „Wie spät ist es?".
5. Entspannung als Variation:	L: Alle Vögel sind schon da …
• **Singen des Liedes**	Ein S hält die Hand auf und sagt: Es geht auch „Alle Masken sind schon da, alle Masken alle!".
• **Aufnehmen des Schülerimpulses: Variation des Liedes**	L: Sag das Ganze vor und wir lernen es alle.
	S: Alle Masken sind schon da, alle Masken alle!
	Rot, gelb, grün und blau …
	Alle Masken sind schon da, alle Masken, Maskenschau …
	SS singen gemeinsam das Lied.

III. Phase: Einzelarbeit mit dem Dossier

1. Lesen im Dossier	L: 5 Minuten vor 10.00 Uhr.
	L teilt die Dossiers aus.
	L: Lest, und nach der Pause sagt ihr mir, was euch am besten gefallen hat oder was ihr ausgesucht habt.
	SS lesen ca. 20 Minuten im Dossier.
	PAUSE
2. Wiederaufgreifen und Festigen des Wortschatzes	L zeigt auf die Stirn.
	L: Das ist die Stirn.
	SS: Das ist die Stirn.
	L: Das sind die Augenbrauen.
	SS wiederholen.
	L: Das ist die Nase.
	SS wiederholen.
	L: Das ist die Nasenspitze.

| | SS wiederholen.
L: Das sind die Nasenlöcher.
SS wiederholen.
L: Das sind die Nasenflügel.
SS wiederholen.
L: Das ist die Oberlippe.
SS wiederholen.
L: Das ist die Unterlippe.
SS wiederholen.
L: Das ist das Kinn.
SS wiederholen.
L: Das sind die Wangen.
SS wiederholen.
Alle wiederholen nochmals alles. |

- **Pädagogische Rahmenbedingungen**

L: Stopp, so kann man nicht arbeiten. Wenn wir sehr viel arbeiten wollen, müssen wir sehr konzentriert sein.
Das ist der Nasenrücken.
Alles wird nochmals wiederholt.

Jetzt zeigt L nur auf die Teile des Gesichts und Körpers und jeder S benennt einen Teil.
L: Das sind die Nasenflügel.
S: Das sind die Nasenflügel.
L: Das sind die Augenbrauen.
S: Das sind die Augenbrauen.
L: Das ist das Kinn.

Alles wird nochmals gemeinsam wiederholt.

3. Texte aus dem Dossier vorlesen

L: Jetzt dürft ihr das Dossier holen.
Es ist zu laut. Ich will mal sehen, wie lange es dauert, bis ihr ruhig werdet! Jetzt darf jeder/jede vorlesen, was er/sie möchte, ein Wort, zwei Sätze. Wir gehen reihum, wenn jemand liest, hören wir zu.

Ein S beginnt mit Text 3 aus dem Dossier „Sprache":
> Auch Tiere können etwas ausdrücken. Die Bienen tänzeln und zeigen mit ihrem Körper, wo sie einen Futterplatz gefunden haben, und ob es dort viel oder wenig Honig zu holen gibt.[93]

L: Es ist zu laut, warte bis alle leise sind, dann liest du weiter.
L wiederholt mit einem S die Wörter: Bäume, Wald ...
S liest weiter, ein S weiß nicht sofort, was er machen soll, die anderen sagen es ihm.
L: Wer weiß, was Alfredo gelesen hat?
SS wissen es nicht.
L: Alfredo hat gesagt, wenn wir Apfel sagen, können wir uns alle einen Apfel vorstellen.

Kaum oder wenige Reaktionen von Seiten der SS. Die SS lesen reihum am selben Text weiter.
Ein S liest Text 35 vor:
> Ich male ein Bild,
> ein schönes Bild,
> ich male mir den Winter.
> Weiß ist das Land,
> schwarz ist der Baum,
> grau ist der Himmel dahinter.[94]

- **Aussprache- und Gedächtnisschulung:** S spricht die Sätze einzeln vor und die anderen SS wiederholen.

---

[93] Wölfel, Ursula (1971): „Sprachen". In: *Sechzehn Warum-Geschichten von den Menschen*. Düsseldorf: Hoch-Verlag, S. 57-67.
[94] Guggenmos, Josef (1992): „Ich male mir den Winter". In: *Ich will dir was verraten*. Weinheim/Basel: Beltz.

Memorieren
Nachsprechen
Chorsprechen

- **Lesen weiterer Texte**

L: Alle, die schon gelesen haben, legen das Dossier bitte auf den Boden.

S liest Text Nr. 6 vor:
> Flog ein Vogel federlos,
> auf die Mauer knochenlos,
> kam ein Jäger handlos,
> schoss ein Vogel bogenlos.[95]

Ein anderer liest den letzten Abschnitt vom Text „Der wilde Junge" vor:
- husten
- niesen
- Kopf schütteln
- Füße stampfen
- Hände klatschen
- Finger zeigen
- lachen und weinen
- Was noch?

L: Leise, wenn jemand vorliest, hören alle zu, da der, der liest, sich sehr anstrengt.

S liest Text 1 vor.
> So wachte ich im ersten Jahr meines Aufenthaltes auf dieser Insel eines Morgens durch lautes Glockengeläut auf und fand, nachdem der Diener wie üblich stumm das Frühstück gebracht hatte, heraus, dass…[96]

Die neu dazugekommene Schülerin hat keinen Text ausgesucht, weil offensichtlich alle Texte ihre Rezeptionsfähigkeit übersteigen. L wendet sich ihr persönlich zu und hilft ihr – damit sie zumindest auch bei ihren gegen-

---

[95] *Kinderreime der Welt.* Gesammelt und übertragen von Irmgard von Faber du Faur. Müller & Kiepenheur Verlag, 1951, S. 52.
[96] *Goethe-Taschenlexikon.* Begründet von Heinrich Schmidt. Stuttgart: Kröner 1955, S. 330.

	wärtigen noch begrenzten Möglichkeiten Vertrauen fasst – die an der Tafel stehenden Wörter zu lesen.
	Weitere Texte werden von den SS vorgelesen. L: Lies nochmals dein Gedicht vor. S: Ich male ein Bild …
	Die SS versuchen das Gedicht auswendig aufzusagen.
4. Kreatives Arbeiten: Malen eines Bildes	Anschließend können die SS ein Bild malen, entweder einen Körper oder etwas zum Thema „Winter".

	Während die SS malen, schreibt L folgenden Text an die Tafel:
	    Die Gedanken sind frei,
	    wer kann sie erjagen,
	    sie fliegen vorbei
	    wie flüchtige Schatten.
	    Kein Mensch kann sie wissen,
	    kein Jäger erschießen.
	    Es bleibe dabei,
	    die Gedanken sind frei.

	Die SS zeichnen bis ca. 11.30 Uhr. L geht bewusst weder auf den Liedtext noch auf die Zeichnungen ein.
• **Pädagogische Rahmenbedingungen: Ruhige Körperhaltung**	L: Alles weglegen bitte[97], Hände auf die Beine, wir arbeiten noch einmal sehr hart.

---

[97] Vgl. zum Lehrerkommentar Fußnote Nr. 88, S. 109.

5. Neuer Impuls: Liedtext	Alle SS wiederholen die Sätze des Textes „Die Gedanken sind frei", die L langsam vorspricht und die an der Tafel stehen.
• Nachsprechen des Textes	Alle singen gemeinsam das Lied. L: Wie spät ist es? S: 11.40 Uhr. L: Hände auf die Beine.
6. Aufnehmen und Thematisieren des Schülerimpulses. Dabei Schulung von: Zuhören Konzentration Aufmerksamkeit	Die SS schlagen zweimal auf die Oberschenkel, weil sie wahrscheinlich gegen die strenge Regelhaftigkeit angesichts ihrer zunehmenden Müdigkeit protestieren wollen. L nimmt gerade diesen Schülerimpuls auf und klatscht dreimal vor und die SS klatschen nach. L: Stopp, erst genau hinhören und dann den Rhythmus nachmachen. L klopft einen Rhythmus auf seinen Körper. L: Das ist auch eine Sprache, da muss man genau hinhören und aufpassen. Die SS sind ganz konzentriert. L: Jetzt sprechen nur er (L zeigt auf einen S) und ich miteinander und die anderen hören/schauen zu! L (zu allen SS): Habt ihr verstanden, was wir uns gesagt haben? Ganz früher haben sich die Leute wirklich so verständigt. Es war eine Trommelsprache.
7. Wiederholung des Gelernten: Fingerspiele Reime Lieder Einzelne Wörter	L wiederholt folgende Dinge: „Das ist der Daumen …", die Körperteile, „Die Gedanken sind frei", das Gedicht „Ich male ein Bild". L: Wir haben noch 10 Minuten. Jeder/Jede darf ein Wort sagen. Fragen wir mal zuerst die Lehrerinnen.

LL: fliegen, Tag, Himmel, Liebe, Mensch, frei, Gedanken, Jäger, Rollschuhe.
L: 10 vor 12, ganz leise, Augen zu, es ist viel zu laut ... ich gehe im Kreis herum und ihr sagt mir, wie viele Schritte ich gemacht habe
...
S: 10
L: Richtig!

- **Abschlusslied: Auf der Mauer**

L stimmt das Lied „Auf der Mauer ..." an. Alle singen mit.

Abschluss:
L: Ich ziehe meine Jacke an, meine Lederjacke. Jetzt gehe ich. Ciao!
SS: Auf Wiedersehen!

KOMMENTAR:

Beim Vorlesen aus dem Dossier kommt es zuerst zur Wiederholung der Vorlesestrategie, welche die Lehrerinnen vorgeben: Da die Lehrerinnen alle denselben Text auswählen und jeweils ein Stück davon lesen, machen das die Schülerinnen anfangs auch so. Vielleicht haben sie noch nicht genügend Selbstvertrauen, ihren eigenen Weg zu gehen oder haben noch nicht genau verstanden, worum es geht. Nach einiger Zeit wählen die Schülerinnen dann selbst einen Text aus dem Dossier aus und lesen ihn vor. Dabei wird vom Lehrenden auf lautes, deutliches Vorlesen geachtet. Die Kinder hören verschiedene Sprechmelodien und lernen die richtige Aussprache der Wörter. Als Entspannung werden bekannte Reime wiederholt und Lieder gesungen. Das aufmerksame Zuhören verlangt sehr viel Konzentration von den Kindern. Hier wird der Sinn der Stille nochmals sehr deutlich ersichtlich, denn wer nicht innerlich still wird, ist nicht in der Lage, seinen Mitschülerinnen aktiv zuzuhören, wenn diese ihre selbst ausgewählten Texte vorlesen. Wieder wird klar, dass die Stille einen sehr hohen erzieherischen Wert hat. Montessori spricht das ganz deutlich aus, wenn sie sagt:

> Trotzdem weiß man, vor allen Dingen von der erzieherischen Seite her, dass die Stille einen sehr hohen inneren Wert hat und dass die Menschen,

die sich zu vervollkommnen suchen oder die mit ihrer Intelligenz auf ein sehr hohes Niveau gelangen wollen, Künstler und Dichter, diese Stille haben müssen. Das ist eine Notwendigkeit. […] Ich hatte also bemerkt, dass die ganz kleinen Kinder von drei und vier Jahren, und später, dass auch die Kinder von zwei Jahren auf außerordentliche Weise das Schweigen lieben. Dies beeindruckt, weil wir die Vorstellung haben, dass da wo es Kinder gibt, Lärm sein muss, dass die Kinder nahezu die Personifikation von Lärm sind. (Montessori, 1998, zit. nach Holtstiege, 1994 S. 81f.)

Ein wichtiges Moment geschieht beim Vorlesen der Texte. Ein Kind sagt, dass alle Menschen sich einen Apfel vorstellen können, wenn man Apfel sagt. Hier könnte man einen neuen Faden zu Wittgenstein knüpfen und mit den Lernenden auf einfache Weise darüber sprechen, dass man sich geeinigt hat, zum Stuhl „Stuhl" zu sagen, zur Bank „Bank" usw.

Der Lehrende erklärt nicht nur den Satz, sondern geht auf einer anderen Ebene darauf ein und erläutert, was Sprache ist. Kinder lernen, ohne dass sie wissen, dass sie lernen.

Der Lehrende lädt die Kinder ein, die Hände auf die Schenkel zu legen und still zu werden. Da die Schülerinnen schon müde sind, schlägt ein Kind mehrmals auf seine Beine und macht Witze. Einige Klassenkameraden imitieren ihn. Jetzt könnte der Lehrende schimpfen und die Lernenden zur Ruhe ermahnen. Er nimmt aber diesen Impuls geschickt auf und baut ihn in sein Thema „Sprache" ein. Das passiert nicht zufällig, sondern der Lehrende wartet nur darauf, dass die Schülerinnen einmal ausbrechen.

Der Lehrende patscht z. B. dreimal auf die Schenkel und die Kinder wiederholen es. Diese Übung wird etwa achtmal durchgeführt.

Darauf erklärt der Lehrende den Schülerinnen, dass eine der möglichen Sprachen die Trommelsprache ist, um sich verständlich zu machen. Eine andere ist die Gebärdensprache, die die Taubstummen zur Verständigung brauchen.

Am Ende des Tages wird alles wiederholt, damit die Zusammenhänge klar werden. Die Schülerinnen wissen so, was sie gelernt haben, was sie schon können und was sie noch wiederholen und üben müssen.

Die Geschichte, die Lieder, die Fingerspiele, die Uhrzeiten, einfach alles, worüber in dieser Schulwoche gesprochen wurde, sind nur der Anfang einer Arbeit, die dann im Laufe der nächsten Monate von der Zweitsprachlehrerin wieder in einer anderen Form aufgenommen wird.

Rückblick auf die Phasen: Traditionelle Wortschatzarbeit als Vorbereitung – klassische Geschichte als Anreiz zur Selbständigkeit – Variation als Entspannung – Lektüre als Leserauswahl – Wiederholung als Sicherung – Abschluss als Zurückkommen zum Anfang.

3.2 Reaktionen: Lernende, Lehrende, Eltern

Allen Beteiligten an der Projektwoche war klar, dass diese in vieler Hinsicht nicht die übliche Lern- und Lehrsituation in der gegenwärtigen Grundschule widerspiegelt. Die Außergewöhnlichkeit zeigt sich z. B. in der Aufhebung des Einzelstunden-Charakters, der Anwesenheit der Beobachter (GS-Lehrende und einzelne Eltern), der über eine Woche angebotenen spiralförmigen Entwicklung des Lernprozesses. Natürlich ist diese Erfahrung auch für die Lernenden singulär. Die folgenden Reaktionen geben auch in ihrer Qualität einen – wenn auch notwendigerweise unvollständigen – Einblick in die Besonderheit einer Lernwoche, die, ohne Vorbild sein zu wollen, immerhin Möglichkeiten einer hermeneutischen Orientierung des Zweitsprachenunterrichts in der Grundschule signalisieren.

Feedback nach der Projektwoche

a) Feedback der Schülerinnen:
- Alessandro: Für mich Hans ist sehr Klever, weil er ein Professor fon die Universität. Er ist in meine Klasse gewesen, ist vier Tage do geblieben. Wenn wier geschprochen haben er sagt: "Lauter, lauter, lauter." Bis wenn wier fertig geschprochen haben. Uns faceva fare viele Dinge, Typ: Singen, viel schprechen und schreiben. Uns haben vier Tage filmen. Mit uns war auch den Direktor. Er war belichten von unser Können. Mit wir waren auch anderen Lehrerin. Ich gedenken nicht die Name von die Lehrerin. Die Woche war sehr schön gewesen.
- Maddalena: Der Professor Hunfeld ist sehr brav mit den Kindern. Ich habe mir unterhalten. Er hat alle 4 Tage mit uns gesungen. Er ist nicht gross und er hat graue Haare. Mit ihm waren uns alle sehr lächelnd!!!
- Kevin: Ich bin sehr froh wenn du kommst ein anderes Mal in der Schule. Du bist sehr simpatisch.

- Jacopo: Für mich war sehr sehr schön.
- Alessandro: Der Lehrer und die Lehrerin. Lehrerin ist immer gutmütig. Der Lehrer ist immer böse.
- Stefano: diese Arbeiten ist für mich sehr sehr schön, ich glaube auch für die anderen Kinder ist schön gewesen. Ich habe mich unterhalten. Diese Woche ist für mich sehr schön gewesen.
- Leonardo: Hans, du bist sher intelligent. Du hast eine grosse Kultur. Du warst vier Tage in meine Klasse. Mit uns du viele Spiele gemacht, Lied und auch uns unterriechtet die Deutche sprache. Du bist sehr sehr brav.

b) Feedback der Lehrerinnen:
- Den Gesprächskreis fand ich interessant.
- Verblüfft und positiv beeindruckt war ich über die aufmerksame und interessierte Mitarbeit der Grundschulkinder.
- Praxisnähe und Beobachtung aus nächster Nähe war interessant.
- Den Aufbau seiner spiralförmigen Progression konkret im Unterricht verfolgen zu können, war spannend.
- Mit Kindern der Grundschule so zu arbeiten, also mit Literatur, fand ich interessant.
- Ich habe mich gewundert, dass der Professor zwei Kinder, die anfangs schwätzten, nicht getrennt hat. Er wartete geduldig ab und nach zwei Tagen merkten die Kinder selbst, dass es sich für sie lohnt, mitzuarbeiten. Das ist Erziehung zur Selbständigkeit.
- Ich fand die Reaktionen der Kinder bemerkenswert. Bei Lob strahlten sie, akzeptierten aber auch negative Kritik.
- Die Kinder achten auf die Fehler, sie waren am zweiten Tag noch aufmerksamer als am ersten.
- Ich glaube, die Kinder spürten, dass von ihnen das verlangt wurde, was sie leisten konnten. Die eigenen Kenntnisse wurden zum Nutzen aller eingesetzt.
- Manchmal fehlte mir die Bewegung und die lehrerzentrierten Phasen fand ich zu lang.
- Interessant fand ich den direkten Unterricht, d.h. Praxis beobachten zu können.
- Gespräche und Auseinandersetzung zum Thema mit den anderen Zweitsprachlehrerinnen sind wichtig.

- Die Grundidee der Stille, das mündliche Arbeiten im Sitzkreis fand ich spannend.
- Nachdem ich die Theorie schon seit einigen Jahren aus Kursen kenne, fand ich es interessant, die hermeneutische Praxis zu beobachten. Ich habe neue Impulse mitgenommen.
- Ich habe viele neue Impulse bekommen und dazu gelernt: z. B. den Kindern mehr Zeit zu lassen, sie auch mit schwierigen Sachen zu konfrontieren.
- Hermeneutisches Lehren und Lernen in der Grundschule, das Ergebnis war durchaus mit den Projekttagen an der Mittelschule gleichzusetzen.
- Methodenvielfalt und gelungener Übergang von mündlicher Arbeit zu Grammatik und schriftlichen Arbeiten und Sprechübungen.
- Ich darf absolut nicht immer alles verstehen, wenn die Schüler mit mir italienisch sprechen. Das kommt aber davon, dass ich das in der 1. und 2. Klasse akzeptiere, weil ich mir sage: Aha, die haben verstanden, was ich gesagt habe.
- Ich sollte unbedingt mehr Geduld mit den schwächeren Schülern haben;
- Ich sollte mir mehr Zeit für gewisse Sachen lassen und nicht immer nur im Stress arbeiten.
- In diesen Tagen wurde mir klar, dass es sehr wichtig ist, Blockstunden zu haben.
- Es ist wichtig, nicht immer gleich nach einer Arbeit, die die Schüler alleine machen müssen, nach dem Ergebnis oder Produkt zu fragen. Es ist spannender, wenn später danach gefragt wird. Auch wenn ich etwas vorbereitet oder geplant habe, aber bei den Schülern ein Problem auftaucht, ist ein Verstehensgespräch in dem Moment wichtiger. Sie sollen ja zur Mündigkeit erzogen werden.
- Ich erhebe nicht mehr meine Stimme, wenn es laut wird. Ich setze mich auf den Stuhl und warte.
- Ich bringe den Schülern bei, dass Fehler erlaubt sind und zum Lernprozess gehören. Dadurch reden und schreiben sie angstfreier.
- Diese Unterrichtsbeobachtungen in der Projektwoche in Meran waren interessant und nützlich für die Praxis.

c) Feedback der Eltern:
- Mein Kind hat diese Tage positiv erlebt, der Unterricht war sehr interessant gestaltet.
- Während des Unterrichts traf ich auf neue Argumente, mein Sohn war begeistert.
- Das Gespräch mit den Eltern fand ich wichtig; so konnten wir Fragen gemeinsam klären.
- Es wäre unserer Meinung nach wichtig, solche Projekttage zwei bis dreimal im Jahr zu veranstalten, damit sich die Kinder an die neue Unterrichtsform gewöhnen und die deutsche Sprache so besser lernen.
- Ich hätte mir gewünscht, dass der Lehrende emotiver (sic!) und nicht so distanziert reagiert hätte.
- Ich fand den Unterricht sehr innovativ. Ich glaube, dass diese Unterrichtsform schwierig auf unser Schulsystem zu übertragen ist; dennoch finde ich solche Projekte nützlich und wichtig.
- Schule sollte Kinder motivieren, ihre eigenen Fähigkeiten zu entwickeln und diese sollten sie dann im Klassenverband einsetzen können.
- Die Projekttage fand ich sehr spannend, etwas anstrengend vielleicht, da sich die Kinder nicht viel bewegen konnten.
- Das große Interesse der Kinder während der Erzählung der Geschichte von Kaspar Hauser war beeindruckend.
- Manchmal hatte ich das Gefühl, dass es für einige Kinder zu schwierig war. Dennoch störten sie nicht den Unterricht, vielleicht weil sie die Autorität des Lehrenden erkannt haben.
- Der Lehrende war viel zu autoritär mit den Kindern. Man kann von Kindern der vierten Klasse nicht verlangen, dass sie so lange aufmerksam sind.

3.3 Projektwoche 2006

Grundschule „Leonardo da Vinci" in Meran: 2. Klasse

Um der Leserin Gelegenheit zu geben Variationen hermeneutischer Unterrichtsversuche in verschiedenen Klassenstufen zu erfahren, stelle ich im Folgenden den Ablauf einer weiteren Projektwoche vor. Auf eigene Kommentare verzichte ich dabei bewusst, damit die Leserin sich unbeeinflusst ihr eigenes Urteil über Möglichkeiten und Grenzen hermeneutischen Unterrichtens im ersten Zyklus der Grundschule bilden kann.

Die hier beschriebene Projektwoche fand in der 2. Klasse A der italienischsprachigen Grundschule „Leonardo da Vinci" statt.

Die ausgewählte zweite Klasse hat seit dem ersten Schuljahr 8 Stunden Deutschunterricht pro Woche, da sie ein besonderes Projekt macht. Normalerweise haben die Schülerinnen 6 Wochenstunden Deutsch in der 2. Klasse Grundschule.

Die Klasse setzt sich aus 17 Kindern zusammen, 7 Jungen und 10 Mädchen. Ein Mädchen kommt aus Brasilien und ist erst seit ungefähr einem Monat aus einer anderen italienischen Provinz nach Südtirol gekommen. Sie versteht und spricht noch kaum ein Wort Deutsch. Ein Mädchen stammt aus Marokko, ein anderes aus Albanien. Beide wohnen aber seit sieben Jahren in Meran. Alle anderen Kinder der Klasse stammen aus italienischsprachigen Familien.

Als Thema der Woche haben sich die Schülerinnen „Tiere" ausgesucht. Die Zweitsprachlehrerin, die die Kinder schon seit dem ersten Schuljahr unterrichtet, hat als Vorbereitung auf die Woche mit den Kindern gemeinsam ein Dossier hergestellt.

Die Projektwoche steht nicht allein für sich da, sondern wird im Zusammenhang mit den sonstigen Tätigkeiten des Deutschunterrichtes geplant. Das Besondere an dieser Woche ist die Intensität in Bezug auf die Zeit und auch die Inhalte, mit denen sich der Lehrende mit den Lernenden auseinander setzt.

1. Vormittag: 9.00-12.00 Uhr

Am ersten Tag wird versucht, die Bedingungen eines Verstehensgespräches mit der Einübung sprachlicher Fertigkeiten und einer veränderten Erfahrung von schulischer Begegnung zu kombinieren.

Ich möchte vorausschicken, dass die Zweitsprachlehrerin die Kinder schon auf das hermeneutische Lernen und Lehren vorbereitet hat, da sie selbst so zu unterrichten versucht.

I. Phase: Kennenlernen der neuen Gruppe im Gespräch

1. Einstieg: • **Natürliches Verstehensgespräch**	L: Die Tür schließt nicht. Warum? Ist sie kaputt? Legt mal alles weg. – So viele Leute! Kannst du zählen? S zählt und sagt: 17. L: Nein, 16. Die Kinder zählen die Lehrerinnen, die anwesend sind.
• **Schulung verschiedener Fertigkeiten: Hörverständnis**	L: Ihr könnt ja schon gut zählen, wie heißt der … (L zeigt auf den Finger)? SS: Manuel L: Nein, der heißt doch nicht Manuel, der heißt … SS: Zeigefinger. L: Was habe ich da hingestellt? SS: Papierkorb, millkibel (dialektale Form von Mülleimer), Eimer …
• **Pädagogische Rahmenbedingungen: Stille, Zuhören**	L: Das ist der Daumen, das ist der Zeigefinger. Ihr seid zu laut, da kann er nicht sprechen! L geht herum und zeigt auf die Finger und die Kinder sagen, wie die Finger heißen. L: Es ist zu laut, so können wir nicht arbeiten! Das ist der kleine Finger, das ist der Ringfinger, der kleine Finger …
2. Erster Impuls: • **Das Wort „Retie"**	L schreibt „Retie" an die Tafel. S liest „retie", die anderen wiederholen. S: „retie"

- **Schulung des eigenständigen Denkens**

L: Falsch!
S: "Ritie"
S: „Retie"
L: Jetzt buchstabieren wir gemeinsam das Wort „Retie." Ihr müsst nachdenken, das ist nicht so einfach!
S: Rie
S: Reite
L: Jetzt bin ich gespannt, wer das schafft. Jetzt wollen wir daraus ein richtiges Wort machen.
S: Reteu
S: Retei
L: Nein, soll ich euch ein bisschen helfen?
SS: Ja!
L: Das Wort fängt mit T an.
S: Tiere

3. **Aktivierung des Vorwissens: Sammeln von Tiernamen**

- **Aufbau einer angstfreien Atmosphäre: Lob stärkt das Selbstvertrauen der Schülerinnen**

- **Einführung des Ordnungsprinzips**

L: Du bist ja Spitze! Schreib mal an die Tafel. Ich bin gespannt, wie viele Tiere ihr kennt!
S: Löwe
L: Schreib mal an, rechts oben! Nein, Ruhe, lass ihn schreiben. Fang nochmals an.
SS: Können wir ihm helfen?
L: Ja!
S: Löwe (die Kinder helfen sich gegenseitig)
L: Es ist zu laut.
S: Katze
L: Bitte schreib an: „Katze". Sehr gut, die schreiben schön, hier ist gut gearbeitet worden.
S: Vogel
L: Genau darunter schreiben, sofort Ordnung an der Tafel! Finger runter, er schreibt ja gerade.
Du musst das Wort genau darunter schreiben, damit du das Wort nicht kaputt machst.

S: Elefant
L: Schreib schön darunter! Ein kleines „e".
S macht es sehr klein.
L: So klein soll es auch wieder nicht sein! Wer will ihm helfen, das ist so ein merkwürdiges „e" und ein komisches „a"! Wir schreiben das Wort neu. Kennt ihr noch ein Wort?

- **Wiederholung und Entspannung durch Variation**

L: Das ist der Daumen, das ist der Zeigefinger ...
L fordert die Kinder auf, etwas lauter zu sprechen.
L: Wie schreibt ihr denn das „a"? Das ist ein italienisches „a", das deutsche „a" ist anders!
S: Hund
S: Nilpferd
L: Sehr gut, ihr seid etwas laut. Wie viele Tiere stehen an der Tafel?
S: Maus
L: Nilpferd und Maus, die könnten verheiratet sein.
S: Esel

- **Angstfreie Atmosphäre aufbauen**

L: Esel, ich?
SS lachen und zählen die Tiere, die an der Tafel stehen, laut.
S: Giraffe
L: Genau darunter und bitte nicht das komische „a".
S: Giraffe
S: Fisch
L: Möchtest du auch ein Tier an die Tafel schreiben oder malen?
S: Schmetterling
Das Kind schreibt „Schmetterling" nicht genau unter „Fisch" und das akzeptiert L nicht.
S: Schlange

	S: Dinosaurier
	S: Krokodil
	L: Leise, Finger weg, es ist zu laut! Das ist ein schwieriges Wort.
4. Spracharbeit:	L: Jetzt darf jeder, der ein Wort weiß, an die Tafel gehen und das Wort schreiben.
	SS schreiben folgende Wörter auf:

- **Sammeln der neu gelernten Wörter**

- **Festigung des Wortschatzes**

Zebra	Fuchs	Frosch	Löwe
Dinosaurier		Fisch	Katze
Spinne		Schmetterling	Vogel
Gorilla		Schlange	Pferd
Qualle		Affe	Elefant
Tiger		Caocodil	Hase
Igel		Delfin	Schaf
Giraffe		Biene	Hund
		Bear	Nilpferd
		Wolf	Maus
			Esel

S: Schlange.
L: Das steht schon, komm bitte an die Tafel und zeig mal, wo „Spinne" steht.
Ein S schreibt: „Bär".
SS versuchen gemeinsam Wörter zu finden.
S: Wolf
S: Fux.
L bessert aus: Fuchs.
L: Alle ganz ruhig, bitte!
S: Esel

- **Pädagogische Rahmenbedingungen: Stille**

L: Guck mal zur Tafel!
S: Pulcio
L: Ich verstehe dich nicht. Sag später, was du sagen wolltest! Setzt euch mal richtig hin, ich möchte gar nichts hören, wir machen nicht immer Spaß. Es ist viel zu laut. Die Beine bewegen sich nicht und die Hände auch nicht. Wie viele Tiernamen stehen an der Tafel?
SS: 30

- **Spracharbeit: Festigung des Wortschatzes durch Abschreiben der Wörter**

L: Jetzt bekommt jeder ein Blatt und schreibt die Wörter auf, die an der Tafel stehen. Geht leise und schreibt alle Tiere auf, die an der Tafel standen. Auch die

                          Lehrer schreiben die Liste mit den Tieren
                          auf.

                                      Pause

1. Pädagogische Rahmen-   L wartet auf Ruhe. Kinder sprechen und
   bedingungen: spielen mit den Blättern.
   Stille   L sammelt die Blätter ein, ohne zu sprechen.
                              L legt die Hände auf die Beine, schaut
                              herum und wartet und die SS verstehen
                              selbst, dass sie ruhig sein müssen.

2. Neuer Impuls: L gibt fünf Kindern eine Kreide in die
   Kreide   Hand. Ein S geht an die Tafel, dann noch
                              einer, dann kommt ein Junge dran und er
                              schreibt „Löwe" an die Tafel, dann schrei-
                              ben die SS weiter.

   • **Schulung der**   L: Ihr könnt alle kommen und schreiben.
     Teamarbeit   Ein S, der erst seit kurzem hier ist, geht an
                              die Tafel und schreibt „Pferd, Giraffe".

   • **Tafelanschrift**

Zebra	Pferd	Spinne	Elefant	Pferd
Dinosaurier	Fuchs	Löwe	Qualle	Nilpferd
Ku	Schmetterling	Wolf	Katze	Delfin
Spinne	Delfin	Pferd	Hase	Ku
Gorilla	Tier	Qualle	Löwe	Spinne
Fuchs	Elefant	Delfin	Esel	Fisch
Pferd	Wolf	Elefant	Elefant	Giraffe
Qualle	Vogel	Tiere	Katze	Spinne
Igel			Hase	Esel

                          L: Jetzt reicht es, auf den Platz, bitte!

III: Hermeneutische Praxis

II. Phase: Einführung neuen Wortschatzes durch Bildkarten von Tieren:

1. Neuer Impuls: Bildkarten mit Buchstaben und Bildern	L teilt Bildkarten mit Buchstaben und Bildern aus, ohne etwas zu sagen. L: Was hast du? S: Ich habe einen Dinosaurier.
• Fertigkeitsschulung: Lesen und Hören; Laut lesen und auf die Aussprache achten	S: Ich habe einen Esel. L: Es ist zu laut, immer warten bis alle ruhig sind. L legt Wert auf die genaue Aussprache. S: Ich habe einen Fisch. S: Ich habe eine Gans. S: Ich habe einen Hahn. S: Ich habe einen Igel. S: Ich habe einen Jaguar. S: Ich habe eine Katze. S: Ich habe eine Maus. S: Ich habe ein Nashorn. S: Ich habe einen Otter. S: Ich habe einen Löwen. S: Ich habe ein Pferd. S: Ich habe eine Qualle. S: Ich habe einen Storch. S: Ich habe einen Tukan. S: Ich habe eine Ratte.
2. Wiederholung des Gelernten	Die SS wiederholen noch einmal den Satz auf ihren Bildkarten. L: Jeder gibt sein Bild dem Nachbarn. L: Hat jeder etwas anderes? Dann lesen die SS die neue Bildkarte vor. L: Stopp, es wird jetzt schwer. Okay, danke! Die SS stehen auf und geben L das Bild zurück.

3. **Entspannung durch Variation:**
   Singen eines Liedes

   L: Alle Vögel sind schon da! Dreimal singen es alle Lehrerinnen, ich singe die zweite Stimme. Das vierte Mal singen die SS mit.

III. Phase: Das Trojanische Pferd: Erzählen eines ersten Abschnittes – Teil 1

1. **Impuls:**
   Erzählen einer Geschichte

   Daraufhin erzählt L folgende Geschichte: Vor ganz langer langer Zeit war mal eine Stadt in Griechenland und die hatte Krieg mit einer anderen Stadt. Und da kamen aus der einen Stadt ganz viele Soldaten, die die anderen bekämpfen wollten und die Stadt einnehmen wollten. Der Krieg hat 10 Jahre gedauert. Und eines Tages guckten die Leute aus der Stadt raus und sahen niemand mehr … die Leute draußen waren weg. Was stand da vor der Stadt?

2. Neuer Impuls: Bild eines Pferdes	L nimmt zwei Magnetstücke und ein zusammengefaltetes Blatt. Ein S sieht es und sagt: Ein Pferd! L: Woher weißt du das? S: Weil ich sehn habe. L hängt die Zeichnung vom Pferd an die Tafel. L: Guckt euch das Pferd an, eine Minute lang! Jeder bekommt ein Blatt. Ein Mädchen teilt die Blätter aus. Gibst du den Lehrerinnen auch ein Blatt, bitte. S: Ja. L: Jetzt guckt noch mal das Pferd an. Jetzt könnt ihr nach draußen gehen und das Pferd zeichnen. L schreibt an die Tafel:
Tafelbild	Ein Vogel schwimmt. Ein Fisch fliegt. Ein Hund schreit. Ein Pferd bellt. Ein Hahn rennt.
• **Schulung der Pädagogischen Rahmenbedingungen: Stille, Konzentration**	Die SS kommen leise mit ihrem Stuhl und ihrer Zeichnung vom Pferd in die Klasse zurück. Auf dem Bild steht auch der Name der SS. Die SS kommen nicht alle gleichzeitig, L wartet in Ruhe auf die Kinder. L: Alles weg, Hände auf die Beine. Jetzt müssen wir wieder sehr gut aufpassen. Guckt an die Tafel!
3. Impuls: Kreide	L hält die Kreide in der Hand, SS denken nach. Ein S nimmt die Kreide und verbindet das Nomen mit dem Verb: „Ein Vogel fliegt". Und so verbinden verschiedene SS die

- **Tafelanschrift**

    Nomen mit den Verben und am Ende stehen diese Sätze an der Tafel:
    Ein Vogel fliegt.
    Ein Fisch schwimmt.
    Ein Hund bellt.
    Ein Pferd rennt.
    Ein Hahn schreit.

    L schreibt weiter:
    Eine Katze rennt. Ein Delfin schwimmt …
    L schreibt „galoppiert." SS halten alle die Hand auf.
    SS: Ein Pferd galoppiert.
    L schreibt „flattert."
    S verbindet mit „Vogel".
    L holt eine Lehrerin, die „miaut" anschreibt.
    SS: Das war leicht.
    L (hält die Kreide): Wer versucht es?
    Niemand meldet sich und so geht L nochmals an die Tafel und schreibt „Adler."
    Ein S verbindet mit „fliegt."
    L schreibt „Schlange."
    Ein S verbindet mit „schwimmt."
    L schreibt „See" vor „Schlange" … eine „Seeschlange."

4. Neuer Impuls:

    L: Okay, es reicht.
    L löscht alles aus und schreibt Folgendes an die Tafel:

- **Tafelanschrift**

L	SS
bellt	Hund
rennt	Schmetterling
schwimmt	Fisch
galoppiert	Pferd
fliegt	Vogel
flattert	Katze
miaut	

5. Entspannung und Variation durch Singen des Liedes „Alle Vögel sind schon da …"	Die SS versuchen zu verbinden, aber „fliegt" und „flattert" passen L nicht. L: Rennt und bellt. Weißt du es? Ein S verbindet „Hund" mit „rennt."
6. Wiederholung der Reime und Zahlen und des Liedes	Die SS sind jetzt müde. L stimmt das Lied „Alle Vögel sind schon da …" an, die SS wiederholen. Die SS sprechen den Text Zeile für Zeile nach. L: Ein zweites Mal nachsprechen, bitte! L spricht und stampft. Dann klatscht er „Alle Vögel sind schon da" mit Bewegung. L: Das ist der … S: „eins." L: Das ist der Daumen, … L: Alle Vögel sind schon da … Einmal ohne Bewegung, einmal mit Bewegung! Ein S stimmt nochmals das Lied an. Alle singen das Lied.

2. Vormittag: 9.00-12.00 Uhr

I. Phase : Wiederholung und Erweiterung des Wortschatzes

1. Pädagogische Rahmenbedingungen: Training der Fertigkeit Stille	Die Kinder kommen in die Klasse und sind sofort ganz leise. L bewegt die Lippen. Ein S versteht, dass L sagt: „Mach die Tür bitte zu!" S macht die Tür zu.
2. Spracharbeit: • Wiederholung bereits bekannter Reime und Wörter	L: Das ist der …? S: Mittelfinger L: Das ist der …? S: Zeigefinger L: Das ist der …?

L: Das ist der Daumen, der schüttelt die Pflaumen, der hebt sie auf, der trägt sie nach Haus und der kleine Schelm isst sie alle auf.

• **Neuer Wortschatz**

L zeigt auf sein Bein: Das ist der …?
S: Fuß
L: Nein, das kann man im Geschäft kaufen.
S: Schuh.
L: Richtig, und das ist das …?
S: Knie.
L: Was ihr alles wisst! Das ist das rechte Knie, das ist das linke Knie.

Diese Übung wird mit „Arm, Ellbogen, Hand, Ohr …" weitergeführt.

II. Phase : Wiederaufnahme der Erzählung „Das Trojanische Pferd"

1. Wiederaufnahme der Erzählung vom Tage vorher	L: Gestern hab ich euch die Geschichte erzählt. Vor ganz ganz vielen Jahren war Krieg. Die einen wollten die anderen besiegen. Und eines Tages als die Leute aus dem Fenster guckten, da stand was auf der Wiese, … ein …?
2. Verständnissicherung durch Impulsfragen	S: Ein Pferd. L: Wie sah das Pferd aus? War es grün, blau …? S: Braun! L: Das Pferd sah ein bisschen komisch aus. S: Aus Holz. L: War es groß oder klein? S: Groß. L: Hatte das Pferd Beine? Eins, zwei? S: Vier. L: Hatte das Pferd einen, zwei oder drei Schwänze? S: Einen L: Und hatte das Pferd ein Ohr, zwei, drei, vier, …? S: Und Kopf? L: Einen Kopf hat es auch? S: Einen Kopf. L: Wie nennt man die Schuhe von einem Pferd? SS wissen es nicht. L: Hufe L schreibt „Hufe" an die Tafel. L: Was hat das Pferd an den Hufen? S: Il „ferro" L zeichnet ein Hufeisen. L: Wie viele Hufeisen hat das Pferd? Vier, acht? SS: Vier?

L: Sechs? Natürlich vier! Wie viele Schwänze hat das Pferd?
S: Einen
L: Hat der Papagei Hufe?
S: Nein!
S: Zu schwer.
L: Hat die Ratte Hufe? ... Der Vogel?
SS: Keine
L: Was hat der Vogel für ein Bein? Wer kann ein Bein von einem Vogel zeichnen?
Ein S geht an die Tafel und zeichnet.
L: Wer kann das Bein von einem Hund an die Tafel zeichnen?
S zeichnet das Bein an die Tafel.

3. Neuer Impuls: Fragezeichen

L zeichnet ein Fragezeichen an die Tafel.
L: Es ist etwas laut. ... Wie heißt der Fuß von einem Hund?

III: Hermeneutische Praxis | 173

- **Spracharbeit: Wissensvermittlung durch Impulsfragen**

L schreibt Pfote an die Tafel.
L: Wie heißt der Mund von einem Hund? Ganz schwer.
L sagt „Schnauze" und schreibt es an die Tafel.
L: Wie heißt der Mund von einem Vogel?
S: Schnabel
L: Wie heißt der Fuß von einer Katze?
S: Vier
L: Wie heißt der Fuß von einer Katze? Steht schon an der Tafel!
S: Pfote

L: Wie heißt der Fuß von einem Löwen? Fragen wir mal die Lehrerinnen. Wie heißt der Fuß von einem Vogel?
LL: Fuß
L: Was fehlt noch? Wie heißt der Kopf von einem Vogel?
S: Kopf
L: Wie heißt die Hand von einem Bär?
S: Kralle
L: Tatze, Pranke. Wer weiß noch etwas? Wie heißt der Fuß der Giraffe? Nimm das Lexikon und schau nach!
L schaut mit S im Lexikon nach und S liest vor, was über die Giraffe dort steht.

- **Umgang mit dem Lexikon**

- **Fächerübergreifender Unterricht: Sach- und Fachunterricht, Mathematik**

L: Wer hat von den Tieren den längsten Hals?
S: Die Giraffe.
Im Lexikon wird weiter gelesen: Ihre Vorderbeine sind länger als die Hinterbeine
L: Wie hoch wird eine Giraffe?
S: Fünf bis sechs Meter hoch.
L: Wie hoch ist der Raum? Was schätzt ihr?
S: 2, 40 m

• Abschreiben der gesammelten Wörter von der Tafel	S: 3 m L: … und die Giraffe ist höher als dieser Raum. Wie heißt der Anzug von einem Bär? S: Fell L: Hat ein Vogel auch ein Fell? Ein S passt nicht auf, da lässt L alle die Tafelanschrift lesen. L: Ein Löwe hat sechs Pfoten. S: Nein, vier. L: Ein Vogel hat ein Fell? Was hat der Vogel an, wenn es kalt ist? Womit fliegt der Vogel? S: Viele L: Was hat der Vogel für ein Kleid? S: *Piume* (Federn) L: Ein Bär hat ein Fell und der Vogel hat Federn. Und ganz viele Federn machen einen Flügel. Okay, weiß noch jemand etwas? L liest die Wörter nochmals vor. S fragt nochmals: Wie heißt der Kopf einer Giraffe? L: Wie heißen die Füße von einem Zebra? S: Hufe L: Wie heißen die Zähne von einem Tiger?
4. Neuer Impuls: Tafelanschrift – Lückentext	L: Bitte nehmt das Heft heraus und schreibt die Wörter ab: Hufe, Pfote, Schnauze, Schnabel, Fuß, Kopf, Tatze, Pranke, Fell, Federn, Flügel … Weiß jemand das heutige Datum? L schreibt März 2006. SS schreiben die Wörter von der Tafel ab. Währenddessen schreibt L Folgendes an die Tafel: Mein ………… hat ……… Fell. Mein ………… hat ……… Schnabel.

III: Hermeneutische Praxis | **175**

Mein .... hat vier Hufe.
Dein .... hat .... ein Fell.
Dein .... hat zwei ....
Ein S fragt: Was machen wir jetzt?
L: Wenn ihr fertig seid, macht ihr das Heft zu und setzt euch hin.
SS setzen sich nach ca. 10 Minuten wieder auf die Stühle und legen alles weg.
Es läutet zur Pause.

PAUSE

- **Spracharbeit mit Hilfe des Lückentextes**

SS sind sofort leise.
L wartet trotzdem und hält die Kreide hoch.
Niemand meldet sich.
L sagt: Guckt mal an die Tafel.
SS schauen an die Tafel.
L: Wer versucht es? Wer schafft es?
L sieht nicht den Schüler, der die Hand aufhält, und schreibt „Hund."
S schreibt „ain" hinein.
L zeigt ihm, wie man es richtig schreibt.
  L hält wieder die Kreide hoch.
L: Guckt an die Tafel!
L schreibt „Vogel" hinein.
S ergänzt „ein".
L: Eines fehlt noch.
Ein anderer S ergänzt „en".
Ein anderer S schreibt „Pferd".
L: Super!
Ein S schreibt „Hufe" in den vierten Satz hinein.
L: Nein!
Ein anderer S schreibt „Hund".
L schreibt „Katze" in den letzten Satz hinein.
S schreibt „Ohren."

S schreibt „Giraffe" hinein.

- **Erweiterung der Spracharbeit: Sach- und Fachunterricht**

L: Wie heißt die Nase vom Elefanten?
SS melden sich nicht.
L schreibt „Rüssel" an die Tafel.
L: Der Elefant hat einen Rüssel und Zähne. Wie heißen die Zähne vom Elefanten?
L schreibt „Stoßzähne" an die Tafel und wiederholt das Wort mit jedem S einzeln.
L: Wo ist mein Tuch?
L liest die Wörter vor, die an der Tafel stehen.
L: Wie viele sind es?
SS: 13
L: Wir brauchen noch zwei Wörter. Wie heißt der Fuß von einem Elefanten?

- **Erziehung zur Selbstständigkeit: Verantwortung übernehmen**

Ein S bekommt einen Auftrag: Er soll bis zum nächsten Tag nachsehen, wie die Füße vom Elefanten heißen.
L: Wie heißen die Ohren von einem Elefanten?
S: Lange Ohren.
S: Wie heißen die Füße von einem Nilpferd?
L: Gestern wussten wir nicht, was die Füße von einem Elefanten sind. Ja, willst du nachgucken im Lexikon?
S sieht nach und findet die Seite über die Elefanten.
L liest aus dem Lexikon vor.
L: Wie heißt der Mund von einem Elefanten?
S schreibt „Maul" an die Tafel.

S: Wie heißen die Füße von einem Tiger?
S: Tatzen

III: Hermeneutische Praxis

	S: Wie heißt der Mund vom Krokodil oder des Krokodils?
	S: Maul
	L: Es gibt noch ein besseres Wort. Nehmen wir das Lexikon.
	S liest vor: „In den Flüssen reißen die Krokodile das Maul auf."
	S: Wie heißt der Mund von einem Gorilla?
	LL: Maul
	L: Legt bitte alles weg. Wir müssen uns kurz unterhalten, weil wir morgen was ganz Schönes machen.
	Morgen werden wir ein Pferd basteln, wie wir es gestern gemalt haben. Ihr sollt von zu Hause Material dafür mitbringen, z. B.: Eierkartons, Wolle usw.
5. Entspannung durch Variation: Singen des Liedes	L nimmt das Dossier in die Hand und stimmt das Lied „Alle Vögel sind schon da" an. SS schlagen die zweite Strophe vom Lied „Alle Vögel sind schon da" auf und singen. L verabschiedet sich.

3. Vormittag: 9.00-12.00 Uhr

1. Einstieg: Stille und Konzentration	SS kommen in die Klasse und setzen sich hin. L wartet, bis es still ist.
2. Impuls Fragezeichen Zeichnung eines Hufeisens	L macht ein Fragezeichen an die Tafel. SS schauen an die Tafel und überlegen. Da niemand aufsteht, zeichnet L einen weiteren Impuls, ein Hufeisen, an die Tafel. Die SS scheinen etwas müde zu sein. Ein S steht auf und geht an die Tafel und schreibt „Hufe".

- **Wortschatzarbeit**

L: Ist schon richtig, aber kann noch besser sein!
S löscht das „u" aus.
L schreibt das u wieder hin.
L: Ist schon richtig, aber kann noch besser sein.
Ein S macht Umlautstriche auf das „u".
L: Nein!
Ein S ist an der Tafel und schreibt „hupf".
Ein anderer S: „die".
L: Das kann noch besser sein. Es ist ein ganz schwieriges Wort. Ich helfe euch.
L schreibt „Huf…"
Ein S schreibt „Huferd" – L: Nein
S: Hufen – L: Nein
S: Hufei – S: Hufein – L: Nein
S: Hufeit – L: Nein – S: Hufer

L: Nein, man muss nur Geduld haben, auch wenn wir den ganzen Vormittag brauchen.

Ein S bringt L auf die Idee, im Lexikon nachzugucken.
L teilt die Lexika aus. Die SS suchen nach dem halbfertigen Wort.
Ein S geht an die Tafel und schreibt „Hufeisen".

- **Wiederaufgreifen und Wiederholung bekannter Wörter**

L: Was ist das?
L zeigt auf den Schuh, auf den Daumen, linken Schuh, Zeigefinger, Mittelfinger, Zeigefinger, Mittelfinger, Zeigefinger, Mittelfinger, Ringfinger, Lexikon, Lexika.
SS benennen die Dinge.

3. Vorbereitung der Gruppenarbeit: Überprüfung der Materialien

L: Das war schwierig. Jetzt wollen wir mal sehen, was ihr von zu Hause zum Basteln mitgebracht habt. Alles auf den Boden legen, bitte!
SS nehmen ihre Sachen raus und legen sie auf den Boden.

- **Pädagogische Rahmenbedingungen: Stille, Konzentration**

L: Setzt euch auf den Stuhl und wartet auf Ruhe.

4. Wortschatzarbeit:

- **Aufzählen des Bastelmaterials**

L: Wenn wir basteln, müssen wir wissen, womit wir basteln. Was ist das?
S: Eine Rolle.
L: Was ist das?
S: Ein Deckel.
L: Was ist das?
S: Ein Holz, ein Material.
L: Ein Holz, eine Spitze, Material, ein rundes Stäbchen … das ist Material: Das ist ein

	Spieß, ein spitzes Holz ... ein Holzspieß ... Was ist das?
	S: Ein Klebstift, im Klebstift ist Klebstoff.
	S schreibt „ein Klebestift".
• **Aktivierung des Vorwissens, Erweitern, Wiederholen, Festigen**	L hilft ihm, indem er die Buchstaben vorsagt. Er hilft auch dem anderen S „Holzspieß" an die Tafel zu schreiben.
	L: Was hatten wir am Ende?
	S: Karton
	L: Nein, Pappe. Wie heißt das? Eierkarton, Eierschachtel ... Was ist das?
	S: Wolle, Garn.
	L: Was ist das noch? Ein Knäuel Wolle.
	S: Ein weißes Knäuel Wolle.
	L: Bitte zeig!
	S: Eine ...
	L: Du hast einen Holzspieß, du hast mehrere Holzspieße, du hast ein Bündel Holzspieße ... Für wie viel Eier hast du einen Eierkarton?
	S: Für 10 Eier.
	L: Was hat sie?
	S: Holzstücke!
	S: Ein kleines Knäuel Wolle.
	L: Wie heißen die Haare vom Pferd? Ganz schwer! Such die Haare vom Pferd! Was haben wir denn hier?
	S: ... eine Pinie!
	L: Das, was ich hier habe, ist ein Tannenzapfen.
	SS wiederholen: Tannenzapfen.
	L: Wir haben einen Tannenzapfen, eine Rolle, ein Garn. Was ist das für eine Farbe: hellblau, rosarot ...?
	S hält die Hand auf und sagt: Ich habe zwei

	Rollen, einen Klebstift, ein Knäuel Wolle, ein Garn weiß, und einen Karton und das ist Deckel.
	L: Heute Mittag sagst du deiner Mutter, dass du heute die Königin warst!
• **Teamarbeit**	L: Weißt du noch, was du suchen wolltest? S: Haare vom Pferd. L: Wo musst du im Lexikon suchen? S: Bei „P" damit ich „Pferd" finde und dann … „c". L: Nein, schreib nochmals „Pferd" an die Tafel. In diesem Buch steht es nicht drinnen, eine Lehrerin schreibt uns das Wort an die Tafel. Eine L schreibt „Mähne". L: Die Wolle ist sehr gut für den Schwanz und für die Mähne. Bevor wir ein Pferd basteln, suchen wir ein Bild und wir sehen uns das an. Ich gebe euch auch eure Bilder.
5. Impuls: Bild eines Spielzeugpferdes	L fordert einen S auf, die Zeichnung des Pferdes an die Tafel zu hängen. L: Hier sind Magnetstücke drin und du hängst das Bild an die Tafel. Da wo das Fragezeichen ist. L zeigt S, wo das Fragezeichen ist. Ein S geht hinaus und hilft den anderen beiden SS. Nun hängt das Bild an der Tafel.
6. Entspannung durch Variation: Lied „Alle Vögel sind schon da …"	L: Die Hände auf die Beine. L stimmt das Lied „Alle Vögel …" an und alle SS singen mit.

PAUSE

7. Entspannung durch Variation: Singen des Liedes „Alle Vögel sind schon da …"	SS sitzen alle schon mit dem Dossier in der Hand auf den Stühlen und singen mit großem Eifer das Lied „Alle Vögel …", ohne aufgefordert zu werden. L: Wunderbar, ihr habt ganz allein angefangen zu singen! SS singen mit L alle Strophen des Liedes aus dem Dossier.
8. Gruppenarbeit: Basteln des Pferdes	L: Schnell weg das Dossier! Alles hinlegen und die Hände … es ist viel zu laut, die Hände bitte! Genau hingucken, da ist das Pferd, das wir jetzt basteln wollen. Das ist der Hals, das ist der Schwanz, das ist die Mähne!

III: Hermeneutische Praxis

Jeweils drei SS basteln zusammen ein Pferd. Ich gucke zur Uhr, genau gucken ... Wie sieht das Pferd aus? Eine Minute gucken ... So ein Pferd sollen wir basteln, noch eine halbe Minute, genau hingucken ... Wie sieht die Mähne aus? Wie sehen die Beine aus? Wie sehen die Hufe aus? Ganz genau so ein Pferd wollen wir basteln ... geht raus! Je eine Lehrerin geht zu einer Gruppe.

SS basteln in den Kleingruppen das „Trojanische Pferd" aus Papier.

9. **Entspannung durch Variation:**
   - **Stilleübung**
   - **Lied „Auf der Mauer, auf der Lauer"**

SS kommen in die Klasse zurück.
L fordert sie auf alles wegzulegen und sich mit geschlossenen Augen zu entspannen.
L stimmt das Lied „Auf der Mauer, auf der Lauer" an.
SS singen mit.

10. **Rekonstruktion des Vormittags**

L lobt die SS für die geleistete Arbeit und wiederholt das Gelernte.

4. Vormittag: 9.00-12.00 Uhr

1. **Wortschatzarbeit:**

   - **Wiederholung**

   - **Erweiterung: Uhr, Zahlen, Uhrzeit**

   - **Festigen**

L wiederholt mit SS die Körperteile (Zeigefinger, ...).
Auf seine Frage „Wie spät ist es jetzt?" stellt sich heraus, dass ein S die Uhrzeit bereits lesen kann (alle anderen noch nicht). L zeichnet einen Kreis an die Tafel, übt mit SS die Uhrzeiten von 1-24, die Uhrzeiger (großer Zeiger für Minuten, kleiner Zeiger für Stunden).
L (zu einem S): Du hast aber ein schönes Armband, hast du noch ein solches? Hast du

noch eines? Ich hätte auch gerne eines? Hast du eine Uhr? Wie spät ist es?
S: 9 Uhr und 3 Minuten.
L: Und wie viele Sekunden?
S: 30 Sekunden.
L: Wie spät ist es jetzt?
S: 9 Uhr und 3.
L: Nein
S: 9 Uhr und 7 Minuten und …
L: Kannst du den kleinen Zeiger nicht sehn? Nein! 9 Uhr und sieben Minuten und siehst hier die Sekunden!
S: 9 Uhr und 7 Minuten und 30 Sekunden.
L: Wenn ihr nicht aufpasst, können wir nicht lernen!
S und L zusammen: 9 Uhr.

	L: 9 Minuten und …
	S: 9 Uhr und 9 Minuten und…
	L: Gibt es eine Uhr, das müssen wir üben!
	PAUSE
2. Impuls: **Weiterführung der Erzählung „Der Trojanische Krieg"**	An der Tafel ist eine Festung gezeichnet mit vielen Kriegern auf und vor der Festung. L erzählt die Geschichte des Trojanischen Krieges und zeigt auf die Zeichnung.
• **Hören**	In der Mitte des Stuhlkreises steht ein von den SS gebasteltes Pferd. L teilt die SS in Griechen und Trojaner ein.
• **Szenisch darstellen**	Die SS spielen die Erzählung: Trojaner schlafen fest, Griechen verstecken sich im Pferd, steigen in der Nacht aus dem Pferd …
3. Entspannung durch Variation • **Kinderreim** • **Lied**	L wiederholt mit SS die Namen der Finger und den Kinderreim „Das ist der Daumen …". Ein S stimmt das Lied „Alle Vögel …" an. Alle singen mit. L verteilt Dossier zum Mitlesen aller Strophen.
• **Dossier**	SS erhalten 15 Minuten Zeit, um zu lesen, was ihnen gefällt. Sie dürfen machen, was sie wollen, nur dürfen sie dabei die anderen nicht stören.
4. Rekonstruktion der 4 Projekttage **Impuls: Zahlen 1-4 und Fragen**	L fragt, wie viele Tage er hier war; er schreibt die Zahlen von 1-4 an die Tafel und fragt die SS, welche Wörter sie am 1. Tag, am 2. Tag, … gelernt haben. SS gehen an die Tafel und schreiben unter die Zahlen einige Wörter.

5. **Impuls:**
   Lateinischer Text:
   „Ego sum pauper"

L schreibt den Text des Liedes (des Kanons) an die Tafel, spricht Vers für Vers vor, SS sprechen nach.
L singt vor, SS singen mit, anschließend im Kanon.

Kapitel IV
Spiegelung und Kontrolle

4. Vergleiche, Reaktionen, Standpunkte

Der hermeneutische Ansatz lebt davon, dass der Einzelne sowohl zu einem selbstbewussten eigenen Standpunkt kommt als auch seine Meinung, sein Wissen, seine Interpretation immer wieder an der Auffassung und Weltsicht eines Gegenübers kontrolliert. Was so für die Lernenden der Grundschule gilt, muss auch Maßstab der Lehrenden sein. Die folgenden Beiträge richten sich an diesem Maßstab aus, wenn sie Auswahl, Rezeption und Reaktion von Lehrern zur Sprache bringen, die ihre Erfahrung mit hermeneutischen Konzepten sehr persönlich an Äußerungen relevanter Fachliteratur kontrollieren:

4.1 Persönliche Rezeption fachlicher Stimmen von außen

Bernd Badegruber: *Offenes Lernen in 28 Schritten. 28 Schritte vom gelenkten zum offenen Lernen.*
Illustriert von Alois Jesner.
Linz: Veritas Verlag, 1999, 93 S.

In diesem originellen und leicht lesbaren Buch werden all die zahlreichen Ansätze zum Thema „Offenes Lernen" zu einem Konzept vereint. Im Vordergrund steht die in 28 Schritte aufgegliederte Vorgehensweise, die den Lehrern einen Einstieg in diese Unterrichtsmethode erleichtert. Mit zahlreichen Grafiken, Karikaturen und viel Witz setzt der Autor im ersten Teil auf eine offene Vorstellung des Konzeptes, die keinen Leser zur ganzheitlichen Umsetzung zwingt. Vielmehr fühlt man sich frei und erlaubt sich, aus allen wertvollen Vorschlägen die für sich interessanten Arbeitsweisen herauszunehmen und dann in der Klasse umzusetzen. Es werden einfache Vorbedingungen zum „Offenen Lernen" vorgestellt und Anregungen gegeben, die den Lehrer, dessen Unterricht noch sehr frontal und nur mit Hilfe eines (irgendwann einmal) eingeführten Sprachlehrwerks gestaltet ist, nachdenklich stimmen. Badegruber plädiert für selbst hergestellte Unterrichtsmaterialien und für einen Unterricht, in dem das Schulbuch als eine gute Ergänzung gesehen wird. Er selbst definiert sein Ziel folgendermaßen: „Ich mache mir mein eigenes Kochbuch unter dem Motto: Ich fange mit einfachsten Speisen an und versuche diese einfachen Speisen immer mehr zu verfeinern ... Im Laufe eines Jahres wurde aus einem Eintopfkoch ... ein Koch eines Luxusrestaurants" (S.18/19).

„Offenes Lernen" im DaZ-Unterricht ermöglicht die Integration aller Schüler, sowohl verschiedener Leistungsstufen als auch Herkunft. Dies kann mit agierenden Lehrern und rezipierenden Schülern nicht wirklich realisiert werden, da alle Lernprozesse gesteuert und der Ablauf der Stunden zu strukturiert ist. Wissenselemente und Redemittel, die in einem solch frontal ausgerichteten Unterricht auf die Schüler zukommen, können nicht alle gleichermaßen interessieren, sondern sind einem hohen Prozentsatz von Schülern gleichgültig oder fremd. Sie bekommen folglich gar keine Chance, gemäß ihrer individuellen und kollektiven Erfahrungen zu agieren. Der Sprachlernprozess wird auf solche Weise trotz „schülerorientierter" und

„kommunikativer" Schulbücher, als welche sich Lehrwerke für den Zweitsprachenunterricht oft präsentieren, zu einem Belehrungsunterricht, der die Schüler zu Rezeption und Passivität erzieht, anstatt ihr Vorwissen und ihre unterschiedlichen Kompetenzen zu berücksichtigen.

Ich möchte an dieser Stelle nun nicht auf die leitenden Prinzipien offener Unterrichtsprozesse eingehen, sondern vielmehr aufzeigen, wie es zur Änderung meines Unterrichts gekommen ist, welche Beobachtungen ich im „offenen Zweitsprachenunterricht" gemacht und welche Veränderungen sich im Vergleich zu meinem „traditionellen" Unterricht ergeben haben.

Wie auch bei Bernd Badegruber breitete sich in meinem oft zu lernzielorientierten Unterricht bei manchen Schülern Lernunlust aus. Dieses Problem wurde dann bei einer „Schülersprechstunde" thematisiert. Die Schüler wurden in dieser Unterrichtsstunde gefragt, was ihnen in der Schule gut gefalle und was sie im Unterricht ändern würden. Neben vielen utopischen Änderungsvorschlägen äußerten viele Schüler ihren Unmut über zu lange Lehrervorträge, wenig Gruppen- und Partnerarbeiten und zu viele schriftliche Arbeiten in allen Unterrichtsfächern. An dieser Stelle begann ich, die frontale Unterrichtsphase mit einigen offenen Unterrichtselementen interessanter zu gestalten. Anfangs bestanden letztere aus Gesprächskreisen, gelenkter Partnerarbeit, mehr selbstständigem Lesen und gelenkten Gruppenarbeiten. Der Gesprächskreis hatte hier am Beginn oder am Ende der Stunde unterschiedliche Funktionen: Während die Kinder im Morgenkreis über Erlebtes oder andere wichtige Anliegen berichten konnten, stellten sie im „Darbietungskreis" am Ende einer Unterrichtsstunde fertige Partner- oder Gruppenarbeiten vor. Zu Beginn waren diese Gesprächssituationen oft noch von gespielter Kommunikation geprägt, da verschiedene wichtige Redemittel anfangs noch eingeübt werden mussten, aber auch weil für die Schüler diese Art von Gesprächsbedingung neu war. Lernen mussten die Kinder an dieser Stelle auch, ihre Gesprächspartner ernst zu nehmen sowie langsam und deutlich zu sprechen. Im Laufe der Zeit lernten die Schüler im Gesprächskreis in einer ungezwungenen Form und unter den Voraussetzungen der Stille und des konzentrierten Zuhörens zu erzählen, zu fragen, sich zu verständigen und sogar zu diskutieren. Natürlich musste ich als Lehrerin nicht nur darauf achten, weniger zu sprechen, sondern auch Geduld darin üben, die Schüler ausreden zu lassen und Zeit zum Nachdenken zu geben. Äußerungen in der Muttersprache der Kinder wurden nach wenigen Monaten vor allem im „Darbietungskreis" immer seltener.

Da der Morgenkreis in seiner Form verschiedenste Gespräche zu allen Themen zuließ und diese meiner Meinung nach gerade deshalb manchmal in der Muttersprache der Schüler geführt wurden, versuchte ich die Ziele in dieser Gesprächssituation enger zu umgrenzen und setzte diesen Gesprächskreis dazu ein, das Hörverstehen in Verbindung mit verschiedenen literarischen Texten zu schulen. Während ich zu diesem Zweck anfangs nur sehr vereinfachte Texte auswählte, um den Kindern das Verstehen zu erleichtern, griff ich mit der Zeit zu unveränderten, „reichhaltigeren" Texten, deren noch nicht bekanntes Wortmaterial dann schrittweise – in Zusammenarbeit mit allen Schülern und durch die Addition ihrer unterschiedlichen Kompetenzen – verständlich gemacht wurde.

Sehr positiv überrascht war ich vor allem darüber, dass die Kinder auf diese Weise die Bedeutung fast aller Redemittel in selbstständiger Arbeit herausfanden und diese dadurch auch besser in Erinnerung behielten. Zu dem besprochenen Thema oder Lesestück erarbeiteten die Schüler in Partner- oder Gruppenarbeit verschiedene Arbeitsblätter, die in ihrer Form sehr unterschiedlich waren und sowohl Wortschatzarbeit als auch grammatikalische Übungen enthielten. Diese von den Kindern selbstständig angefertigten Übungen (Kreuzworträtsel, Lückentexte, Fragen zum Text, Text mit Veränderungen, Comics, einfache Nacherzählungen, u. a.) wurden für jeden Schüler kopiert und in Form eines „Lernens an Stationen" bearbeitet. Auch jene Kinder, die sich anfangs großteils passiv am Unterricht beteiligten, waren bei dieser Unterrichtsform sehr motiviert und zeigten Freude beim Ausführen von Arbeitsaufträgen, die ihre Mitschüler ausgearbeitet hatten.

Auch in den frontalen Unterrichtsphasen versuchte ich nun zunehmend mehr, die aktuellen Bedürfnisse und Interessen der Schüler zu berücksichtigen und ihnen ein entsprechendes Maß an Mitbestimmung zu ermöglichen. Auf diese Weise wurden auch so manche Lehrervorträge interessanter und weckten die Neugier und das spontane Interesse der Schüler.

Es gibt sicher keinen idealen Zweitsprachenunterricht, es gibt aber immer Alternativen und Vorschläge für die Verbesserung unserer Lehrtätigkeit. Wenn wir diese Idee ernst nehmen, können wir den Unterricht effektiver gestalten und uns selbst verbessern. Natürlich liegt es an uns Lehrern selbst, inwieweit wir uns auf Neuerungen einlassen, aber jeder von uns kann sich aus der Komplexität neuer Ideen diese heraussuchen, die ihm für seinen Unterricht nützlich erscheinen. So sollte jede Lehrkraft ihren Unterricht eigenständig planen, ihre Lernziele bestimmen und versuchen, diese zu erreichen. Vor allem sollte sie aber dazu bereit sein, diese Aspekte nach dem Unterrichtsablauf zu untersuchen und konstruktive Kritik an sich selbst zu üben. Nur auf diese Weise kann nach Alternativen gesucht und können neue Wege ausprobiert werden.

Christine Abram

> Delanoff, Dorothea & Kirsch, Dieter: *Grammatik in der Primarschule: Piephos Pfiffigkeiten zum frühen Fremdsprachenlernen.* (Primarschulmaterialien; Baustein: Grammatik; Erprobungsfassung). München: Goethe-Institut, 1994, 70 S.

„Guter Grammatikunterricht ist einer, den man nicht merkt. Er antwortet auf die Fragen von Schülern" (S. 60).

Grammatik in der Primarschule ist die Dokumentation eines Seminars, in dem Hans-Eberhard Piepho zur Rolle der Grammatik im frühen Fremdsprachenunterricht Stellung nimmt. Dabei versucht er auf die Fragen, wie ein Grundschulkind ein Sprachsystem aufbaut und wie es mit Grammatikphänomenen einer Sprache umgeht, eine Antwort zu finden.

Im folgenden Text habe ich versucht, einzelne Äußerungen Piephos zur Funktion der Grammatik im frühen Fremdsprachenunterricht mit einigen Grundsätzen des hermeneutischen Fremdsprachenunterrichts zu vergleichen und mit Beispielen aus meiner persönlichen Erfahrung zu untermauern.

Piepho unterscheidet drei Stufen bzw. Ziele, die einer Grammatik zugrunde liegen: die Verstehensgrammatik, die Rekonstruktions- bzw. Konstruktionsgrammatik und die Produktionsgrammatik. Ziel der Verstehensgrammatik ist es, Texte hörend und lesend zu verstehen, denn Kinder nehmen im frühen Fremdsprachenunterricht v. a. rezeptiv an der fremden Sprachumwelt teil. Dabei geht es nicht so sehr um Grammatik im traditionellen Sinn, sondern um die Erweiterung des passiven Wortschatzes und um ein „fremdsprachliches Erschließen semantischer Inhalte und Konzepte". In dieser Phase des Lernprozesses spielt die Muttersprache bzw. das Vorwissen aus der Muttersprache eine große Rolle, denn sie ist die Grundvoraussetzung für das semantische Erschließen der Umwelt. Auch im hermeneutischen Ansatz ist das Vorwissen wichtig, denn das durch einen Impuls aktivierte Vorwissen spricht nicht nur die Person in ihrer Rolle als Schüler an, sondern lässt alle zu Wort kommen und startet somit einen in spiralförmiger Progression zu erweiternden Austausch.

Die Muttersprache muss nach Piepho als Vorleistung für den Fremdsprachenunterricht betrachtet werden. Er behauptet, „jeder Erwerb einer Fremdsprache baue auf dem Stand der muttersprachlichen Sprachkompetenz auf." Spricht Piepho von einer Muttersprache, die „je nach Alter, Persönlichkeit und Umwelt des Kindes verschieden ist" und als Grundvoraussetzung für das semantische Erschließen der fremden Umwelt gilt, so geht Hunfeld noch einen Schritt weiter, indem er mit seiner Konzeption der „Normalität des Fremden" eine neue Haltung herbeiwünscht, in der einerseits nicht nur der Fremde unsere Welt und wir seine Welt kennen lernen, in welcher aber andererseits auch der fremde Andere in seiner Eigenheit wahrgenommen und anerkannt wird, eine respektvolle Nähe und Distanz zugleich ermöglicht wird und die Bedingungen für einen interkulturellen Dialog geschaffen werden.[98]

Gehe ich nun davon aus, dass das Ziel der Verstehensgrammatik darin besteht, Texte hörend und lesend zu verstehen, und dass es dabei nicht so sehr um Grammatik im traditionellen Sinn geht, sondern eher um die Erweiterung des passiven Wortschatzes und um ein „fremdsprachliches Erschließen semantischer Inhalte", so habe ich öfters die Auswirkungen einer gelungenen oder zum Teil gelungenen Verstehensgrammatik vor allem bei meinen jüngeren, sechs- bis achtjährigen Schülern beobachtet. Ich konnte dabei sehr deutlich nachvollziehen, wie sie Inhalte der fremden Sprache schrittweise begreifen und damit aktiv zu experimentieren beginnen. In meiner alltäglichen Arbeit als Lehrerin war beispielsweise das Vorlesen von Geschichten für mich immer eine große Hilfe, um den Grundstein für eine erfolgreiche Verstehensgrammatik zu legen. Das Vorlesen von Geschichten stärkt nicht nur die Freude am Zuhören sowie die Phantasie der Kinder, sondern es wird dabei direkt die Gefühlswelt der Kinder angesprochen und die Motivation gefördert, am Unterricht teilzunehmen. Ich bevorzuge Bilderbücher, da diese den Inhalt meiner Äußerungen bildlich darstellen und einen stärkeren Impuls geben, mit der fremden Sprache zu experimentieren. Mit Hilfe der Bilder ver-

---

[98] Vgl. dazu Hunfeld, 2004, S. 488.

stehen die Kinder den Inhalt der Geschichte sehr schnell, können ihn aber nicht immer gleich schnell in einer für sie fremden Sprache wiedergeben. Hier kommt die große Rolle der Muttersprache ins Spiel und ich beobachte immer wieder, wie einige Schüler mit großer Freude und Enthusiasmus Wörter aus ihrer Muttersprache in die fremde Sprache hineinzuzwängen versuchen. So heißt das Schneewittchen auf einmal *Tschenerent* (it. *Centerentola*), der Löwe verwandelt sich in einen *Loen* (it. *leone*) und vom Maulwurf bleibt nur mehr eine *Talp* (it. *talpa*) übrig. Nimmt man diese spontanen, aber nicht zufälligen Äußerungen der Kinder etwas genauer unter die Lupe, so wird deutlich, dass die Kinder in Situationen, in denen sie das Wort in der fremden Sprache nicht kennen, auf das Wort in der Muttersprache zurückgreifen, während sie jedoch mit einigen grammatischen Regeln der fremden Sprache schon sehr früh zu experimentieren versuchen. In diesem Falle fällt auf, wie alle von den Kindern erfundenen Wörter aus ihrem muttersprachlichen Vorwissen stammen, jedoch mit einem Konsonanten enden, und dies ist eine Regel der fremden Sprache, nicht ihrer Muttersprache.

Im allgemeinen Unterricht, aber vielleicht besonders im frühen Fremdsprachenunterricht, ist der Umgang mit Fehlern von großer Bedeutung. Fehler sind immer ein Zeichen für kreative Umstrukturierungsprozesse und dürfen für den Schüler niemals ein Grund dafür sein, unsicher und ängstlich der Sprachrekonstruktion bzw. Sprachproduktion entgegenzutreten. Piepho erklärt: „Fehler geben wichtige Auskunft über den Lernstand des Schülers und gehören zum Lernprozess" (S. 43). Auch im hermeneutischen Fremdsprachenunterricht sind Begriffe wie Angstfreiheit, Selbstbewusstsein und Respekt unentbehrlich. Sie stellen sogar einen großen Teil der pädagogischen Rahmenbedingungen dar, die einen hermeneutischen Unterricht erst ermöglichen. Deshalb wird sich ein Kind nur in einer emotional entspannten, vom Mitteilungsbedürfnis der Kinder getragenen Atmosphäre spontan und flüssig ausdrücken. Fühlen sich Kinder respektiert und selbstsicher, so experimentieren sie lernfreudig mit der fremden Sprache und kümmern sich wenig um die Korrektheit ihrer Äußerungen. Was sie sagen wollen, ist wichtiger, als wie sie es sagen wollen. Ich erinnere mich zum Beispiel, wie uns einmal in einer ersten Klasse (6-7 Jahre) eine Frau besucht und sich als Irene vorgestellt hat. Sofort zeigte eine Schülerin auf die Mitschülerin namens Maria und sagte: „Zwei Irene!", worauf diese bestätigte: „Ich Mami!" Auf meine Frage, ob sie denn schon Mutter sei, erklärte mir ein dritter Schüler: „Nein, Irene ist Mami mit Irene!" Die Präposition „von" war dem Jungen anscheinend nicht geläufig, aber er hatte trotzdem eine ganz persönliche – grammatikalisch natürlich falsche – Strategie gefunden, um seinem Mitteilungsbedürfnis gerecht zu werden.

Der hermeneutische Fremdsprachenunterricht geht vom impulsgesteuerten Lernen aus, d. h. von einem Unterricht, der durch vielfältige und immer neue Impulse eine interessierte Fragehaltung vonseiten des Kindes auslöst, die das gemeinsame Lernen erst ermöglicht. Dies bedeutet jedoch nicht, dass alles dem „zufälligen Fragen der Schüler" überlassen ist. Es steht fest, dass die „allgemeine Richtung [...] durch die übergeordneten Ziele des hermeneutischen Ansatzes bestimmt wird" (Hunfeld, 2004, S. 493).

Die von Hans Hunfeld definierte „Relative Unbestimmbarkeit der Lernziele" stimmt mit Piephos Äußerungen insofern überein, dass dieser zum Beispiel behauptet, in der Phase der Rekonstruktionsgrammatik könne „das Augenmerk vom Lehrer gezielt auf Problembereiche der Grammatik gelenkt werden" (S.39). Die Lernziele dürfen folglich nie dem Zufall überlassen werden und der Lehrer muss immer genau wissen, was verstanden und was später rekonstruiert bzw. produktiv beherrscht werden soll. Die Rekonstruktionsgrammatik befähigt den Lerner, selbständig Sätze bzw. kleinere Texte nachzubilden. In dieser Lernphase werden grammatische Strukturen in kommunikativen Zusammenhängen gehört bzw. gelesen, verstanden und behandelt. Auch hier geht es nicht so sehr um Grammatik im traditionellen Sinn, denn ein explizites Regelwissen ist für den jungen Fremdsprachenlerner nach Piepho nicht nötig. Das Kind soll hingegen mit dem Sprachmaterial arbeiten und es implizit verarbeiten. Erst dann kann dieses Material in grammatischen Terminologien umschrieben werden. Damit der Schüler die Sätze bzw. Texte verstehen und anschließend rekonstruieren kann, muss jedoch das nötige sprachliche Material vorgegeben sein. Gleichzeitig sollte das Kind zu einer eigenen Sprachproduktion ermuntert, d. h. auf die Produktionsgrammatik vorbereitet werden. Eine große Hilfe stellen in der Phase der Rekonstruktionsgrammatik sowohl für den Lerner als auch für den Lehrer die von Piepho empfohlenen praktischen Beispiele dar. Einige dieser Beispiele konnte ich in meinem Unterricht erfolgreich einsetzen. So haben wir zum Beispiel in einer fünften Klasse Grundschule (10-11 Jahre) zum Thema „Füße" zuerst gemeinsam ein Assoziogramm erstellt und es dann in die grammatischen Kategorien Substantiv – Verb – Adjektiv eingeordnet (siehe Abb. 1). Anschließend haben die Schüler nach dem Muster eines von Piepho speziell erarbeiteten Rastersystems geübt (siehe Abb. 2).

Abb. 1: Assoziogramm

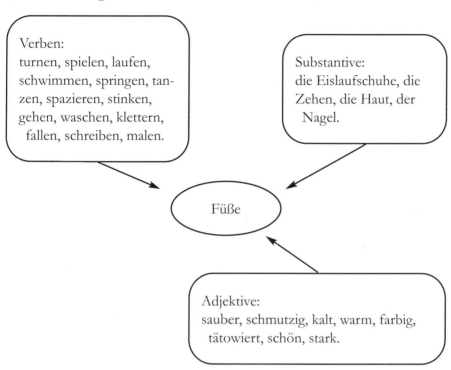

Abb. 2: Raster nach Piepho: Subjekt und Verb wurden vorgegeben, der Rest frei eingesetzt.

	Füße	Socken	Zehen
sind	kalt	schmutzig	lustig
haben	zehn Zehen	schöne Farben	einen Nagel
laufen	schnell	X	X
stinken	im Sommer	heute nicht	sehr viel

Diese praktischen Beispiele zur Rekonstruktionsgrammatik helfen mir, die grammatischen Kenntnisse meiner Schüler zu evaluieren und zu steuern. Letztere können wiederum auf diese Weise grammatische Strukturen rekonstruieren. Ein Schüler hat mich anschließend noch gefragt, ob man Substantive mit großem Anfangsbuchstaben schreibt. Diese grammatische Regel konnte somit als Antwort auf seine Frage in den Unterricht eingebaut werden, ein Beweis dafür, wie Unterricht – auch Grammatikunterricht – ein Ort sein kann, wo „sich das Verstehen aus Fragen entwickelt, [...] auf die der Lerner [...] für sich eine Antwort sucht" (Hunfeld, 2004, S. 491).

Giulia Genovese

Rainer E. Wicke: „Vom Text zum Projekt. Kreative Textarbeit und offenes Lernen im Unterricht". In: *Deutsch als Fremdsprache*. Berlin: Cornelsen, 1997. 168 S.

Zum Inhalt

Das Buch ist in 11 Kapitel aufgeteilt, in denen der Autor dem Leser sehr praxisbezogen den kommunikationsorientierten Fremdsprachenunterricht und dessen Methoden aufzeigen will. Er möchte den Fremdsprachenlehrern mit diesem Buch Ideen zur Erstellung eigener Aufgaben, Übungen und Verstehenshilfen geben und ihnen die Wichtigkeit der Flexibilität, die einen offenen Unterricht ermöglicht, im Unterricht nahe bringen. Seine praxisbezogenen Ausführungen sollen keinesfalls als Patentrezepte verstanden werden, sondern vielmehr aufzeigen, wie wichtig der Blick über die Grenzen des eigenen Faches hinaus ist. Der rein kognitiven Vermittlung von Sprachkenntnissen erteilt er eine Absage.

Zu Kapitel 1: In diesem Kapitel geht es um die Förderung der Kommunikationsfähigkeit der Schüler im Fremdsprachenunterricht, die nur dann realisierbar ist, wenn der Unterricht so weit wie möglich in der Zielsprache vonstattengeht. Wicke schlägt dem Leser vor, den Lernenden Diskursstrategien in die Hand zu geben, d. h. Listen mit von den Schülern benötigten (aber auch von den Schülern selbst ausgesuchten) Redewendungen. Schließlich werden Beispiele für solche Listen gegeben, in denen die scheinbar wichtigsten sprachlichen Bedürfnisse der Schüler aufgeschrieben sind.

Zu Kapitel 2: Die Wichtigkeit der Herstellung des Bezuges zur persönlichen Erfahrung der Lerner unter Berücksichtigung ihres täglichen Umfeldes im

Rahmen der interkulturellen Erziehung wird hier unterstrichen. Dazu werden Übungs- und Aufgabenangebote gegeben, die es u. a. ermöglichen sollen, dass die Lerner den Unterricht mitgestalten. „Termini" wie Assoziogramm, Brainstorming, Raster, Illustration, Musik, Zuordnung und Vergleich werden erklärt und mit Beispielen belegt.

Zu Kapitel 3: In diesem Teil des Buches stellt der Autor eine Reihe von Aufgaben und Übungen vor, die dokumentieren, „dass es sich beim Verstehen durchaus um eine aktive Tätigkeit im Fremdsprachunterricht handelt, mehr noch, dass es sich um eine Kommunikationssituation Text ↔ Leser handelt" (S. 31).

Er hebt die Wichtigkeit selbstständiger Arbeit hervor, die die Schüler durch Erfolgserlebnisse motiviert, und erstellt ein Aufgabenangebot, in denen der Lerner mehr Sicherheit im Umgang mit Texten bekommen soll. Richtig-oder-Falsch-Übungen, Lückentexte, Multiple-Choice-Test, Bildzuordnung u. v. m. werden genannt und deren Effekte auf Schüler und Unterricht geäußert. Dabei erscheint am Ende jeder theoretischen Erklärung ein praktisches Beispiel.

Zu Kapitel 4: In diesem Kapitel will der Autor den Unterrichtenden zeigen, wie diese wiederum die Schüler ermutigen können, die Sprache trotz geringen Repertoires an Vokabular im Unterricht zu benutzen. Bei den gegebenen Vorschlägen geht Wicke davon aus, dass das Vorwissen der Lerner aktiviert wird, „denn effizient gelernt wird, wenn Lernende aktiv einen Wechselbezug zwischen ihrem Vorwissen und neuen Informationen herstellen und so ihr Wissen rekonstruieren können"(S. 44).

Wieder werden methodische Vorschläge, wie Redemitteltafel, Flussdiagramm, Auswahlübung, Satzpuzzle usw. aufgezeigt.

Zu Kapitel 5: Hier geht es um die freie, spontane sprachliche Äußerung der Schüler, die durch Anwendung von bisher erworbenem Wissen möglich werden sollte. Dabei geht der Autor kurz auf Sozialformen ein, die den Lehrer möglichst in den Hintergrund des Geschehens stellen. Dazu kommt eine Auflistung von Aufgaben, Verstehenshilfen und Übungen (Vervollständigungsaufgaben, Schlagzeilen als Impuls, Werbung als Impuls, Zeichnungen usw.), die die Möglichkeiten des Transfers geben sollten.

Zu Kapitel 6: In diesem Kapitel steht die Entfaltung der Fantasie und der freien Textinterpretation im Mittelpunkt. Wicke äußert die Wichtigkeit der Interaktion zwischen Text und Leser, die den Text an sich in den Hintergrund stellt und den Schülern die Möglichkeit zu experimentieren und ihnen zusätzlich das Gefühl gibt, ernst genommen zu werden. Er bereichert seinen kurzen theoretischen Teil nochmals mit Vorschlägen zur Auseinandersetzung mit Texten: Collagenanfertigung, Personensuche, Basteln, konkrete Poesie …

Zu Kapitel 7: Nun geht der Autor auf die verschiedenen Sozialformen und die Sitzordnung im Unterricht ein. Begriffe wie etwa Frontalunterricht, Partnerarbeit, Gruppenarbeit, Plenum, Lernzirkel, Einzelarbeit werden definiert und evaluiert.

Zu Kapitel 8: In diesem 8. Abschnitt des Buches wird versucht aufzuzeigen, wie Texte anhand eines entsprechenden Angebotes an Aufgaben, Übungen, Verstehenshilfen und Sozialformen bearbeitet werden können. Dabei wird von zwei verschiedenen Beispielen ausgegangen – von einer Zeitungsnotiz und der Ballade „Der Zauberlehrling" von J. W. Goethe – und es werden Hilfen für eventuelle Unterrichtsabläufe gegeben.

Empathiefähigkeit, Erfindungsgeist von Seiten der Lehrperson und Einbezug der Schüler werden als wichtige Begleiter bei dieser Arbeit angesehen.

Zu Kapitel 9: Nachdem ein breites Angebot an Vorschlägen für die Ermöglichung der eigenständigen Bearbeitung von Themen sowie der aktiven Mitgestaltung der Schüler gegeben worden ist, wird nun auf das Projektorientierte Lernen eingegangen, das inzwischen im Fremdsprachenunterricht einen sehr hohen Stellenwert errungen hat.

Der Begriff „Projekt" und dessen Kriterien werden definiert und dessen Aufbau wird genauestens beleuchtet. Es wird davon ausgegangen, dass beim Projektorientierten Lernen Aufwandsbewusstsein, Vorarbeit, Nachbereitungen, Schülerorientiertheit, Flexibilität, aber auch eine gewisse definierte Form als Voraussetzungen gegeben sein müssen. Der Autor bewegt sich wie immer nicht nur auf theoretischem Territorium, sondern wirft auch zahlreiche praktische Beispiele auf, z. B. werden 7 Evaluationsfragen und deren gewünschter Effekt auf Lernende aufgelistet. Schließlich wird die Lernwerkstatt als Fortsetzung der Projektarbeit vorgestellt.

Zu Kapitel 10: Obwohl der Autor die Wichtigkeit der Eigeninitiative und des Experimentiergeistes unterstreicht, gibt er in diesem Kapitel eine Reihe praktischer Beispiele vor: Zu bestimmten Thematiken (Fußball, Tiere, Ich) werden Vorschläge für ganze Unterrichtseinheiten zu Blatt gebracht, außerdem werden einige Projektideen sowie deren Umsetzung gegeben.

Zu Kapitel 11: Der letzte Teil des Buches wird Lernkontrollen und Tests gewidmet, die laut Wicke in (simuliert) authentischen Situationen stattfinden sollten, da die Sprachwirklichkeit eine große Rolle spielen muss. Weil eine auf Kommunikationssituationen gerichtete Lernkontrolle ausschlaggebend ist, sollten Sprachintentionen und Sprechhandlungen überwiegen und Grammatik und Lexik in den Hintergrund treten.

Meine persönlichen Überlegungen aus hermeneutischer Sicht:

Kapitel 1: Wenn Wicke sagt, dass der Unterricht fast ausschließlich in der Zielsprache gehalten werden soll, damit die Kommunikationsfähigkeit der Schüler gefördert wird, stehe ich voll hinter ihm: Ich bin der Meinung, dass dieser Punkt ausschlaggebend für einen erfolgreichen Spracherwerb ist. Wenn jedoch vorgeschlagen wird, den Lernenden Listen mit vorgegebenen Redemitteln zu übergeben, damit diese sie bei Bedarf vorlesen können und nach einiger Übungszeit fähig sind, auf Fragen automatisch zu antworten, d. h. Sätze auswendig aufzusagen, werde ich skeptisch. Ich frage mich, wo hier die persönliche Ausdrucksweise bleibt, die wir uns in der Erstsprache ohne Probleme und selbstverständlich erstellen können. Ich glaube, dass jedem das Recht auf die Entwicklung der Persönlichkeit gegeben werden sollte und deswegen ein Fremdsprachenunterricht keinesfalls einfältige Sprache (Sprich Redewendungstabellen, die sei es vom „marokkanischen Amin" als auch von der „Südtiroler Sara" verwendet werden „MÜSSEN") anbieten darf, sondern vielmehr auf die Bedürfnisse der Einzelnen eingehen sollte. Natürlich ist das in überfüllten Klassen, in denen man sich oft als einzige Bezugsperson für die Zielsprache befindet, ganz und gar nicht einfach – es ist aber fruchtbringend und motivierend für Lerner, aber auch für Lehrer. Nach eigener Erfahrung ist es in diesem Fall notwendig, sich nicht von vorgegebenen Programmen einengen zu lassen und somit ohne Zeitdruck zu arbeiten, da, wie in den meisten Fällen, nicht die Quantität, sondern die Qualität zählt. Außerdem lernt jeder Schüler nicht nur ein Redemittel für eine bestimmte Situation kennen, sondern viele, und diese Tatsache hat zur Folge, dass mehr an Sprache dazugelernt wird, als wenn nur ein Ausdruck vermittelt wird.

Kapitel 2: In diesem Kapitel erscheint nun der im 1. Kapitel vermisste Miteinbezug der persönlichen Erfahrungen der Lerner. Ich habe mich in diesem 2. Bericht sehr oft wieder gefunden, da ich in meinem Unterricht häufig mit Assoziogrammen, Brainstormings und vor allem mit Bildern und Illustrationen arbeite. Bilder (Zeichnungen generell) werden im Fremdsprachenunterricht oft als Ergänzung zu einem Text verwendet, um den SchülerInnen eine Verstehenshilfe zu geben. Ich muss zugeben, dass ich bis zu meiner Auseinandersetzung mit dem hermeneutischen Ansatz sehr viel Gebrauch davon gemacht habe, da die SchülerInnen durch die illustrierte Hilfe sofort verstehen, worum es im Text geht. Dass das Wissen, das durch diese Art von Arbeit errungen wird, jedoch gleich in Vergessenheit gerät, habe ich erst nach einigen Jahren bewusst wahrgenommen. Da den Kindern kein Freiraum für Eigeninitiative (Interpretation, Assoziationen ...) gegeben wird –, sei es der Text als auch das Bild sind vorgegeben –, sie sich also nicht aktiv damit auseinandersetzen können, verringert sich die Motivation und somit die Lernbereitschaft. Der hermeneutische Ansatz arbeitet mit Impulsen, d. h. mit Texten oder Bildern, weil so dem Einzelnen die Möglichkeit gegeben wird, seine Persönlichkeit mit ins Spiel zu bringen. Dabei wird das Interesse sich auszudrücken bei Kindern extrem gesteigert. Ein weiterer Punkt, der mir sehr am Herzen liegt, ist die Förderung der Fantasie, die durch zu genaue Vorgaben verdrängt wird.

Kapitel 3: Im ersten Teil dieses Kapitels äußert sich der Autor sehr hermeneutisch zur Thematik des Verstehens. Indem er das Verstehen als eine Interaktion zwischen Leser und Text vorbringt, trifft er einen der Kernpunkte der Hermeneutik: Der Lerner setzt sich als persönliches Ganzes (eigene Wahrnehmung, eigene Vergangenheit, eigene Erlebnisse ...) aktiv mit dem Text auseinander und erfährt Erfolgserlebnisse im eigenen Ausdruck mittels der Fremdsprache. Die praktischen Beispiele, die Wicke auflistet, sind so eingeteilt, dass sie den Lernern genügend Freiraum zur Selbsteinbringung lassen und auch die jeweilige Fantasie nicht ausschließen. Natürlich muss die Lehrperson flexibel genug sein, eventuelle unvorhergesehene Antworten zuzulassen und Unverstandenes zu hinterfragen. Ich möchte an dieser Stelle ein Beispiel meiner persönlicher Erfahrung einbringen, um Obengenanntes verständlicher zu machen: Ich arbeite mit lernschwächeren Schülern oft mit Multiple-Choice-Tests. Ich wollte also in einer Gruppe neu dazugekommener, vorwiegend süditalienischer Kinder nachprüfen, ob sie sich den Wetter- und Farbenwortschatz, den wir eine Woche lang geübt, angeeignet hatten. Bei einer dieser Aufgaben ging es um Folgendes: Der Himmel ist heute

☐ blau
☐ grün
☐ rot

Ein Mädchen kreuzte „rot" an und ich dachte sofort, dass sie entweder das Wort Himmel oder die Farbe missverstanden hatte. Ich fragte nach: "Anna, zeige mir bitte den Himmel!"

Als Anna ganz selbstsicher den Zeigefinger in Richtung Fenster erhob, war ich erstaunt: "Richtig, sehr gut! Und nun, Kinder, nehmt bitte alle die rote Farbe in die Hand!" Nun war ich noch erstaunter, denn Anna war die erste, die ihre rote Holzfarbe in der Hand hielt. Mir blieb nichts anderes mehr übrig als nachzufragen: "Anna, du schreibst, dass der Himmel rot ist, ich jedoch sehe ihn blau! Was sagst du dazu?" Mit einem Leuchten in den Augen antwortete sie mir: "Dove abitavo prima di venire qui, verso sera, quando il sole tramontava, il cielo si tingeva sempre di rosso." Ich war sprachlos, verblüfft, zufrieden mit der Tatsache, dass ich nachgefragt hatte. Ich wollte nicht darüber nachdenken, wie oft ich bis zu diesem Zeitpunkt nicht nachgehakt hatte und meine Interpretation als die einzig mögliche gesehen hatte. Von diesem Zeitpunkt an hat sich in meiner eingeschränkten Sichtweise etwas verändert, das grundlegend für den hermeneutischen Ansatz ist: das Unterrichten ohne die Scheuklappen der eigenen Erfahrungen und ohne die Belastung ständiger Vorurteile.

Kapitel 4: Zu Beginn dieses Kapitels erwähnt der Autor die Sinnlosigkeit des Auswendiglernens und spricht mir somit aus der Seele. Das gezielte Einstudieren unzähliger Vokabeln unterstützt weder die Kommunikationsfähigkeit noch die Öffnung des Sprachhorizonts. Das auswendig Gelernte nimmt seinen Platz zwar im Gedächtnis ein (meistens im Kurzzeitgedächtnis!), kann jedoch keine Anwendung im freien Sprechen oder Schreiben finden, da es häufig als etwas Isoliertes dasteht, das Schüler nur dann anwenden, wenn sie geprüft werden. Ganz wie wir es im hermeneutischen Ansatz finden, unterstützt Wicke das Eigenexperiment als Lernhilfe und wer versucht, in der Klasse nur die Zielsprache zu verwenden, weiß, dass Probieren wirklich über

Studieren geht! In meinen ersten Unterrichtsjahren, in denen ich mir noch nicht ganz bewusst war, was es heißt, eine Zweitsprache zu unterrichten, verwendete ich sehr oft das Italienische, um bestimmte grammatikalische Aspekte zu erklären, um schwierige Passagen wortwörtlich zu übersetzen oder einfach, weil ich mein Programm durchziehen wollte und keine Geduld hatte, Zeit mit Umschreibungen zu verlieren. Erst nach einiger Erfahrung und Auseinandersetzung mit dem hermeneutischen Ansatz merkte ich, dass es nicht darum geht, für jedes Wort einen Sinn zu finden oder so viel Lernstoff wie möglich zu machen. Genauer gesagt: Ich wurde in meinem Unterricht einfach flexibler, ging öfter spontan auf die Bedürfnisse der Kinder ein und merkte, dass sie viel mehr Spaß dabei hatten und ihre Eigeninitiative anstieg. Natürlich fehlte ihnen anfangs das nötige Vokabular und ich musste ihnen eine Übergangshilfe geben. Zum einen durften sie das Code-mixing anwenden sowie sowohl ihre Muttersprache als auch die Zweitsprache verwenden. Zum anderen arbeitete ich viel, wie es Wicke in den praktischen Beispielen dieses Kapitels vorschlägt: Hier finden die Schüler eine Auswahl an Antwortmöglichkeiten, denen sie sich als Persönlichkeit zuordnen, sie aber auch als Impulse aufnehmen, ausarbeiten und ihrer Person anpassen können.

Kapitel 5: Ganz in meinem Sinne finden wir hier die Verweigerung der veralteten Sprechdominanz von Seiten der Lehrperson, die sich nun als Begleiter, Beobachter und Stütze im Hintergrund des Geschehens aufhalten sollte. Im Mittelpunkt stehen die Lerner, denen die Möglichkeit gegeben werden muss, sich in der Zielsprache ausdrücken und austauschen zu können. Dies kann nur geschehen, wenn ihnen von Anfang an genügend Freiraum für das Output gegeben wird. Natürlich wird niemand gezwungen, die Sprache aktiv zu verwenden, denn das basiert auf der Motivation und den Charaktereigenschaften der Lerner: Ich selbst habe die Erfahrung gemacht, dass so mancher Lerntyp erst nach langjährigem Input, erst bei 100-prozentiger Sicherheit, sich korrekt zu äußern, den ersten Schritt in das Aktive wagt. Meistens kommt es aber nicht zu diesem Schritt, weil diese Art von Schüler schon bald als sprachunbegabt abgestempelt und „aufgegeben" wird, da in unserer schnelllebigen und gestressten Gesellschaft wenig Platz für langsamere Schüler gefunden wird. Ich möchte dazu anmerken, dass gerade diese Schüler, wenn man sie nicht unter Druck setzt und ihnen die Zeit gibt, die sie benötigen, diejenigen sind, die einen als Lehrer am meisten verblüffen.

Für alle Beteiligten, sowohl passive als auch aktive, gilt die Angstfreiheit als wichtigster Eisbrecher. In einem Ambiente, in dem gegenseitiger Respekt oberstes Gebot ist, lässt es sich am besten lernen. Respekt bedeutet, dem Anderen zuzuhören und ihn nicht auszulachen, wenn er etwas falsch macht. Nun kommt ein wichtiger Teil des Unterrichts ins Spiel: der Umgang mit Fehlern. Ich finde, dass sich der Autor auf Seite 58 seines Buches sehr hermeneutisch mit dem Thema FEHLER auseinandergesetzt hat. Es ist einerseits wichtig, dass Fehler zugelassen werden, ja sogar erwünscht sind, denn schon das alte Sprichwort lehrt uns: Aus Fehlern lernt man. Andererseits dürfen Fehler nicht einfach ignoriert werden, weil sie sich dann, so Wicke, „einschleifen und die Sprachkompetenz der Lerner beeinträchtigen". Es liegt nun am Engagement des Lehrenden, die Schüler, ohne sie zu demotivieren, auf Fehler aufmerksam zu machen. Das funktioniert auch, wenn er im Hintergrund steht: Im hermeneutischen Ansatz finden wir die Addition der unterschiedlichen Kompetenzen, die in einer großen Gruppe, wie es eine Klasse ist, fruchtbringend und sehr motivierend ist. Ein Kind verfügt über einen reichen Wortschatz, ein zweites beherrscht eine gute Rechtschreibung, das dritte versteht die Verbenkonjugation, das vierte hat eine ausgeprägte Phantasie... und und und. Wenn es verstanden wird, die Kinder sich annähern und gemeinsam arbeiten zu lassen, wird das sicherlich eine positive Auswirkung auf den jeweiligen Spracherwerb haben.

Kapitel 6: Weil wir Sprache vermitteln, haben wir die Freiheit, Inhalte zu verändern und sie den Situationen anzupassen. Wir müssen den Schülern keine mathematischen Regeln beibringen, nicht den Aufbau eines Flussbettes lehren oder geschichtliche Inhalte wahrheitsgetreu vermitteln. Wir können, wenn wir als Lehrer flexibel genug sind, unseren Schülern den Weg der Fantasie öffnen und sie dabei begleiten. Wenn wir unseren Schülern einen Text zu einer bestimmten Thematik und dazu eine Vielfalt von Materialien zur Auswahl bieten, wird sich herausstellen, dass sich jeder das aussucht, das ihn am meisten anspricht und deshalb natürlich auch motiviert. Jedes Kind wird eine eigene Reaktion auf den Text erfahren und diesem auf eine ganz eigene Weise antworten. Was bedeutet das für den Lehrer? Sicherlich fühlt sich eine Lehrperson, die diese Art des Unterrichts ausprobiert, anfangs total überfordert, da jeder der Schüler an etwas Anderem arbeitet und viel Unterstützung braucht. Wenn ich zurückdenke, fällt mir ein, dass ich in meiner Anfangsphase ziemlich oft den Tränen nah und kurz vor dem Aufgeben war, da meine Schüler, die an solche Freiheiten nicht gewohnt waren, mich total mit ihren Eindrücken überrumpelten und ich den Faden sehr sehr oft verlor. Es schien keine Ordnung mehr in unseren Unterricht einzukehren: Die Fragen waren zu viele und die Zeit meiner Anwesenheit zu knapp, um alle sprachlichen Bedürfnisse befriedigen zu können. An diesem Punkt angelangt, brachte ich die Addition der unterschiedlicher Kompetenzen (einen weiterern Schwerpunkt im hermeneutischen Ansatz) ins Spiel: Jedes Kind hat Stärken, die es als Hilfe für schwächere Klassenkameraden einsetzen soll, und ich habe gemerkt, dass es das auch will – vorausgesetzt ihm wird die Gelegenheit dazu geboten. Da diese Art des Unterrichtes viel motivierender und fruchtbringender ist, ja sogar Spaß macht, werden Schüler als auch Lehrpersonen bei dieser Unterrichtsart bleiben wollen – mir ist es jedenfalls so ergangen.

Kapitel 7: In einem Unterricht, in dem ein Dialog, in unserem Fall ein Verstehensgespräch, zustande kommen sollte, ist es unbedingt erforderlich, eine Sitzordnung zu schaffen, in der sich alle in die Augen sehen können. Wicke zeigt in diesem Kapitel einige Sitzplatzanordnungen auf, die für unseren Unterricht sehr nützlich sein können: das Hufeisen, das Viereck und den Kreis. In Klassen, in denen eine solche Sitzform angeboten wird, steigert sich meines Erachtens nicht nur die Sozialkompetenz des einzelnen Schülers, sondern auch die Freude an der aktiven Zusammenarbeit, da sich alle gleich nah am Geschehen befinden – niemand sitzt ganz hinten oder ganz vorne, ganz im Eck oder in der Mitte. Durch Blickkontakt kann jeder mit jedem in Kontakt treten.

Kapitel 8: Als ich den ersten Abschnitt des zweiten Teils dieses achten Kapitels (Balladen) las, musste ich an Hans Hunfeld denken. Es kam mir so vor, als hätte ich etwas ganz Ähnliches schon des Öfteren aus seinem Munde gehört: "Es wurde schon hervorgehoben, dass sich nahezu jeder (literarische) Text für eine schülergerechte Didaktisierung eignet. Bewusst wird hier eine Ballade ausgewählt, da gerade an einem solchen Beispiel demonstriert werden kann, dass auch traditionelle literarische Gattungen durchaus einen festen Platz im modernen kommunikativen Fremdsprachenunterricht einnehmen können"(S. 102). Aus hermeneutischer Sicht – und wie wir sehen, gilt es auch für den Kommunikativen Ansatz – ist jeder literarische Text für den Unterricht geeignet.

Wo sich die Wege nun jedoch trennen, ist, dass für den hermeneutischen Ansatz kein Text zu schwierig ist, da die Textinterpretation ganz individuell erfolgt. Laut Wicke sollte aber der Text zum besseren Verständnis aufbereitet werden.

Ich versuche nun seit einiger Zeit ansatzweise hermeneutisch zu arbeiten, habe aber bis jetzt noch nie einen Text für meine Schüler gewählt, der mir zu schwierig für sie erschien. Ich hatte bis heute nicht den Mut, an der Grundschule einen „Zauberlehrling" vorzuschlagen, obwohl ich mit Gedichten generell nur gute Erfahrungen gemacht habe, auch mit Kindern, die nur einzelne Wörter daraus verstehen konnten.

Meistens antworten meine Schüler auf den Text durch Zeichnungen und Bastelarbeiten, aber auch mit gelernten Liedern oder dem Aufschreiben von Worten, die mittels Transfer auftauchen. Was immer geschieht, ist, dass nach dem Lesen über Verstandenes diskutiert und Unverstandenes, das das Interesse der Kinder geweckt hat (einzelne Passagen oder Wörter), gemeinsam erarbeitet wird. Erst dann fühlen sich meine Drittklässler im Stande, allein mit dem Text zu arbeiten. Wenn ich mir die Arbeitsvorschläge ansehe, die Wicke gibt, kann ich mir gut vorstellen, diese in meinem Unterricht anzuwenden. Ich sehe die hier aufgelisteten Beispiele als ideales Einführungs- oder Annäherungstraining zu vollständiger hermeneutischer Methodik.

Kapitel 9: Die Tatsache, dass ein Projekt einem vorbestimmten Entwurf unterliegt und ein konkretes Ziel anstrebt, ist dem hermeneutischen Ansatz ein Dorn im Auge und die Erklärung ist relativ einfach: Die Lerninhalte sind von vornherein bestimmt – wenn auch von Lehrern und Schülern gemeinsam – und lassen sich schwer durch spontane Ideen abändern. Weiter stoßen wir beim Projektorientierten Lernen auf die Produktorientiertheit, die meistens Druck auf die Lerner ausübt – von Angstfreiheit kann da schwer die Rede sein. Auch die für die Hermeneutik so wichtige Stille kommt bei Projektunterricht meist zu kurz. Trotzdem finden wir beim Projektlernen verschiedene Arbeitsweisen, die der hermeneutische Ansatz begrüßt: z. B. die Ganzheitlichkeit des Lernens, den Lehrer als Partner, das handelnde Lernen, die Selbsterprobung und -erfahrung, die Materialienvielfalt und Diskussionen, die Übungen für das gegenseitige Respektieren darstellen.

Ich habe selbst an solchen Projekten teilgenommen und bin der Meinung, obwohl ich durchaus positive Erfahrungen gemacht habe, dass die Qualität des Unterrichtes sich viel zu sehr und immer häufiger an der Quantität von Projekten misst. Leider ist es oft so, dass eine Klasse an mehreren Projekten teilnimmt, zum einen, weil nur Finanzierungen stattfinden, wenn Projektentwürfe vorliegen, zum anderen, weil vor allem die Eltern glauben, dass ihren Kindern mehr beigebracht wird. Leider werden Schüler und Lehrer an projektorientierten Schulen großem Druck ausgesetzt, der die Motivation für die Arbeit stark belastet.

Ich bin keine Projektgegnerin, würde aber Einiges ändern: So fände ich es z. B. sinnvoll, Projekte spontan entstehen lassen zu können, ohne sie schon für das nächste Schuljahr detailliert planen zu müssen. Ich kann mich erinnern, dass ich große Schwierigkeiten hatte, einen Kostenvoranschlag für das vorgesehene Projekt „Spielend lernen" (1. Klasse GS) zu erstellen, da ich die Kinder noch nicht kennen gelernt hatte und somit nicht wusste, welche Materialien für sie geeignet wären. Ich hatte überhaupt Probleme, das Projekt genau zu beschreiben – eben aus dem vorher genannten Grund: Wie soll ich einen Lernweg für jemanden beschreiben, den ich noch nie gesehen, mit dem ich noch nie gesprochen habe? Viel einfacher wäre es gewesen, im Laufe des Schuljahres gemeinsam mit meinen Schülern zu entscheiden, was und wie wir es machen wollten. Dies um nur auf eine Problematik einzugehen.

Kapitel 10: In diesem Kapitel möchte ich kurz auf die Arbeitsvorschläge zur Thematik „Tiere" eingehen, da dies einen Bereich darstellt, den ich am häufigsten im Unterricht einsetze: Kinder lieben Tiere und deren Leben fasziniert sie. Die Beispiele, die Wicke auflistet, gefallen mir sehr gut, da sie den Schülern einen gewissen Freiraum lassen und ihre Phantasie anregen. Auch wenn hier die Lehrperson den Ablauf selbst entschieden hat (die Zusammenstellung der Fantasietiere und die Ausarbeitung derer Lebensgewohnheiten), finde ich die Übung nicht schlecht und im hermeneutischen Sinne akzeptabel, da den Kindern Impulse gegeben werden, die ihrer Imaginationskraft freien Lauf lassen. Ich erinnere mich an eine Unterrichtsstunde – eigentlich hatten wir gerade nichts über Tiere gelernt –, in der eine Schülerin begeistert eine Menge deutscher Zeitungsausschnitte mit Tierbildern aus ihrer Schultasche zauberte und sie mir begeistert vor die Nase hielt. Noch vor einiger Zeit hätte ich sie wahrscheinlich freundlich aufgefordert, dieses Material wieder verschwinden zu lassen, da es nicht zu unserem momentanen Unterrichtsablauf passen würde; sie könnte mir das Material eventuell bei der

Pause zeigen. Da ich aber in meinen Fortbildungskursen auch gelernt hatte, flexibel zu sein und weil ich sah, wie interessiert die anderen Kinder daran waren, packte ich die Gelegenheit beim Schopf. Ich fragte die Schülerin, ob sie so großzügig wäre, jedem so ein Bild zu schenken. Sie willigte natürlich mit einem stolzen Lächeln ein. Ich forderte sie auf, mir zu helfen alle Ausschnitte auf den Boden zu legen. Dann konnte sich jedes Kind ein Bild aussuchen und damit arbeiten: Einige zeichneten dem Tier einen Freund, andere beschrieben die Körperteile, wieder andere erfanden Namen, Alter, Lebensort usw. und wiederum andere versuchten das Gedruckte neben dem Bild zu lesen und zu verstehen. Es war ein Genuss, ihnen beim Arbeiten zuzusehen und ihre Fragen zu beantworten. Ich glaube, dass sie in dieser Stunde viel mehr gelernt haben, als in anderen von mir bis ins Detail geplanten Unterrichtseinheiten.

Kapitel 11: Wicke unterstreicht die Wichtigkeit der Kontrolle der kommunikativen Kompetenz, lässt dabei die Grammatik bei Seite. Auch ich glaube, dass Grammatik nötig ist, um einen korrekten Diskurs führen zu können. Und was gelernt wird, sollte auch überprüft werden, damit der Lerner die Möglichkeit hat, Missverständnisse aus dem Weg zu räumen oder eine positive Bestärkung zu bekommen. Vorraussetzung ist, wie immer, die Angstfreiheit.

Das Lesen des Buches „*Vom Text zum Projekt*" hat mich auf viele neue Ideen gebracht und mir Impulse gegeben, über meinen Unterricht nachzudenken. Was mir sehr am Herzen liegt: Wicke gibt sehr viele konkrete Beispiele, die er ganz genau beschreibt, und ich fürchte, dass vielleicht einige Leser auf den Gedanken kommen könnten: Das mache ich genauso! Ich finde, dass alle Lerner verschieden sind, und was daher für Wickes Schüler ideal ist, nicht unbedingt passend für unsere sein muss. Lehren und Lernen sind eine Entwicklung, die bei jeder Lerngruppe anders aussieht.

Petra Ottavi

Werner Bleyhl (Hrsg.): *Fremdsprachen in der Grundschule. Geschichten erzählen im Anfangsunterricht. Storytelling.* Hannover: Schroedel 2002, 196 S.

Das Buch *Geschichten erzählen im Anfangsunterricht* ist eine Sammlung von Beiträgen verschiedener Autoren.

Es enthält theoretische Beiträge, Praxisbeispiele und Hilfen für den Einsatz von Geschichten im Anfangsunterricht. Die angenehme Lektüre lässt beim Lehrer die Lust aufkommen, im eigenen Unterricht immer mehr mit Stories zu arbeiten. Ich habe in meinem Unterricht immer wieder erlebt, wie Kinder gespannt und erwartungsvoll zuhören, und die Suche nach neuen Geschichten, die ich erzählen oder vorlesen kann, ist auch für mich reizvoll.

Im folgenden Text versuche ich, die Beiträge einiger Autoren kurz zusammenzufassen und sie mit den Grundsätzen der Skeptischen Hermeneutik zu vergleichen.

1. Werner Bleyhl: *„Geschichten erzählen, ein pädagogischer Auftrag mit vielen Ebenen"*

Werner Bleyhl analysiert das Geschichtenerzählen aus verschiedenen Blickwinkeln. Er erkennt in Geschichten eine Sozialisationsmöglichkeit, welche die Begegnung mit Sprachen, Kulturen, Neuem und Fremdem fördern und unterstützen kann.

„Jedes Sprachenlernen ist Sozialisation, da Sprache das elementarste Zeichenarsenal einer Kultur ist" (S. 9). Die Aufgabe von Sprache ist es, „das Verhalten im Sozialen zu koordinieren" (S. 10).

Ein Kind lernt Sprache, ohne es zu merken, im täglichen Miteinander. Trotzdem ist Sprachlernen ein anstrengender Prozess, denn die Sprache des Anderen, das Gehörte (also auch Geschichten), erzeugt Bilder, löst Gedanken aus und wird in einem aufwendigen Prozess des Lernens zur inneren Sprache, die anschließend zum Ausdruck kommt. Geschichten unterstützen den Prozess, Gehörtes zur Sprache zu bringen.

„Wenn nichts gesagt wird, weil nichts gemeint wird, droht Langeweile" (S. 11).

Bleyhl weist mit dieser Aussage auf die Sinnlosigkeit mancher Lehrbuchtexte hin. Literarische Texte hingegen haben Leerstellen, Lücken, die vom

Leser gefüllt werden können, und diese Leerstellen regen zum Denken an, erlauben „die Einbeziehung des Weltwissens, die Interpretation der Gesamtsituation" (S. 11). In einer Fremdsprache gibt es für den Lerner viel Unbestimmtes, viele Lücken. Dies soll jedoch nicht als Überforderung verstanden sein. „Ein Text-in-der-Situation fordert den Lernenden heraus mitzudenken, die Lücken zu schließen und anschließend aufzupassen und zu prüfen, ob diese Lücken auch richtig geschlossen wurden, ob das Ganze stimmig wird und bleibt" (S. 11).

Der hermeneutische Ansatz sieht in der Literatur als Sprachlehre eine seiner Säulen. Literatur soll Fragen aufwerfen, den Leser zur Rede kommen lassen. Leerstellen, Lücken sollen vom Leser oder Zuhörer gefüllt werden. „Die Einzelstimme der Literatur, die zum Leser spricht, teilt ihm Neues mit, stellt aber auch Fragen an ihn" (Hunfeld, 2004, S. 488).

Werner Bleyhl erkennt in seinem Beitrag „das Plädoyer Hunfelds für literarische Texte im fremdsprachlichen Anfangsunterricht" (S. 11) als schlüssig. Der Schüler füllt Leerstellen in der Geschichte, stellt mit seiner Verstehensanstrengung Vermutungen an, überprüft diese wiederum und gibt somit dem Text einen Sinn. Damit ein Verstehen möglich ist, muss der Text Inseln des Verstehens haben. Die Auswahl des Textes von Seiten des Lehrers darf also nicht beliebig sein.

Der Lehrer muss auf Vorerfahrungen der Schüler aufbauen, damit neue Wörter und Ausdrücke durch Vorstellungen Sinn bekommen.

Unsere Vorerfahrungen und Erwartungen spielen bei unserer Wahrnehmung eine große Rolle. In unserem Gehirn bilden wir Schemata, die eine Interpretation ermöglichen.

Bleyhl spricht vom „hermeneutischen Zirkel des Wissenszuwachses", der nur dann in Bewegung gerät, wenn unsere Erfahrung nicht unserer Erwartung entspricht und wir im Gehirn neue Schemata bilden.

2. Hans-Eberhard Piepho: „Stories'ways"

Die Begegnung mit Geschichten „und der Welt narrativer Fantasie schließt das Gemüt der Kinder für das auf, was Literatur ihnen zur Deutung der Welt und ihrer selbst zu bieten hat" (S. 22).

„Geschichten gestatten den Grundschulkindern unterschiedliche Reaktionsweisen und Zeitpunkte der Vergewisserung" (S. 22).

Piepho sieht in Geschichten einen wichtigen Baustein des Fremdsprachenunterrichts. Er zeigt anhand von zahlreichen Beispielen (Englischunterricht), die er im Detail schildert, wie Geschichten im Unterricht konkret umgesetzt werden können.

Geschichten sind nicht als „durchzunehmender Stoff" zu verstehen, sie sollen hingegen in Schülern die Freude am Geschichtenhören wecken und sie erfahren lassen, dass sie mit Hilfe didaktischer Maßnahmen erfasst werden können.

Diese Sinnerschließung bedeutet für den Hörer jedoch Anstrengung. Schon mit wenigen sprachlichen Elementen lassen sich im Anfangsunterricht Geschichten erzählen (z. B. Tierwelt). Geschichten können wie ein Teppich weitergewebt werden.

Vor dem Erzählen einer Geschichte wird gemeinsam mit den Schülern die Szene aufgebaut, bekannter Wortschatz wird aktiviert, Verstehensinseln werden mit Hilfe von Liedern, Reimen, Bastel- und Malarbeiten aufgebaut. Der Lehrer bereitet seine Schüler auf Klänge, wiederholte Bilder und Sprachformen vor, die sie in der Geschichte wiederfinden, so dass sie auch mit einem begrenzten Wortschatz den Sinn der Geschichte erschließen können. Zunächst lernen Kinder aus akustischen Signalen wie Betonung, Rhythmus, Intonation, Wörter und Wortverbindungen Gehörtem Sinn zu geben.

„Hören ist wie Lesen ein höchst aktiver mentaler Prozess mit der subjektiven Füllung der Leerstellen und Bedeutungszuweisung" (S. 22).

Je mehr Geschichten Schüler hören, um so weniger muss der Lehrer tun, um sie ihnen begreiflich zu machen.

Im hermeneutischen Unterricht ist das Vorwissen Ausgangspunkt für den weiteren Lernverlauf; individuelle Reaktionen, geprägt durch Interessen und Erfahrungen, ermöglichen einen dialogischen Verstehensprozess.

Geschichten bauen immer auf Vorwissen auf. Das Vorwissen jedes Schülers ist persönlich geprägt. Piepho geht in seinem Beitrag genau auf mögliche Aktivitäten zur Aktivierung des Vorwissens ein. Der Autor weist immer wieder darauf hin, dass Schüler aktive Zuhörer sind. So sollen Ruhepausen ermöglichen, dass die Schüler wirklich zur Rede kommen können.

Die Auseinandersetzung mit dem hermeneutischen Ansatz hat mir immer wieder gezeigt, dass ich als Lehrerin offen und flexibel sein muss. Eine zu genaue Planung, in der ich sowohl Aktivitäten zum Aufbau von Verstehensinseln (Reime, Lieder, usw.) als auch Aktivitäten zum Festigen genau festlege, lässt persönlichen Zugängen wenig Raum.

Was geschieht, wenn die Rede des Schülers in eine ganz andere Richtung geht als der Lehrer geplant hat?[99] Soll ich als Lehrer Aussagen der Schüler als Impuls aufnehmen und den weiteren Verlauf daran orientieren?

„Der unterschiedliche Blick, die unterschiedliche Reaktion des einzelnen Lernenden wirken dabei als weiterer Impuls für den fortschreitenden Lernprozess" (Hunfeld 2004, S.491).

Als Lehrer muss ich vorbereitet sein und eine Vielfalt an methodischen Verfahren kennen. Die Reaktion der Schüler auf *stories* sollte mich in der Auswahl dieser Verfahren leiten. Piepho bietet in seinem Beitrag eine ganze Schatzkiste davon an.

3. Ein Unterrichtsbeispiel

Im Beitrag von Kathrin Hartwig habe ich eine Geschichte wiedergefunden, die auch ich meinen Schülern erzählt hatte: „Elmar, der bunt karierte Elefant" von David McKee.

Ich baute, genauso wie es Kathrin Hartwig erläutert, auf schon bekanntem Wortschatz auf: Tiernamen, Körperteile, Farben, Adjektive wie groß, klein usw. waren meinen Schülern schon bekannt.

Ich präsentierte die Geschichte jedoch ohne gezielte pre-story-activities (Aktivierung von bekanntem Wortschatz, Musik usw.). *Elmar* ist ein Bilderbuch. Wie Elmar, dieser fremdartige Elefant, aussah, sollte jedoch eine Überraschung sein. Ohne den Schülern die Titelseite, auf der der buntkarierte Elefant abgebildet ist, zu zeigen, erzählte ich ihnen den ersten Teil der Geschichte bis zur Stelle „aber Elmar war ganz anders, er war nicht grau wie alle anderen". Die Schüler konnten ihrer eigenen Fantasie freien Lauf lassen und Elmar malen, so wie sie ihn sich vorstellten. Das Betrachten jedes einzelnen Schülerbildes und das anschließende Vergleichen mit Elmar im Buch war sehr spannend. Beim Erzählen oder Vorlesen einer Geschichte ist es mir wichtig, dass Schüler neugierig werden, erwartungsvoll der Handlung folgen. Um diese Neugierde wach zu halten, um den Schülern die Möglichkeit zu geben, eigene Bilder auszudrücken (sprachlich oder in Bildern, mit Mimik und Gestik …) versuche ich, Pausen einzulegen, in denen die Schüler Vermutungen anstellen, wie die Geschichte weitergehen könnte.

---

[99] Vgl. dazu Pranter, 2005, S. 24.

Elmar trifft im Dschungel viele verschiedene Tiere. Die Schüler konnten abwechselnd sowohl die Rolle von Elmar übernehmen als auch der Tiere und kleine Dialoge dazu erfinden.

Die Autorin gibt in ihrem Beitrag zahlreiche Hinweise auf mögliche Verstehenshilfen, ergänzende und vertiefende Aktivitäten.

In meiner Klasse hat Elmar die Schüler mit vielen Abenteuern begleitet („Elmar im Schnee", „Elmar spielt Verstecken", …). Ein an die Tafel gezeichneter Elefantenrüssel war einmal ein Impuls, um mit einer neuen Elmargeschichte zu arbeiten. Das Bild wurde gemeinsam vervollständigt, gleichzeitig Wortschatz geübt. Der Elefant Elmar hat meine Schüler so sehr begeistert, dass sie schließlich einige Abenteuer sogar selbst erfunden haben. Ein neues Bilderbuch war entstanden.

4. *Verstehensanstrengung*

In diesem Buch sind alle Beispiele in englischer Sprache angeführt und in deutscher Sprache kommentiert. Meine Englischkenntnisse entsprechen fast dem Niveau A1 vom Europäischen Referenzrahmen. Mir stellte sich also bald die Frage, ob es mir möglich war, die praktischen Beispiele im Unterricht nachzuvollziehen, auszuprobieren. Ich habe die Herausforderung wahrgenommen und mich auf die einzelnen Geschichten eingelassen, versucht sie zu verstehen. Einzelne Tiernamen waren mir bekannt, Benennungen für Körperteile, einige Verben, Adjektive … Mein begrenzter Wortschatz ermöglichte es mir, einiges zu verstehen, jedoch fehlten mir einige Schlüsselwörter. Also holte ich bei einer Freundin Hilfe. Und es klappte! Ich konnte die Geschichten trotz meines begrenzten Wortschatzes mit nur minimaler Hilfe verstehen. Bei der anfänglichen Anstrengung habe ich mir oft gedacht: „So müssen sich meine Schüler fühlen, wenn ich Geschichten erzähle!" Die Genugtuung, dann trotzdem zu verstehen, war für mich groß und gleichzeitig eine Bestätigung dafür, dass die Verstehensanstrengung, die auch ich von meinen Schülern verlange, keineswegs eine Überforderung ist, sondern eine Herausforderung, die Sprachenwachstum ermöglicht, in einer Dimension, der Geschichtenwelt, die Bedürfnissen von Grundschulkindern entspricht und ihrer Fantasie Flügel setzt.

Verena Cassar

4.2 Zusätzliche Orientierungshilfen: ausgewählte Fachliteratur

Als zusätzliches Informationsmaterial verstehen sich meine folgenden Hinweise auf weitere Veröffentlichungen zum Thema. Sie erweitern den Blick für den fortschreitenden Prozess einer intensiven Bemühung um frühes Fremdsprachenlernen weit über den Kontext Südtirol hinaus und geben so zusätzliche Orientierungshilfen für den früh beginnenden Zweitsprachenunterricht in diesem Lande.

> Peter Edelenbos, Angelika Kubanek (2007): „Fremdsprachenfrühbeginn: einzigartige Lernchancen nutzen. Zu den Ergebnissen der Studie EAC 89/04 für die Europäische Kommission". In: *Frühes Deutsch*, 16 (10), 26-38.

In der Fachzeitschrift *Frühes Deutsch* befassen sich Peter Edelenbos und Angelika Kubanek mit dem Thema Fremdsprachenfrühbeginn. Sie gehen dabei auf mehrere Punkte genauer ein. Ich nehme zwei davon heraus und fasse sie kurz zusammen.

1. Stand der Forschung:
   Die Ergebnisse der letzten 10 Jahre in diesem Bereich sind schwer darstellbar. Es wurden über 100 Studien ausgewertet. Die folgenden ausgewählten zusammenfassenden Informationen bieten einen Überblick:
   - Früher Start bringt erhebliche Vorteile für die Kinder mit sich, wenn folgende Bedingungen erfüllt sind: Der Unterricht muss gut und ein unterstützendes Umfeld sollte vorhanden sein; wichtig wäre dabei auch eine Kontinuität von Jahr zu Jahr, welche die Kinder nahtlos von der Vorschule in die Primarstufe trägt und dann von dieser zum Sekundarunterricht.
   - Intrinsische Motivation entsteht nicht nur durch Spiel und Spaß, sondern auch durch intellektuelle Herausforderung und Gefühle der Zufriedenheit mit der eigenen Leistung. Die vorliegenden Belege deuten darauf hin, dass es in den frühen Stufen der Grundschule hilfreich ist, sich nicht ausschließlich auf Spaß mit der Sprache und Sprachanwendung zu konzentrieren, sondern dies auch durch Aktivitäten zu ergän-

zen, die Kindern helfen, bedeutungsvolle Konzepte über Sprache zu internalisieren.
- Selbstvertrauen: Um dieses aufzubauen, sollte man im Unterricht versuchen „zwischen Sprechaktivitäten zur Förderung angstfreier und flüssiger Sprache und solchen, die mehr Wert auf korrekte Grammatik und Vermittlung des tatsächlich Gemeinten legen, zu alternieren" (S. 29).
- Feedback: Geeignetes Feedback hilft den Kindern deutlich; die Rückmeldung von Seiten des Lehrers sollte positiv oder auf konstruktive Weise negativ sein; Kinder können auch lernen, sich selbst und ihre Mitschüler zu bewerten.
- Wichtig sei auch eine graduelle und systematische Einführung des Lesens und Schreibens, also die Einstiegserfahrung sollte sich also nicht nur auf Zuhören, Sprechen und Handeln beschränken.
- Auf allen Stufen sollte eine Reflexion des Spracherwerbsprozesses stattfinden, also ein Nachdenken über das Lernen; Portfolios sind keine Mehrarbeit, sondern sinnvoll, wenn sie zielführend verwendet werden.
- Geschichten sind Ausdruck einer narrativen Struktur der Kommunikation. Durch Geschichten lernen Kinder z. B., wie man anfängt, wie man die Personen darstellt, wie man sich zielgerichtet mitteilt, wie man eine Erzählung beendet.
- Neue Medien: Es gibt keine handfesten Aussagen über die Wirkung technologievermittelten Fremdsprachenlernens; der Nutzen der neuen Medien kann aber auf vielen Gebieten stattfinden: Verbesserung in der Aussprache, in der Interaktion, der mündlichen Fertigkeit, Lesen, interkulturellem Bewusstsein etc.
- Sprachbezogene Lernergebnisse variieren erheblich, wenn die Optionen z. B. folgendermaßen sind:
  1) die Zielsprache wird für knapp eine Wochenstunde an unterschiedlichen Startaltern vermittelt, und zwar hauptsächlich mit vorgegebenen Lehrbüchern und Lehrplänen;
  2) ähnlich wie bei 1), hier jedoch mit einem flexiblen schülerorientierten Ansatz;
  3) ein Ansatz, der anfänglich die Bildung des sprach- und interkulturellen Bewusstseins dem Unterrichten einer bestimmten Sprache vorzieht; und

4) Formen bilingualen Unterrichts wie Teilimmersion oder sogar völlige Vermittlung des Lehrplans in der anderen Sprache, wodurch Zeit und Intensität substanziell verstärkt werden.

Die Forschung sagt deutlich, dass das vierte Modell den höchsten Grad an Sprachgewandtheit in der Zielsprache generiert. Die Modelle 1, 2 und 4 haben alle insofern großen möglichen Nutzen, weil sie die in Kindern bereits vorhandenen Spracherwerbsmechanismen aktivieren können. Übernimmt man eines dieser drei Modelle, so weist die Forschung darauf hin, Elemente aus dem dritten Modell mit einzubeziehen, um meta-linguistisches und interkulturelles Bewusstsein zu entwickeln. (S. 30-31)

2. Pädagogische Prinzipien:
Die Europäische Kommission als Auftraggeber der Schlüsselstudie formulierte die Ausschreibung auch in eine pädagogische Richtung. Die Studie sollte nicht nur Praxis beschreiben und Forschungsergebnisse darstellen, sondern auch die Ebene der Wertvorstellungen einbeziehen.
Europaweit akzeptierte pädagogische Prinzipien, die sich auf frühes Sprachenlernen beziehen:
1) Prinzipien mit einem klaren Bezug zur Persönlichkeit des Kindes und dessen kognitiven Prozessen – pädagogisch kognitive Orientierung;
2) allgemeine Prinzipien des Lernens – didaktische Konzepte und Unterricht;
3) Prinzipien mit Bezug zum Sprachenlernen – psycholinguistische Erkenntnisse und methodische Transformationen;
4) eine Auswahl von Prinzipien, die nur für den Frühbeginn zutreffen (vgl. S. 36).

Die hier zusammengefasste Schlüsselstudie ist die erste, die pädagogische Prinzipien im frühen Sprachenlernen umfassend und auf empirischem Material basierend untersucht.
Die Einsichten, die gewonnen wurden, weisen auf vier positive Merkmale des gegenwärtigen Frühbeginns in der Europäischen Union:
- Es gibt viele Initiativen und eine enorme Verschiedenheit lohnender Aktivitäten auf allen Ebenen, d. h., dass der Frühbeginn von individuellen Lehrern, Gruppen und Organisationen unterstützt wird.

- Aufgrund früher Sprachlernerfahrungen sind die Schüler während der gesamten Grundschulzeit positiv eingestellt und motiviert.
- In einigen Mitgliedsländern und auch auf transnationaler Ebene gab es umfangreiche Investitionen zur Förderung des Frühbeginns; das ermöglichte es den Schulen und Lehrern, eine langfristig angelegte Planung vorzunehmen.
- Der Klassenlehrer spielt eine zentrale Rolle, wenn sich bei frühen Sprachlerninitiativen Erfolg einstellt. Er ist nämlich derjenige, der hauptsächlich die fremde Sprache vermittelt und die Interaktion in der Zielsprache anregt (vgl. S. 37).

Trotz dieser positiven Merkmale gibt es Verbesserungswünsche:
- Es sollte festgestellt werden, was die Hauptangebotsformen des Frühbeginns sind und zu welchen Ergebnissen sie führen.
- Der Lernfortschritt der Kinder im Frühbeginn und die Entwicklung ihrer Motivation sollten mehr erforscht werden.
- Es sollte mehr Diskussionen unter Lehrerausbildern und Bildungsbehörde darüber geben, welche Beziehung zwischen einem jeweiligen Lehrerprofil und guter Praxis besteht.
- Es sollte überlegt werden, wie man die Rahmenbedingungen und Ausbildungsangebote für Lehrer im Bereich Frühbeginn am besten prüfen und verbessern kann (vgl. S. 37-38).

> Helmut Sauer: „Erfahrungen und Erkenntnisse aus der Geschichte des frühbeginnenden Fremdsprachenlernens". In: Kierepka, A./Krüger, R./ Mertens, J./Reinfried, M. (Hrsg.). (2004): *Frühes Fremdsprachenlernen im Blickpunkt. Status Quo und Perspektiven.* Tübingen: Gunter Narr

Der Autor gibt hier einen historischen Rückblick über die Geschichte der Frühbeginnversuche. Er dokumentiert chronologisch von 1960 bis 2003 die Problemgeschichte und benennt die Erkenntnisse stichwortartig. Anschließend systematisiert er sie. Ich nehme nur einige Erkenntnisse ab 2000 heraus und fasse diese kurz zusammen.
- 2000: Werner Bleyhl: Seine Verstehensmethode. Sie geht von einer langen,

dem muttersprachlichen Sprachlernen analogen Inkubationszeit aus und lehnt das „lineare", an grammatischen Progressionen orientierte Vorgehen ab.
- „Aus Graz in Österreich kommt eine gut informierende Dokumentation zum gegenwärtigen Forschungs- und Diskussionsstand"[100] (S. 23).
- Federike Klippel: *Handbuch für einen kindgemäßen Fremdsprachenunterricht* (Berlin 2000).
- Wolfgang Zydatiß befasst sich mit bilingualem Unterricht in den Primarstufen von Europaschulen. Henning Wode berichtet über bilinguales Lernen in Kindergärten (Universität Kiel).
- 2001: Veröffentlichung des *Gemeinsamen europäischen Referenzrahmens für Sprachen: lernen, lehren, beurteilen*.
- „Angelika Kubanek-German stellt in einem ersten Band ihrer Untersuchung *Kindgemäßheit des frühen Fremdsprachenunterrichts* die Ideengeschichte seit dem 17. Jahrhundert dar (Münster 2001)"(S. 23).
- 2002: Andreas Marschollek stellt seine Forschungsarbeit vor, in der es vor allem um *Kognitive und affektive Flexibilität durch fremde Sprachen* (so der Titel) geht.[101]
- 2003 erscheint der zweite Band von Angelika Kubanek-German *Kindgemäßer Fremdsprachenunterricht*, der die Gegenwart betrifft.

Helmut Sauer betrachtet in seinem Bericht drei zentrale sachstrukturelle Bedingungsfaktoren für den schulischen Erfolg des Erlernens einer weiteren europäischen Fremdsprache im Grundschulalter:
1. „Der Faktor Zeit, die Menge der Kontaktzeiten mit der zu erlernenden Sprache: Am Beginn der Frühbeginn-Versuche in den 1960er Jahren stand man vor der Frage nach dem *optimum age* (Anderson 1960), der günstigsten Altersphase für das Erlernen einer Fremdsprache. Gehirnphysiologen haben festgestellt, dass kleine Kinder mit Gehirnverletzungen nach Operationen eher in der Lage waren, ihr Sprechvermögen wieder zu gewinnen, als ältere. So entstand als Analogieschluss auch für das Fremdsprachenlernen der Slogan ‚Je früher, desto besser'. Aber die Nutzung der frühkindlichen Fähigkeiten in Analogie zum Erlernen der Muttersprache erfordert ein erhöhtes Mass an Kontaktzeiten, die im schu-

---

[100] Vgl. Kettemann, B., Kerschbaumer, M. et al. (2000).
[101] Vgl. Marschollek, 2002.

lischen Lernprozess nur sehr begrenzt zur Verfügung stehen. Generell gilt, dass die in der Regel nur zwei 45-Minuten-Wochenstunden in der Schulzeit der Klassen 3 und 4 bei vorzugsweise mündlichem Sprachlernen nur sehr begrenzte Lernergebnisse bringen können, die sich aber lohnen, wenn weitere Bedingungen erfüllt werden" (S. 26).
2. Die Qualität der Lehrkräfte und deren fachliches und methodisches Wissen und Können: Die „Effektivitätsuntersuchung" des Pädagogischen Zentrums Berlin von 1970 war eine der ersten, in der erhebliche Leistungsunterschiede zwischen vergleichbaren Schulklassen festgestellt wurde, die auf die Qualität der Lehrkräfte zurückzuführen waren.
„In vielen Veröffentlichungen ist die Qualität der Lehrenden, die an den Grundschulen ja immer ganzheitlich mehrere Fächer vertreten und oft kein langes fremdsprachliches Fachstudium absolviert haben, direkt oder mit der Feststellung des Klassen- bzw. Lehrereffektes angesprochen worden: Braunschweiger Versuch (Doye & Lüttge 1977), Französisch in Rheinland-Pfalz (Rück 1994). Bei einer von Sauer durchgeführten Einstellungsbefragung, die einige tausend Kinder mit Englischunterricht in den Klassen 3 und 4 erfasste, gab es für 89% der Urteile der Kinder einen nachweisbaren Klasseneffekt (2000:25)" (S. 27).
Eine Forderung, und zwar die nach einer möglichst natürlichen Kommunikationssituation[103], die allgemein gilt und jedem Fremdsprachenlehrer immer viel Nachdenken und Kreativität bei der Suche nach guten Einfällen abverlangt, ist von Grundschullehrkräften relativ leicht zu erfüllen, da die Kinder dieses Alters sich viel unkomplizierter spielerisch in ihrer Fantasie in gedachte Situationen versetzen. Auch das ist ein Argument für den Frühbeginn und gegen die Furcht der fehlenden Grundschulgemässheit des Fremdsprachenlernens.
3. „Die Kontinuität des ganzen Fremdsprachenlernprozesses: Die Problematik der Kontinuität ist nicht nur eine Konsequenz aus den verschiedenen Selbstverständnissen der Grundschule und der Sekundarschulen und den methodisch-didaktischen Differenzen, sondern auch aus der sequentiellen Struktur des Fremdsprachenlernens. Schon frühe amerikanische Untersuchungen (*Under achievement in foreign language learning.* Pimsleur, Sundland & McIntyre 1966) haben darauf hingewiesen, dass

---

[102] vgl. Zangl & Peltzer-Karpf, 1998.

Schülerversagen in Fächern wie Mathematik und Fremdsprachen auch durch deren sachstrukturell bedingte Sequentialität mit verursacht wird. D. h. neue Lernerfolge sind stärker als in den meisten anderen Schulfächern von voraus gegangenen Lernerfolgen abhängig" S. 28).
G. Nold (2003:170) spricht allgemein von der bedeutenden Rolle des Vorwissens. Hans-Eberhard Piepho bescheibt 2001 in einem Aufsatz Stufenprofile „als verlässliche Grundlage, die auf der nächsten Stufe vorausgesetzt (...) werden kann." Ein Weg zur Sicherung der Kontinuität, so meint Sauer, bestehe in der Nutzung der Leitmedien in Form von stufenübergreifenden Lehrwerken[103], die in den ersten Teilen die Grundschulgemäßheit des Lehren und Lernens sichern und zugleich die Grundlage schaffen, auf der aufgebaut werden kann.

Diese drei Bedingungsfaktoren erfüllen wir an den Südtiroler Grundschulen wie folgt:

Zu 1: Ab der ersten Klasse werden 6 Wochenstunden Deutsch unterrichtet; es gibt einige Schulversuche, die sogar 10 Stunden Deutsch anbieten, von denen ein Teil der Stunden für den Sach-Fachunterricht verwendet wird.[104]

Zu 2: Der Großteil der Lehrer sind Native Speaker. Die Lehrer an den Grundschulen haben keine Ausbildung im Bereich des Fremdsprachenunterrichts erhalten. Seit 1996 gibt es eine Dienststelle für Deutsch als Zweitsprache, deren Koordinatoren den interessierten Lehrern ein reichhaltiges Repertoire an Kursen anbieten[105]; die Weiterbildungsangebote sind sehr oft stufenübergreifend, so dass auch hier schon Brücken gebaut werden, die den Übergang von einer Schulstufe in die andere erleichtern.

Zu 3: Wie schon oben erwähnt, werden von der Dienststelle für Deutsch als Zweitsprache stufenübergreifende (vom Kindergarten bis zur Oberschule) Fortbildungskurse angeboten, die so die Kontinuität des gesamten Fremdsprachlernprozesses unterstützen.

---

[103] Vgl. Rück, 1994, Schmid-Schönbein, 2001.
[104] Z. B. an der Grundschule „E. F. Chini„ in Bozen u. a.
[105] Vgl. dazu ausführlich *Orizzonti Scuola*, 2002, 9/10.

Gerhard W. Schnaitmann: „Frühes Fremdsprachenlernen in der Eingangsstufe der Grundschule. Erfahrungen aus einem pädagogischen Schulversuch in Baden-Württemberg mit dem europäischen Projekt DINOCROC". In: Kierepka, A./Krüger, R./ Mertens, J./Reinfried, M. (Hrsg.). (2004): *Frühes Fremdsprachenlernen im Blickpunkt. Status Quo und Perspektiven.* Tübingen: Gunter Narr

„Das Projekt DINOCROC (DINOsaur + CROCodile) ist ein europäisches Sokrates-Lingua-A-Projekt für das frühe Fremdsprachenlernen mit 12 Partnern aus 8 europäischen Ländern. Ursprünglich wurde die Methode DINOCROC in Italien ausschließlich in Kindergärten und in den Niederlanden ausschließlich in Vorschulklassen durchgeführt. Seit 1998 wird es auch in den ersten und zweiten Klassen der Grundschulen in den europäischen Ländern erprobt" (S. 63).

Auch in Südtirol wird die nachfolgend beschriebene Methode und das Material (für Deutsch als Zweitsprache „Hokus und Lotus") in einigen Kindergärten verwendet.

Das Lehrwerk „The Adventures of Hocus and Lotus" enthält eine Reihe von kurzen Geschichten, die erfunden wurden, um kleinen Kindern das Erlernen einer Fremdsprache zu ermöglichen. Es besteht aus sechs Lehreinheiten, einer Lehrerhandreichung, einem T-Shirt und einer Baumwolltasche.

Zum Ablauf einer Lehreinheit: Der Erzieher zieht das magische T-Shirt an, die Kinder stehen im Kreis und nehmen sich bei den Händen und schließen die Augen. Gemeinsam mit ihrer Erzieherin zählen sie bis zehn. Dann öffnen sie die Augen wieder und sind nun gemeinsam im Park von Hokus und Lotus. Hokus und Lotus sind „Dinokroks", eine Mischung aus Dinosaurier und Krokodil. Die Erzieherin nimmt bei der Geschichte abwechselnd die Rolle der Erzählerin und die der Figuren ein, untermalt sie mit Mimik, Gestik und Aktion. Die Kinder spielen und sprechen die Geschichte mit.

Die Geschichten von Hokus und Lotus werden als Theaterstück gespielt, gesungen und im Bilderbuch sowie im Zeichentrickfilm angeguckt. Jede einzelne Geschichte wird dabei 15 bis 18 Mal wiederholt, bis sich die Kinder die neuen Wörter gemerkt haben.

Entwickelt wurde der Kurs von der Psycholinguistin Traute Taeschner[106]

---

[106] Vgl. Taeschner, 1999a und b.

an der Universität La Sapienza in Rom. Er baut auf den Grundlagen des ganzheitlichen Lernens auf und orientiert sich an dem Erwerb der Muttersprache.

Die Methode beruht auf narrativer Technik, Gestik, Mimik und Musik. Eine zentrale Rolle nimmt die Lehrperson selbst und die Identifikation der Schüler mit ihr ein.

„Die grundlegende Einheit in der Methode DINOCROC ist das so genannte Format. Das Format geht zurück auf den 'format approach' von J. S. Bruner (vgl. Taeschner 1991:9f.; Taeschner et al. 2004:4)" (S. 67). Regelmäßige Ereignisse, die sich häufig am Tag in ähnlicher Weise wiederholen, werden als Format bezeichnet. Das Wiederholen der Ereignisse erlaubt es, das Verhalten von anderen Personen im Voraus einzuschätzen. Gemeinsame Gewohnheiten bilden die Basis zum Verständnis kommunikativer Äußerungen. Die Formate bilden eine Garantie für eine gute Beziehung zwischen den Kommunikationspartnern. Die ständige Interpretation der kindlichen Äußerungen durch den Erwachsenen wird von Bruner als „gemeinsame Aktion" bezeichnet.

Weiter unterstreicht der Autor in diesem Bericht, dass man ohne geeigneten Kontext keine Sprache lernt. Bei der oben beschriebenen Methode wird ein Kontext eingerichtet und alles spezifisch organisiert. Das Kind soll einen gut erkennbaren Rollentausch durchführen – es schlüpft in ein T-Shirt oder nimmt die Handpuppe –, der Lehrer hält sich streng an die Regeln.

Mit klarer Gestik und Mimik ist das Format auch ohne Worte verständlich. Für jede Geschichte gibt es auch ein Mini Musical. Das Kind hört die Lieder auf Kassette, singt mit, bis es den Text gelernt hat. In der gesamten Darbietung steht die magische Beziehung zwischen Erzähler und fiktiven Personen im Vordergrund. Der Lehrer spielt als sog. „magic teacher" eine entscheidende Rolle. Die erfolgreiche Lehrperson ist völlig in die Geschichte involviert.

„Der positive Ansatz in dieser Methode des Narrativen, Kreativen, Musischen, Repetitiven und Identifikatorischen ist kindgerecht und kommt dem Grundschulunterricht mit seiner ganzheitlichen Methode entgegen" (S. 69).

Rückmeldungen aus der Praxis waren sehr positiv: „Eltern und Schüler, Lehrer und Lehrerinnen sowie Schulräte haben zum überwiegenden Teil diesen Ansatz der Fremdsprachenvermittlung im Schulversuch positiv erlebt und sind mit der gewählten Methode sehr zufrieden. Sie unterstützen diese Methode als einen guten Ansatz, eine Fremdsprache so früh wie möglich im Schulwesen einzuführen" (S. 69).

Heribert Rück: „Vom Hörverstehen zum Sprechen".
In: Kierepka, A./Krüger, R./ Mertens, J./Reinfried, M.
(Hrsg.). (2004): *Frühes Fremdsprachenlernen im Blickpunkt.
Status Quo und Perspektiven.* Tübingen: Gunter Narr

Der Autor möchte in diesem Artikel die Bedeutsamkeit des Hörverstehens für den Spracherwerb aufzeigen. Er betont, dass es von großer Wichtigkeit für den Frühbeginn der Erlernung einer Fremdsprache ist, diese zunächst viel zu hören und sie so hörend zu verstehen. Er findet, dass sich das übliche Frage-Antwortspiel (z. B. L zeigt auf die Orange und sagt: Das ist eine Orange. Dann fragt sie die SS: Was ist das? Diese antworten: Das ist eine Orange...), das bei vielen Unterrichtsbeobachtungen gegenwärtig ist – zu sehr auf die Form als auf den kommunikativen Inhalt konzentriert.

Er schlägt vor, den Input zu fokussieren, damit er für den schulischen Lernprozess fruchtbar sein kann. Dabei erwähnt er Krashen Stephen, der die These vertritt, dass Spracherwerb nur durch reichlichen und angemessenen Input erfolgen könne.[107] Krashen fordert verständlichen, einfach strukturierten, phonetisch klaren, lexikalisch redundanten und mimisch und gestisch unterstützten Input. Das Element, das dem Autor bei Krashen fehlt, ist eben der oben erwähnte *focussed input.*

Das Konzept des *focussed input* wurde zuerst von Merrill Swain entwickelt.[108] Swain versteht unter gezieltem Input Folgendes: Es handelt sich um eine Art von Lehrerdarbietung, bei welcher der Fokus auf einem eng begrenzten Thema oder Wortfeld liegt. Dieses wird mit starken körpersprachlichen Komponenten anschaulich-agierend dargeboten, wobei variierende Wiederholung eine wichtige Rolle spielt. Der Blickkontakt mit den Kindern sollte, auch wenn die Handpuppe benutzt wird, nie völlig abreißen, da nur so die Gewähr des Interesses seitens der Lernenden gegeben ist.

Heribert Rück meint, dass es beim Spracherwerb vorerst um die Inhaltsebene geht und erst später um die Bewusstmachung und Problematisierung der Form, wie sie beim Nachsprechen oder sofortigem Antworten erfolgt.

Rück geht wie folgt vor: Der Lehrer erzählt eine Geschichte, die ausgewählten Input enthält. Die Kinder hören lange Zeit nur zu, dürfen aber Tä-

---

[107] Vgl. Krashen, 1981.
[108] Vgl. Swain, 1985.

tigkeiten, die er erwähnt, ausführen. Sie nehmen also aktiv am Geschehen teil. Hier verweist Rück auf Ashers Total Physical Response (TPR).[109]

Dass Hörverstehen ein sehr aktiver Vorgang ist, bei dem physiologische und kognitive Prozesse zu einer Konstruktion von Inhalt führen, hat auch Dieter Wolff deutlich aufgezeigt.[110]

Beim Geschichtenerzählen werden die Kinder mit grammatischen Erscheinungen bekannt gemacht, dem grammatischen Geschlecht, den Präpositionen ...

„Mit großer Wahrscheinlichkeit fördert gezielter Input die so genannte ‚innere REDE', die von Lev Semjonovic Vygotsky (1964) sowie von einem Team um A. M. Liberman (Liberman et al. 1962) genauer untersucht wurde.

Beim aufmerksamen verstehenden Zuhören kommt es nämlich zu einem mentalen artikulatorischen Mitvollzug des Gehörten, ja darüber hinaus sogar zu ‚artikulatorischen Innervationen', d. h. zu einer dem Hörer nicht bewussten Mitbewegung der Sprechorgane." (S. 178)

Die Lernenden wiederholen intern und ohne das Risiko des Scheiterns. Sie probieren vielmehr die Sprache innerlich und weitgehend unbewusst aus. So verfahren auch Kinder, die unvermittelt in ein anderes Sprachmilieu versetzt werden. Man kennt das als *silent period* dokumentierte Phänomen, dass ein Kind wochen- oder gar monatelang überhaupt nicht in der Fremdsprache äußert, um diese dann plötzlich fließend und akzentfrei zu sprechen.

Ein wichtiger Aspekt ist für Rück auch das Bewegungsbedürfnis der Kinder. Wissenschaftliche Experimente haben bestätigt, dass Verstehens- und Behaltensleistung andere Ergebnisse bringen, je nachdem ob die Versuchsgruppe sich bewegte oder nicht, während ihr das Sprachliche dargeboten wurde. Weiter wird Ashers Befund durch die neuesten Ergebnisse der Neurobiologie bestätigt. Wie der Hirnforscher Terrence Sejnowsky vom Salk Institute in Kalifornien kürzlich erklärte, schneiden Versuchstiere bei Gedächtnistests wesentlich besser ab, wenn man in ihrem Käfig ein Laufrad installiert.

---

[109] Vgl. Asher, 1966.
[110] Vgl. Wolff, 1983.

Der Autor plädiert an alle, „die Angst vor dem Nichtsprechen der Kinder abzulegen und sich auf den Versuch einzulassen, die Schüler auf sprachliche Impulse hin körperlich agieren zu lassen" (S. 179).

Die Möglichkeiten, die Kinder auf Handlungsanweisungen hin agieren zu lassen, sind vielfältig: z. B. Basteln eines Fantasiefisches, Überprüfen der Kenntnis der Farben und Zahlen über das Hörverstehen, Zeichnen eines Monsters und vieles andere mehr.

Weiters sollte man den Kindern im Unterricht Gelegenheit geben, durch verstehbaren und zugleich fokussierten Input in die Fremdsprache hineinzuwachsen und dabei ihre Vermutungen über das Funktionieren der Sprache zu testen. So eröffnet man ihnen die Möglichkeit zur impliziten Regelbildung und damit zu einem Spracherwerb, der wirklich die Bezeichnung „kreativ" verdienen könnte.

Der Autor geht in seinem Bericht noch auf das Sprechen detaillierter ein. Er spricht von einer im Spiel beigebrachten Sprache, die schließlich auch produktiv verfügbar wird. Wenn Kinder mit dem erforderlichen Instrumentarium vertraut waren (siehe Rheinland-Pfälzischer Modellversuch) und die Sprache nicht als Hemmschuh wirkte, sondern tatsächlich spielerisch eingesetzt werden konnte, konnte im Rollenspiel echte Spielfreude aufkommen. Dazu bedarf es einer ebenfalls spielerischen Hinführung, wie schon beim Hörverstehen zu zeigen versucht wurde.

Auch chorisches Sprechen findet Rück immer dann sinnvoll, wenn es für die Kinder lustbetont und rhythmisch gegliedert ist. Kleine Verse rhythmisch gesprochen und von Körperbewegungen begleitet, können die Aufmerksamkeit bündeln und die Lust am Sprechen fördern.

Am Ende betont er nochmals, dass vor dem Sprechen das Hörverstehen rangiert, das die Lerner erst fürs Sprechen bereit macht. Er zitiert Rod Ellis[111], der in seinem Buch „Understanding Second Language Acquisition" als allererste von acht Bedingungen für erfolgreiches Sprachenlernen „A high quantity of input directed at the learner" nennt.

---

[111] Vgl. Ellis, 1985.

Angelika Kubanek-German: „Herausbildung von interkultureller Aufmerksamkeit bei Schülern im frühen Fremdsprachenunterricht – explorative Vorstudien". In: In: Kierepka, A./Krüger, R./ Mertens, J./Reinfried, M. (Hrsg.). (2004): *Frühes Fremdsprachenlernen im Blickpunkt. Status Quo und Perspektiven.* Tübingen: Gunter Narr

Die Autorin befasst sich in diesem Bericht mit dem Forschungsgegenstand „Herausbildung interkultureller Aufmerksamkeit bei Kindern, die im Grundschulalter eine Fremdsprache lernen".

Dabei zeigt sie auch die Probleme auf, denen Forscher begegnen, wenn sie diesen Gegenstand untersuchen wollen. Es ist nämlich sehr schwierig, interkulturelle Lernprozesse im Frühbeginn zu belegen.

Weiter ist zu beachten, wie man die Fragen zur Gewinnung von schriftlichen Daten zur interkulturellen Aufmerksamkeit stellt, ohne dass sie zu sehr einengen.

Kubanek–German sieht den Weg der Forschung in einer Kombination von Analyse tatsächlich gesprochener Sprache (linguistische Orientierung), hermeneutischen Zugängen unter Einbeziehung imaginativer Tätigkeit der Kinder, wie z. B. Phantasiereise, und sozialpsychologischen Verfahren.

Bei der Gestaltung des Designs ist zu beachten, dass die Fragen zur interkulturellen Aufmerksamkeit in der Muttersprache des Kindes zu halten sind und auch die Antworten in der Muttersprache gegeben werden. Ist andererseits ein native speaker als Gast in der Klasse, dann kann die Dauer der Bereitschaft, dem gedolmetschten Gespräch zuzuhören, durchaus als ein Indikator für interkulturelle Aufmerksamkeit angesehen werden.

Zur Perspektive der Lehrer sagt Kubanek–German Folgendes: „Die Biografie der LehrerInnen prägt die Art ihrer Vermittlung und die Quantität und Auswahl kultureller Themen. Allerdings sind Lehrkräfte so in das Unterrichtsgeschehen involviert, dass sie selbst kaum systematisch Beobachtungen notieren können" (S. 133).

Aus der Beschreibung einiger explorativer Studien in diesem Bericht nehme ich zwei heraus und fasse sie kurz zusammen: „‚Starke Erlebnisse': Mr. Siseko" und „‚Culture presents'".

„‚Starke Erlebnisse': Mr. Siseko":

Dieser Begriff wird im Forschungsdesign der Dresden–Studie erläutert. „Als eine der potentiell lernfördernden Maßnahmen wurden, um die Schüler für Mehrsprachigkeit zu sensibilisieren, erwachsene native speakers eingeladen" (S. 137). Es ging um die Konfrontation mit einem größeren Fremdheitsgrad, aber im geschützten Raum der Klasse. Der Besucher verwendete nur die Fremdsprache, die Lehrerin dolmetschte.

In den vier Klassen (1998), die während und nach der Anwesenheit eines Gastes aus Südafrika (Bibliothekar aus Port Elizabeth) untersucht wurden, konnte Folgendes festgestellt werden:
- Wirkliches Interesse der Kinder, dem erzählenden Gast zuzuhören.
- Der Akzent des Gastes war völlig ungewohnt.
- Einige Inhalte der Erinnerungsprotokolle: Er kann 5 Sprachen; nur die Reichen können sich in Ghana Steinhäuser leisten; in einer Klasse sind oft 70, ja 100 Kinder; der Mann hatte als Kind keine Legobausteine u. a. m (vgl. dazu ausführlich S. 138).

„Culture presents"

Diese Untersuchung wurde im Jahr 2000 in mehreren 4. Klassen und einer 5. Klasse durchgeführt. Es geht dabei um die Verschickung einer „culture box" an die Partnerklasse. „Um Erkenntnisse über interkulturelle Aufmerksamkeit zu gewinnen, ist es vor allem aufschlussreich, die Unterhaltungen der Kinder beim Packen des Päckchens zu belauschen" (S. 138).

Ein weniger aufwendigeres Verfahren ist das „culture album", da das Päckchenpacken und Verschicken ein längerfristiges Projekt voraussetzt.

Das „culture album" kann in einer Klasse erprobt werden. „Dabei soll jedes Kind in einer Klasse eine Collage in Bild und Schrift von Dingen gestalten. Dazu soll es kurz auf einer Hörkassette seine Auswahl erläutern. Dieses Verfahren wurde in einer Klasse erprobt, erwies sich dennoch als zu aufwendig. Als praktikabel hingegen erwies sich die folgende Variante: 'Nenne zehn Dinge, die du einem Gastkind, das hierher käme, schenken würdest, und nenne jeweils die Begründung dafür'" (S. 139).

Es beteiligten sich im Jahr 2000 113 Kinder daran. Aus den Notizen der Kinder konnten die Forscher Folgendes ablesen:

„Welche der gewählten Geschenke ihrer eigenen Kinderkultur, welche aus der internationalen Kinderkultur stammen, ob die Schüler deutschlandbezogene Geschenke wählen. Durch Vorgabe des Wortes „Geschenk" ist eine positive Grundstimmung evoziert. Die Antworten lassen einen Rückschluss darauf zu, was den Kindern selbst wichtig ist. In ihnen erscheint sowohl Interkulturalität, hier als imaginierter Weg zum Anderen, wie auch Heimatbezug. Auch Empathie und Affektivität ist erkennbar. Dieses Verfahren kann als eines von mehreren zur Gewinnung von differenzierten Aussagen über interkulturelle Aufmerksamkeit in verschiedenen Kontexten angewandt werden." (S. 140)

Abschließend betont Frau Kubanek–German, dass dieser Beitrag nur als Baustein zu einer Theorie über Strukturen von interkultureller Aufmerksamkeit bei 8–10jährigen Kindern zu verstehen sei.

Literaturverzeichnis

Akdogan, F. (2005): „Aufzeichnungen zu einer Unterrichtsstunde im Fach Fremdsprache Deutsch in der Grundschule." In: *Frühes Deutsch* 6, 53-59.

Altmayer, C. (1997): „Zum Kulturbegriff des Faches Deutsch als Fremdsprache." In: *Zeitschrift für interkulturellen Fremdsprachenunterricht 2*, 2. Ausgabe online 12/2001. Zugriff am 30.08.2008 unter http://zif.spz.tu-darmstadt.de/jg-02-2/beitrag/almayer3.htm.

Anderson, Th. (1960). „The optimum age for beginning the Study of Modern Languages." In: *Internationale Zeitschrift für Erziehungswissenschaft 6*, 298-306.

Asher, J. J. (1966): „The Learning Strategy of the Total Physical Response. A review." In: *Modern Language Journal 50*, 79-84.

Badegruber, B. (1999): *Offenes Lernen in 28 Schritten*. Linz: Veritas.

Baur, S., Carli, A. & Larcher, D. (Hrsg.). (1995): *Interkulturelles Handeln. Agire interculturale. Neue Perspektiven des Zweitsprachlernens* (ed. bilingue n. 17). Meran: Alpha & Beta.

Baur, S. (Hrsg.). (1997): *Brücken schlagen – Creare ponti – Criè Liams. Partnerschaften zwischen Klassen mit verschiedener Unterrichtssprache*. Bozen: Istituto Pedagogico Italiano/Deutsches Pädagogisches Institut/Istitut Pedagogich Ladin.

Beeler, A. (1999): *Wir helfen zu viel. Lernen lernen in der Volksschule als Erziehung zur Selbständigkeit*. Zug: Klett und Balmer Verlag.

Bleyhl, W. (Hrsg.). (2001): *Fremdsprachen in der Grundschule. Grundlagen und Praxisbeispiele*. Hannover: Schroedel.

Bleyhl, W. (Hrsg.). (2003): *Geschichtenerzählen im Anfangsunterricht – Storytelling*. Hannover: Schroedel.

Boatcă, M., Neudecker, C. & Rinke, S. (2006): *Des Fremden Freund, des Fremden Feind: Fremdverstehen in interdisziplinärer Perspektive*. München/Berlin/Münster: Waxmann Verlag GmbH.

Bohn R. & Schreiter I. (1989): *Sprachspielereien für Deutschlernende*. Leipzig: Langenscheidt Verlag Enzyklopädie.

Carli, A., Civegna, K., Guggenberg, I. v., Larcher, D. & Pezzei, R. R. (Hrsg.). (1995): *Zweitsprachlernen in einem mehrsprachigen Gebiet. L'apprendimento della lingua seconda in un contesto plurilingue*. Coll. Educazione bilingue n. 16. Bozen: Provincia Autonoma di Bolzano – Scuola e cultura italiana.

Chan, Wai Meng (2001): „Theorie und Praxis in Deutsch als Fremdsprache." In: Funk, H. und König M. (Hrsg.). (2001): *Kommunikative Fremdsprachendidaktik*. München: Iudicium Verlag.

Chromiec, Elzbieta (2006): „Das Kind und das Fremde." In: Boatcă, M., Neudecker, C. & Rinke, S. (2006): *Des Fremden Freund, des Fremden Feind: Fremdverstehen in interdisziplinärer Perspektive*. München/Berlin/Münster: Waxmann Verlag GmbH.

Civegna, K. & Guggenberg, I. v. (1995): „Klassenpartnerschaften." In: Baur, S., Carli, A. & Larcher, D. (Hrsg.).(1995): *Interkulturelles Handeln. Agire interculturale. Neue Perspektiven des Zweitsprachlernens* (ed. bilingue n. 17). Meran: Alpha & Beta.

Civegna, K., Guggenberg, I. v. & Larcher, D. (1995): *Didaktische Handreichungen für den Unterricht von Deutsch als Zweitsprache an den Pflichtschulen mit italienischer Unterrichtssprache*. Bozen: Autonome Provinz Bozen/Südtirol. Abteilung XV – Italienische Kultur/Amt für Zweisprachigkeit.

Civegna, K. (Hrsg.). (1998): *Vom Sprechen und Handeln*. Bozen: Pädagogisches Institut für die italienische Sprachgruppe.

Civegna, K. (Hrsg.). (2006): *Curreval. Ein Curriculum auf dem Prüfstand. 10 Jahre des Curriculums für den Unterricht für Deutsch als Zweitsprache in Südtirol*. Meran: Alpha & Beta.

Czisch, F. (2004): *Kinder können mehr*. München: Antje Kunstmann Verlag.

Debiasi, V. & Gasser D. (2004): *Werkstatt als hermeneutischer Dialog. Ein Bericht*. Bozen: Alpha & Beta.

Delanoff, D. & Kirsch, D. (1994): *Grammatik in der Primarschule: Piephos Pfiffigkeiten zum frühen Fremdsprachenlernen*. (Primarschulmaterialien; Baustein: Grammatik; Erprobungsfassung). München: Goethe-Institut.

Dines, P. (2002): „Themenorientierter Fremdsprachenunterricht." In: Bleyhl W. (Hrsg.). (2001): *Fremdsprachen in der Grundschule. Grundlagen und Praxisbeispiele*. Hannover: Schroedel

Donaldson, O. F. (2004): *Von Herzen spielen*. Freiamt im Schwarzwald: Arbor Verlag.

Doyé, P. & Lüttge, D. (1977): *Untersuchungen zum Englischunterricht in der Grundschule. Bericht über das Braunschweiger Forschungsprojekt „Frühbeginn des Englischunterrichts", FEU.* Braunschweig: Westermann.

Duden (1990): *Das Fremdsprachenwörterbuch.* 5., neu bearbeitete und erweiterte Auflage. Bearbeitet vom Wissenschaftlichen Rat der Dudenredaktion unter Mitwirkung von Maria Dose, Jürgen Folz, Dieter Mang, Charlotte Schrupp, Marion Trunk-Nußbaumer und zahlreiche Fachwissenschaftler. Mannheim/Wien/Zürich.

Edelenbos, P. & Kubanek, A. (2007): „Fremdsprachenfrühbeginn: einzigartige Lernchancen nutzen. Zu den Ergebnissen der Studie EAC 89/04 für die Europäische Kommission." In: Frühes Deutsch, 16 (10), 26-38.

Egger, K. (1995): „Mundart und Umgangssprache im Deutschunterricht an italienischen Schulen in Südtirol." In: Carli, A., Civegna, K., Guggenberg, I. v., Larcher, D. & Pezzei, R. R. (Hrsg.). (1995): *Zweitsprachlernen in einem mehrsprachigen Gebiet. L'apprendimento della lingua seconda in un contesto plurilingue.* Coll. Educazione bilingue n. 16. Bozen: Provincia Autonoma di Bolzano – Scuola e cultura italiana.

Ellis, R. (1985): *Understanding Second Language Acquisition.* Oxford: Oxford University Press.

Entwicklungsrichtlinien für Deutsch als Zweitsprache an den italienischen Oberschulen der Provinz Bozen. Landesgesetz Nr. 6/29.04.2003, veröffentlicht im Amtsblatt der Region Trentino Südtirol Nr. 20 vom 20.05.2003, Beiblatt Nr. 2.

Europäisches Sprachenportfolio für Südtirol. (2004). Autonome Provinz Bozen Südtirol (Hrsg). Bozen.

Flitner, A. (1989): *Konrad, sprach die Frau Mama ... Über Erziehung und Nicht-Erziehung.* München: Beltz Taschenbücher.

Fritz, A., Happ, I. & Küsel, Ch. (1997): *Handlungsfeld Deutsch. Ein Deutschbuch für die Berufschule. Nach dem Lehrplan von Thüringen.* 2. Aufl. Stam: Bildungsverlag Eins 4233.

Funk, H. & König, M. (Hrsg.). (2001): *Kommunikative Fremdsprachendidaktik.* München: Iudicium Verlag.

Gemeinsamer europäischer Referenzrahmen für Sprachen: lernen, lehren, beurteilen. (2001). Hg. vom Goethe-Institut Inter Nationes in Kooperation mit dem EUROPARAT, der deutschen Kultusministerkonferenz (KMK), dem österreichischen Bundesministerium für Bildung, Wissenschaft und Kultur (BMBWK) und der schweizerischen Konferenz der Kantonalen Erziehungsdirektoren (EDK). Berlin et al.

Gribble, D. (1991): *Auf der Seite der Kinder. Welche Reform braucht die Schule?* Berlin: Beltz Verlag.

Grießmair, E. (2008): „Es war einmal ... ein Land mit drei Sprachgruppen." In: *info. Informationszeitschrift für Kindergarten und Schule in Südtirol.* Hg. vom Deutschen Schulamt und dem Pädagogischen Institut für die deutsche Sprachgruppe – Bozen, Februar 2008, 11-12.

Hafner, V. & Pranter, Ch. (Hrsg.). (2006): *Gong, das Spiel beginnt! Jeux Dramatiques. Ausdrucksspiel aus dem Erleben.* Bozen.

Hölscher, P. (1994): *Interkulturelles Lernen. Projekte und Materialien für die Sekundarstufe I.* Frankfurt: Cornelsen Verlag.

Holtstiege, H. (1994): *Montessoripädagogik und soziale Humanität. Perspektiven für das 21. Jahrhundert.* Freiburg/Basel/Wien: Herder.

Holzbrecher, A. (2004): *Interkulturelle Pädagogik.* Berlin: Cornelsen Verlag.

Huizinga, J. (1994): *Homo ludens. Vom Ursprung der Kultur im Spiel.* Reinbek bei Hamburg: Rowohlt.

Hunfeld, H. (1990): *Literatur als Sprachlehre. Ansätze eines hermeneutisch orientierten Fremdsprachunterrichts.* Berlin/München: Langenscheidt.

Hunfeld, H. (1998): *Die Normalität des Fremden. Vierundzwanzig Briefe an eine Sprachlehrerin.* Waldsteinberg.

Hunfeld, H., Lott, H., Weber, A. (2001): *Erläuterungen, Beispiele und Materialien zu den Entwicklungsrichtlinien für Deutsch als Zweitsprache an den italienischen Oberschulen.* Hg. vom Italienischen Schulamt – Bozen.

Hunfeld, H. & Schröder K. (2001): „Zu einigen Grundsätzen des frühbeginnenden Fremdsprachenunterrichts." In: *Fremdsprachen Frühbeginn* 1, 5-7.

Hunfeld, H. (2004): *Fremdheit als Lernimpuls.* Meran: Alpha & Beta.

info. Informationszeitschrift für Kindergarten und Schule in Südtirol. Hg. vom Deutschen Schulamt und dem Pädagogischen Institut für die deutsche Sprachgruppe – Bozen.

Jung, M. (2002): „Bei Tische halte ich mich unter. Sprachspielerische Texte und ihre Anwendung im DaF-Unterricht." In: *Linguistik online 10, 1.* Zugriff am 24.07.08 unter http://www.linguistik-online.de/10_02/jung.html.

Jungmair, U. (2003): *Das Elementare. Zur Musik- und Bewegungserziehung im Sinne Carl Orffs. Theorie und Praxis.* Mainz: Verlag Schott Music.

Keller, V. (1998): „Zur Praxis des hermeneutischen Ansatzes im DaF-Unterricht." In: Civegna, K. (Hrsg.).(1998): *Vom Sprechen und Handeln.* Bozen: Pädagogisches Institut für die italienische Sprachgruppe.

Kettemann, B., Kerschbaumer, M. u. a. (2000): *Sprachenlernen in der Grundschule. Erfahrungsberichte, Forschungsergebnisse und didaktische Modelle. Kommentierte Bibliographie.* Extraheft 2 der Reihe: *Zoom, Fremdsprachenlernen in der Grundschule.* Hg. vom Bundesministerium für Unterricht und kulturelle Angelegenheiten (BMUK), Wien, Zentrum für Schulentwicklung des BMUK, Bereich III: Fremdsprachen, Graz.

Krashen, S. (1981): *Second Language Acquisition and Second Language Learning.* Oxford: Pergamon.

Krashen, St. & Terrell T. (1983): „*The Natural Approach, Language Acquisiton in the Classroom.*" Hayward.

Kreis, R. (2001): „Hörverstehenstraining durch Storytelling im Englischunterricht". Zeitschrift *Fremdsprachen Frühbeginn* 1, 27-31.

Krenn, W. (2005)*:* "A never-ending Way forward!" In: *Babylonia,* 3, 11-18.

Krumm, H. (2001): *Kinder und ihre Sprachen-lebendige Mehrsprachigkeit.* Wien: eviva Verlag.

Kubanek-German, A. (2001): *Kindgemäßer Fremdsprachenunterricht. Band 1: Ideengeschichte.* Münster: Waxmann Verlag.

Kubanek-German, A. (2003): *Kindgemäßer Fremdsprachenunterricht. Band 2: Didaktik der Gegenwart.* Münster: Waxmann Verlag.

Kubanek-German, A. & Edelenbos, P. (Hrsg.). (2004): *Praxis Fremdsprachenlernen in Kindergarten und Schuleingangsstufe.* Donauwörth: Auer Verlag.

Larcher, D. (1995): „Fremdsprachen in Südtirol." In: *Erziehung und Unterricht: Österreichische Pädagogische Zeitschrift 2/3*, 68-72.

Larcher, D. & Gombos G. (1998): „Tanz und Spiel ist nicht des Lernens Ziel!" In: Civegna, K. (Hrsg.).(1998): *Vom Sprechen und Handeln.* Bozen: Pädagogisches Institut für die italienische Sprachgruppe.

Lehrpläne für den Unterricht in Deutsch als Zweitsprache an italienischen Pflicht- und Oberschulen. Landesgesetz Nr.64/13.12.1978, veröffentlicht im Amtsblatt der Region Trentino Südtirol Nr.13 vom 20.März 1979, Ordentliches Beiblatt Nr. 1.

Lehrpläne für den Unterricht von Deutsch als Zweitsprache an den italienischen Pflichtschulen in der Autonomen Provinz Bozen. Landesgesetz Nr. 2/19.07.1994, veröffentlicht im Amtsblatt der Region Trentino Südtirol Nr.36 vom 09. August 1994, Ordentliches Beiblatt Nr. 1.

Libermann, A. M., et al. (1963): „A Motor Theory of Speech Perception". In: *Proceedings of a Speech Communication Seminar 1962.* Stockholm.

LIFE. *Ideen und Materialien für interkulturelles Lernen* und REE. *Aspekte interkulturellen Lernens* (= Video zum Projekt LIFE). München 1997.

Marschollek, A. (2002): *Kognitive und affektive Flexibilität durch fremde Sprachen: Eine empirische Untersuchung in der Primarstufe.* Münster: Lit-Verlag.

Montessori, M. (1998): *Wie Kinder zu Konzentration und Stille finden.* Hg. und erläutert von Ingeborg Becker-Textor. Freiburg/Basel/Wien: Herder.

Nold, G. (2003): „The impact of the learning culture on achievement in the English as a foreign language classroom – a view from Germany." In: J. Rymarczyk und H. Haudeck (Hrsg.).(2003): *In search of the active learner. Untersuchungen zu Fremdsprachenunterricht, bilingualen und interdisziplinären Kontexten.* Frankfurt a. M.: Lang.

Ohlsen, I. (1995): *Unterrichten in sprachlich und kulturell heterogenen Klassen.* Hier zitiert in: Schader, B. (2000): *Sprachenvielfalt als Chance.* Zürich: Orell Füssli.

Oksaar, E. (2003): *Zweitspracherwerb, Wege zur Mehrsprachigkeit und zur interkulturellen Verständigung.* Stuttgart: Kohlhammer.

Orizzonti scuola. Hg. vom Italienischen Schulamt – Bozen.

Piepho, H. E. (1995): „Deutschunterricht als Grundschulfach". In: D. Larcher, et al. (1995): *Didaktische Handreichungen für den Unterricht von Deutsch als Zweitsprache an den Pflichtschulen mit italienischer Unterrichtssprache.* Bozen: Autonome Provinz Bozen/Südtirol. Abteilung XV – Italienische Kultur/Amt für Zweisprachigkeit. Bozen.

Pimsleur, P., Sundland, D. & McIntyre, R. (1966): *Under-Achievementin Foreign Language Learning.* Washington, D. C.: Modern Language Association

Portmann-Tselikas, P. R. (1998): *Sprachförderung im Unterricht. Handbuch für den Sach- und Sprachunterricht in mehrsprachigen Klassen.* Zürich: Orell Füssli.

Pranter, A. (2004): „Turramulli und sein Land Australien". In: *Der deutsche Lehrer im Ausland* 51/2, 103-106. Hg. vom Verband Deutscher Lehrer im Ausland e. V. Münster: Aschendorff Verlag.

Pranter, A. (2005): "Hermeneutisches Lehren und Lernen an der Grundschule." In: *Babylonia,* 1, 22-25.

Rotthaus, W. (2002): *Wozu erziehen? Entwurf einer systemischen Erziehung.* Heidelberg: Carl-Auer-Systeme Verlag.

Rück, H. (1994): „Grundlagen und Formen des Spracherwerbs in Modellversuch." In: Staatliches Instiut für Lehrerfort- und –weiterbildung, Speyer (Hrsg.): *Entwicklung und Erprobung eines didaktischen Konzeptes zur Fremdsprachenarbeit in der Grundschule.* Saarburg, 57-95.

Rück, H. (2004): „Vom Hörverstehen zum Sprechen." In: *Frühes Fremdsprachenlernen im Blickpunkt – Status Quo und Perspektiven*. Tübingen: Gunther Narr Verlag.

Sauer, H. (2004): „Erfahrungen und Erkenntnisse aus der Geschichte des frühbeginnenden Fremdsprachenlernens". In: *Frühes Fremdsprachenlernen im Blickpunkt. Status Quo und Perspektiven*. Tübingen: Gunther Narr Verlag.

Sauer, H. (2000): *Fremdsprachenlernen in Grundschulen. Der Weg ins 21. Jahrhundert. Eine annotierte Bibliographie und das Beispiel Nordrhein-Westfalen*. Leipzig: Klett

Schmid-Schönbein, G. (2001): *Didaktik: Grundschulenglisch. Anglistik – Amerikanistik*. Berlin: Cornelsen.

Schnaitmann, G. (2004): „Frühes Fremdsprachenlernen in der Eingangsstufe der Grundschule." In: *Frühes Fremdsprachenlernen im Blickpunkt. Status Quo und Perspektiven*. Tübingen: Gunther Narr Verlag.

Schulz, D., Griesbach, H. & Weigmann, J. (1993): *Auf Deutsch bitte*! München: Klett.

Sellke, S. (Hrsg.). (1999): *Das Flügelpferd. Gedichte für Groß und Klein*. Hannover: Schroedel.

Sprachenkonzept für die deutschen Kindergärten und Schulen in Südtirol (2004). Hg. vom Deutschen Schulamt und Pädagogischen Institut. Bozen: Ferrari Auer.

Swain, M. (1985): „Communicative Competence: Some rules of comprehensible input and comprehensible output in its development." In: S. Gass und C. Madden (eds.): *Input in Second Language Acquisition*. Cambridge: Newbury House.

Taeschner, T., et al. (1999a): *The Adventures of Hocus and Lotus. Impariamo l'Ingles con le Favole. 2 Bände*. Milano: FrancoAngeli/Le COMETE.

Taeschner, T., et al. (1999b): *Teacher's Guide: The Adventures of Hocus and Lotus. Scripts 1-6*. Rom: Dinocroc International Training Institute.

Taeschner, T., et al. (2004): *The Magic Teacher's Kit. Paper guide with 6 narrative formats in 5 languages*. Rom: Dinocroc International Training Institute.

Tschirner, E. (2001): „Kompetenz, Wissen, mentale Prozesse: Zur Rolle der Grammatik im Fremdsprachenunterricht". In: Funk, H. & König, M. (Hrsg.). (2001): *Kommunikative Fremdsprachendidaktik*. München: Iudicium Verlag.

Vopel, K. W. (2001): *Geschichtenwerkstatt/Erzählen und Verstehen*. Salzhausen: iskopress VerlagsGmbH.

Vygotskij, L. S. (1964): *Denken und Sprechen*. Berlin: Akademie-Verlag.
Watzlawick, P. (1976): *Wie wirklich ist die Wirklichkeit?* München/Zürich: Piper.
Wicke, R. E. (1997): *Vom Text zum Projekt: Kreative Textarbeit und offenes Lernen im Unterricht Deutsch als Fremdsprache*. Berlin: Cornelsen.
Wild, R. (1998): *Erziehung zum Sein*. Freiamt im Schwarzwald: Mit Kindern wachsen e.v.
Wilhelm, E. (2000): *Purzelwurzel. Ein Strauss Gedichte für Sechs- bis Neunjährige*. 2. Ausgabe. Zürich: Lehrmittelverlag des Kanton Zürich.
Wode, H. (1995): *Lernen in der Fremdsprache. Grundzüge von Immersion und bilingualem Unterricht*. Ismaning: Hueber.
Wolff, D. (1983): „Überlegungen zum Hörverstehen". In: *Die neueren Sprachen 82*, 282-297.
Zangl, R. & Peltzer-Karpf, A. (1998): *Die Diagnose des frühen Fremdsprachenerwerbs*. Tübingen: Gunther Narr Verlag.

Zitierte Internetseiten:

Zum Thema: Bilinguale Schule: www.wolfsburg.de/-italges
Zum Thema: Europaschule Wien: www.europaschule-wien.com
Zum Thema: Alltagskultur: http://wikipedia.org/wiki/Alltagskultur
Zum Thema: Paritätisches Schulsystem: www.provincia.bz.it/intendenza-ladina/scolaladina-d.htm.
Zum Thema: Deutsch als Zweitsprache – Lehren und Lernen: http://www.daz-hermeneutik.bz.it/
Zum Thema: Indicazioni Nazionali per i Piani di Studio Personalizzati nella Scuola Primaria: www.istruzione.it

Nachwort

Hermeneutisches Lehren und Lernen von Hans Hunfeld ist seit dem Ende der 90-er Jahre der neue Ansatz für Deutsch als Zweitsprache an den italienischen Schulen Südtirols geworden. Diese Entscheidung hat das italienische Schulamt mit der Überzeugung getroffen, dass dessen Grundsätze dem Deutschunterricht eine völlig andere, zukunftsorientierte Dimension geben können. Die *Entwicklungsrichtlinien* für die Oberstufe sind offiziell danach ausgerichtet und befinden sich in einer intensiven Implementierungsphase durch Werkstattarbeit und Fortbildung. Auch die Deutschlehrerinnen und -lehrer der Unterstufe (Grundschule und Mittelschule) setzen sich schon seit vielen Jahren mit den Leitgedanken des hermeneutischen Ansatzes auseinander, obwohl sie immer noch an die Pflichtschullehrpläne aus dem Jahre 1994 gebunden sind. Das neue Bildungsgesetz, das im Juli 2008 vom Südtiroler Landtag verabschiedet wurde, ermöglicht es nun, hermeneutisches Lehren und Lernen auch in der Unterstufe einzuführen. Der Entwurf der Rahmenrichtlinien für die Erarbeitung der Curricula in den Grund- und Mittelschulen liegt bereits vor und orientiert sich am hermeneutischen Ansatz.

Die Buchreihe „Hermeneutisches Lehren und Lernen" hat sich zum Ziel gesetzt, die Hintergründe, die Grundlagen und die daraus folgenden pädagogischen und didaktischen Konsequenzen des hermeneutischen Ansatzes bekannt zu machen und dessen Entwicklung in Südtirol zu dokumentieren. Hans Hunfeld hat im ersten Band *Fremdheit als Lernimpuls – Skeptische Hermeneutik, Normalität des Fremden, Fremdsprache Literatur* Ausgangspunkt, Grundlegung und Entwicklung des hermeneutischen Fremdsprachenunterrichts umfassend dargestellt. Verena Debiasi und Dorothea Gasser haben im zweiten Band *Werkstatt als hermeneutischer Dialog* ausführlich über die Werkstatt als Lehrerfortbildungsinstrument im Sinne eines hermeneutischen Dialoges aus der Sicht der Mittelschule berichtet.

Nun gibt es den dritten Band *Grundschule als hermeneutischer Lernort – Annäherungen an frühen Zweitsprachenunterricht in Südtirol* von Angelika Pranter. Das Buch schildert Überlegungen und Erfahrungen von Grundschullehrerinnen, die über Jahre an dem Versuch gearbeitet haben, den hermeneutischen Ansatz auch für den Zweitsprachunterricht in der Grundschule zu erschließen. Dadurch soll ein intensiver Dialog zwischen Lehrerinnen und Lehrern entstehen, die bereit sind, an sich selbst zu arbeiten und Unterricht zu verändern.

Ich bedanke mich bei Angelika Pranter für ihre wertvolle Arbeit, die die Diskussion rund um das hermeneutische Lehren und Lernen sicherlich neu beleben und in der Grundschule nachhaltig beeinflussen wird.

Walter Cristofoletti